중국어 온  하지 마!
해커스와 한 중국어 첫걸음

해커스중국어 200% 활용법!

교재 MP3

HSK 1급 하프모의고사
(PDF+MP3)

폰 안에 쏙! Day별 중국어 단어 익히기 (PDF)

HSK 2급 하프모의고사
(PDF+MP3)

패턴 트레이닝북 (PDF)

이용방법
해커스중국어(china.Hackers.com) 접속 후 로그인 ▶
페이지 상단 [교재/MP3 → 교재 MP3/자료] 클릭 ▶
본 교재 선택 후 이용하기

본 교재 인강 30% 할인쿠폰

EA22 234C 2AA8 Y58E *쿠폰 유효기간: 쿠폰 등록 후 30일

이용방법 해커스중국어(china.Hackers.com) 접속 후 로그인 ▶ 나의강의실 ▶
내 쿠폰 확인하기 ▶ 쿠폰번호 등록

* 해당 쿠폰은 중국어 첫걸음 단과 강의 구매 시 사용 가능합니다.
* 본 쿠폰은 1회에 한해 등록 가능합니다.
* 이 외 쿠폰 관련 문의는 해커스중국어 고객센터(02-537-5000)로 연락 바랍니다.

쿠폰 등록하기 ▶

기초 패턴으로 회화부터 HSK까지

해커스 중국어 첫걸음

해커스 어학연구소

목차

부록
- 간체자 쓰기 노트 [별책]

해커스중국어 다운로드 **china.Hackers.com**
- 패턴 트레이닝북 PDF
- 폰안에 쏙! Day 별 단어 익히기 PDF
- HSK 1급 하프모의고사 PDF
- HSK 2급 하프모의고사 PDF

중국어 첫걸음 패턴리스트 이런 말을 할 수 있어요

Day 4 형용사 활용 패턴 1 p.41

패턴 1 나는 신나. → 我很开心。
패턴 2 나는 안 피곤해. → 我不累。
패턴 3 너 바빠? → 你忙吗?
패턴 4 너 더워 안 더워? → 你热不热?

Day 5 형용사 활용 패턴 2 p.51

패턴 1 이거 비싸. → 这个很贵。
패턴 2 저거 예뻐. → 那个很漂亮。
패턴 3 여기 시끄러워. → 这里很吵。
패턴 4 거기 멀어. → 那里很远。

Day 6 동사 활용 패턴 1 p.61

패턴 1 나는 책 봐. → 我看书。
패턴 2 나는 웹툰 안 봐. → 我不看网漫。
패턴 3 너 영화 봐? → 你看电影吗?
패턴 4 우리 공연 보자. → 我们看表演吧。

Day 7 동사 활용 패턴 2 p.71

패턴 1 그녀는 밥 먹어. → 她吃饭。
패턴 2 나는 편의점 가. → 我去便利店。
패턴 3 그는 물 마셔. → 他喝水。
패턴 4 우리는 옷 사. → 我们买衣服。

Day 8 동사 활용 패턴 3 p.81

패턴 1 나는 한국어 배워. → 我学韩语。
패턴 2 그는 보고서 써. → 他写报告。
패턴 3 그녀는 소설 읽어. → 她读小说。
패턴 4 우리는 음악 들어. → 我们听音乐。

Day 9 동사 활용 패턴 4 p.91

패턴 1 그는 집에 있어. → 他在家。
패턴 2 나는 비행기 타. → 我坐飞机。
패턴 3 그녀는 요리 해. → 她做菜。
패턴 4 우리는 전화 해. → 我们打电话。

Day 10 동사 활용 패턴 5 p.101

패턴 1 나는 이수빈이라고 해. → 我叫李秀彬。
패턴 2 나는 너를 사랑해. → 我爱你。
패턴 3 나는 네가 그리워. → 我想你。
패턴 4 우리는 봄을 좋아해. → 我们喜欢春天。

Day 11 동사 활용 패턴 6 p.111

패턴 1 나는 요리사입니다. → 我是厨师。
패턴 2 그는 한국인입니다. → 他是韩国人。
패턴 3 그녀는 저의 친구입니다. → 她是我的朋友。
패턴 4 이것은 저의 휴대폰입니다. → 这是我的手机。

Day 12 동사 활용 패턴 7 p.121

패턴 1 나는 남자친구가 있어. → 我有男朋友。
패턴 2 나는 수업이 없어. → 我没有课。
패턴 3 너는 취미가 있어? → 你有爱好吗?
패턴 4 너는 약속이 있어 없어? → 你有没有约?

Day 13 조동사 활용 패턴 p.131

패턴 1 나는 [영화 보]고 싶어. ➜ 我想[看电影]。

패턴 2 나는 [퇴근]할 수 있어. ➜ 我能[下班]。

패턴 3 나는 [운전]할 줄 알아. ➜ 我会[开车]。

패턴 4 나는 [환불하]려고. ➜ 我要[退款]。

Day 14 연속 동작 패턴, 부사 사용 패턴 p.141

패턴 1 우리 [스타벅스] 가서 [커피] 마시자.
➜ 我们去[星巴克]喝[咖啡]吧。

패턴 2 나 [다이어트하는] 중이야. ➜ 我正在[减肥]。

패턴 3 나는 자주 [게임 해]. ➜ 我常常[玩游戏]。

패턴 4 나는 가끔 [서점에 가]. ➜ 我偶尔[去书店]。

Day 15 동사 활용 패턴 8 p.151

패턴 1 [기다려] 보세요. ➜ 你[等]一下。

패턴 2 [앉아] 주세요. ➜ 请[坐]。

패턴 3 [걱정하]지 마세요. ➜ 别[担心]。

패턴 4 [아이스 아메리카노 한 잔] 주세요.
➜ 来[一杯冰美式]。

Day 16 명사 활용 패턴 1 p.161

패턴 1 오늘은 [월요일]이야. ➜ 今天[星期一]。

패턴 2 오늘은 [화요일]이 아니야. ➜ 今天不是[星期二]。

패턴 3 오늘은 [수요일]이야? ➜ 今天[星期三]吗?

패턴 4 오늘은 [목요일]이 아니야?
➜ 今天不是[星期四]吗?

Day 17 명사 활용 패턴 2 p.171

패턴 1 오늘은 [1]월 [1]일이야. ➜ 今天[一]月[一]号。

패턴 2 지금은 [3]시 [10]분이야. ➜ 现在[三]点[十]分。

패턴 3 저는 [8]살입니다. ➜ 我[八]岁。

패턴 4 제 키는 [161]이에요. ➜ 我[一]米[六一]。

Day 18 과거를 나타내는 패턴 1 p.181

패턴 1 나 [옷] 샀어. ➜ 我买了[衣服]。

패턴 2 나 [빵] 안 샀어. ➜ 我没买[面包]。

패턴 3 너 [치약] 샀어? ➜ 你买了[牙膏]吗?

패턴 4 너 [티켓] 샀어 안 샀어? ➜ 你有没有买[票]?

Day 19 과거를 나타내는 패턴 2 p.191

패턴 1 우리는 [아침] 먹었어. ➜ 我们吃了[早饭]。

패턴 2 그는 [학교] 갔어. ➜ 他去了[学校]。

패턴 3 나는 [케이크] 만든 적 있어.
➜ 我做过[蛋糕]。

패턴 4 나 그 [프로그램] 본 적 있어.
➜ 我看过那个[节目]。

Day 20 상태 변화를 나타내는 패턴 p.201

패턴 1 [봄]이 왔어. ➜ [春天]来了。

패턴 2 나 올해 [20]살 됐어. ➜ 我今年[二十]岁了。

패턴 3 밖에 [비 와]. ➜ 外面[下雨]了。

패턴 4 나 [프사] 바꿨어. ➜ 我换[头像]了。

중국어, 이것만은 알고 시작해요!

1 중국어의 표준어는 **보통화**

중국은 한족과 55개의 소수민족으로 구성되어 있는 나라로, 한족의 언어인 한어(汉语)를 포함하여 다양한 방언이 존재해요. 그래서 중국은 북경어를 중심으로 표준어를 제정했고, 이를 보통화(普通话)라고 해요.

2 중국어의 한자는 필획이 간략한 **간체자**

중국은 원래 필획이 복잡한 **번체자(繁体字)를 썼어요. 그런데 배우기가 어려운 등 여러가지의 이유로** 1960년대부터 번체자를 간략하게 표현한 간체자(简体字)를 보급했어요. 이는 중국의 문맹률을 낮추는데 큰 역할을 했다 해요. 우리나라는 번체자를 사용하고 있어요.

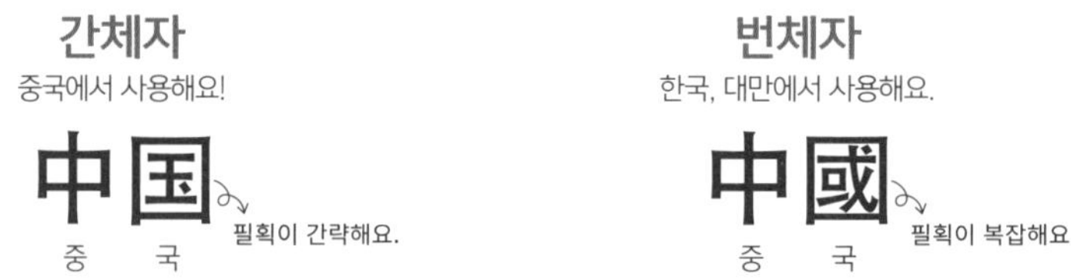

3 알파벳과 비슷한 중국어의 발음 표기 **병음**

중국어 한자는 의미를 나타내는 문자여서 글자와 발음이 완전히 달라요. 그래서 한자만 보며 발음을 공부하는 것이 너무 어려웠어요. 이런 단점을 보완하기 위해 1958년 중국 정부는 중국어 발음을 쉽게 공부할 수 있도록 로마자를 활용한 한자 발음 표기법인 <한어병음방안>을 만들었어요. 이로써 **汉**의 발음을 **hàn**으로 표기할 수 있게 되었고 중국어 발음을 더 쉽게 배울 수 있게 되었어요. 이렇게 중국어 발음을 나타내는 **hàn**과 같은 로마자 표기를 '병음'이라 해요. 병음은 발음의 시작 소리인 성모, 나머지 소리인 운모, 음의 높낮이를 나타내는 성조, 이렇게 세 부분으로 구성돼요.

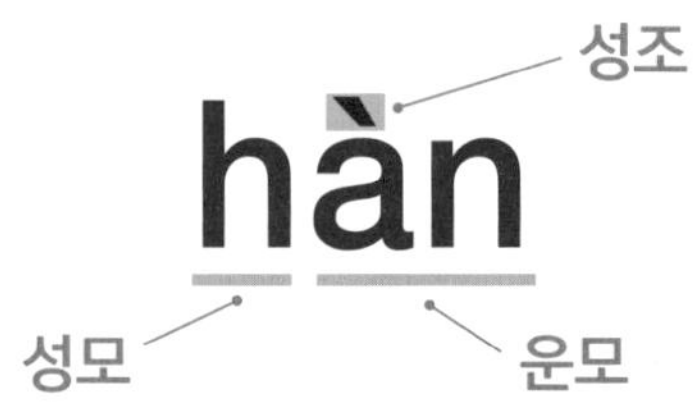

4 어르신께 "이게 뭐야?" 존댓말 반말 구별이 없는 중국어

우리말은 반말과 존댓말의 구별이 다소 엄격하여 상대에 따라 '이게 뭐예요?'와 '이게 뭐야?'를 사용해야 해요. 하지만 중국어에는 반말과 존댓말에 대한 개념적 차이가 없어서 같은 말이라도 윗사람에게 하면 존댓말이 되고, 아랫사람에게 하면 반말이 된답니다. 그래도 연장자를 존중하기 위해 상대방을 높여서 부르고 싶을 땐 **你**(nǐ, 너)가 아닌 **您**(nín, 당신)을 사용할 수 있어요. 하지만 반드시 **您**을 사용하는 것은 아니랍니다.

* 본 교재의 한국어 해석은 문장을 주로 사용하는 상황이나 대화 상대에 따라 반말과 존댓말을 골라 사용했어요.

5 요리보면 영어랑, 조리보면 한국어랑 비슷한 중국어 문장

중국어 문장을 공부하다 보면 어순이 영어와 비슷한 부분이 있어요. 그런데 또 한 편으로는 우리말 한국어와 어순이 완전히 일치하는 문장들도 많아요. 때문에 중국어 학습이 첫 출발은 어렵지만 계속 공부하다 보면 점점 더 쉽게 느껴질 거예요.

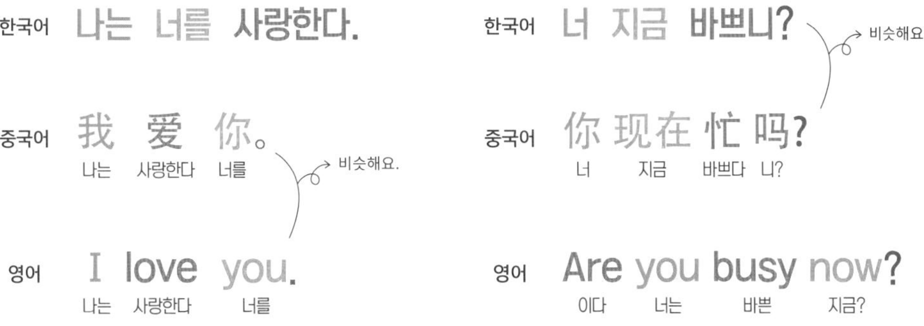

Day 1

뽀어~ 으언~

중국어 발음① 성모, 운모 익히기

한 번에 학습하기

뽀어~ 으언~

잘한다!

성모·운모 한 눈에 보기

성모+운모 결합 입에 붙이기

중국어 발음의 자음에 해당하는 성모와
모음에 해당하는 운모, 그리고 성모와 운모가
결합된 병음을 보면서 발음을 익혀보아요.

성모 한 눈에 보기

성모는 **중국어 발음의 첫소리**로 우리말의 자음에 해당하는 부분이에요. 소리를 내는 방식에 따라 6종류의 소리로, 총 21개의 성모로 구성되어 있어요. 소리를 내는 방식에 따라 o, e, i 3개의 운모를 각각 붙여서 발음 연습을 해요. 아래의 표를 보며 큰소리로 따라 읽어보아요.

구분	성모			
쌍순음, 순치음 입술을 이용해 내는 소리	뽀어 b(o)	포어 p(o)	모어 m(o)	ⓕ어 f(o)
설첨음 혀끝이 입천장에 닿았다 떨어지며 나는 소리	뜨어 d(e)	트어 t(e)	느어 n(e)	르어 l(e)
설근음 혀뿌리를 입천장에 가볍게 대었다 떼면서 내는 소리	끄어 g(e)	크어 k(e)	흐어 h(e)	
설면음 혓바닥을 넓게 펴서 내는 소리	찌이 j(i)	치이 q(i)	씨이 x(i)	
설치음 혀끝을 윗니 뒤쪽에 살짝 대었다 떼면서 내는 소리	쯔으 z(i)	츠으 c(i)	쓰으 s(i)	
권설음 영어의 r처럼 혀를 둘둘 말아 공기를 내보내며 내는 소리	ⓡ쯔으 zh(i)	ⓡ츠으 ch(i)	ⓡ쓰으 sh(i)	ⓡ르으 r(i)

쌍순음은 윗, 아랫입술을 붙였다 떼요.

순치음은 f처럼 윗니로 아랫입술을 살짝 깨물어요.

운모 한 눈에 보기

운모는 중국어 발음의 끝소리로 우리말의 모음에 해당하는 부분이에요. 운모는 6개의 단운모, 30개의 결합운모로 구성되어, 총 36개의 운모로 구성되어 있어요. 아래의 표를 보며 큰소리로 따라 읽어보아요.

단운모	결합운모			
아아 a	아오 ao	아이 ai	아안 an	아앙 ang
오어 o	어우 ou	오옹 ong		
으어 e	에이 ei	으언 en	으엉 eng	으얼 er
	이아 ia (ya)	이엔 ian (yan)	이앙 iang (yang)	이아오 iao (yao)
이이 i (yi)[1]	이인 in (yin)	이잉 ing (ying)		
	이어우 iou (you)	이옹 iong (yong)	이에 ie (ye)	
우우 u (wu)[2]	우아 ua (wa)	우안 uan (wan)	우앙 uang (wang)	우아이 uai (wai)
	우언 uen (wen)	우엉 ueng (weng)	우에이 uei (wei)	우어 uo (wo)
위이 ü (yu)[3]	위에 üe (yue)	위엔 üan (yuan)	위인 ün (yun)	

1 yi, ya, yin, you 등은 i가 앞에 성모 없이 단독으로 사용될 때 앞에 y를 붙여 표기하는 방법이에요.
2 wu, wa, wen 등은 u가 성모 없이 단독으로 사용될 때 앞에 w를 붙여 표기하는 방법이에요.
3 yu, yue, yuan, yun은 ü가 성모 없이 단독으로 사용될 때 앞에 y를 붙여 표기하는 방법으로, 점 두 개를 빼고 표기해요. ü가 성모 j, q, x와 만날 때에도 점 두 개를 빼고 그냥 u로 표기해요.

성모+운모 결합 입에 붙이기

성모+a로 시작하는 운모

파란색으로 표시된 병음을 특히 주의하며 큰소리로 따라 읽어요.

읽는 방향 ↓

a 아	ao 아오	ai 아이	an 아안	ang 아앙
ba	bao	bai	ban	bang
pa	pao	pai	pan	pang
ma	mao	mai	man	mang
fa	-	-	fan	fang
da	dao	dai	dan	dang
ta	tao	tai	tan	tang
na	nao	nai	nan	nang
la	lao	lai	lan	lang
ga	gao	gai	gan	gang
ka	kao	kai	kan	kang
ha	hao	hai	han	hang
za	zao	zai	zan	zang
ca	cao	cai	can	cang
sa	sao	sai	san	sang
zha	zhao	zhai	zhan	zhang
cha	chao	chai	chan	chang
sha	shao	shai	shan	shang
-	rao		ran	rang

b를 된소리(ㅃ)로 발음해야 해요.

f는 윗니로 아랫입술을 가볍게 깨물어요.

※ 성모 f가 운모 ai와 결합한 발음은 없다는 의미예요. 모든 성모가 모든 운모와 결합하지는 않아요.

d는 된소리(ㄸ)로 발음해야 해요.

g는 된소리(ㄲ)로 발음해야 해요.

c를 'ㅊ'로 발음해야 해요.

s를 'ㅆ'로 발음해야 해요.

혀를 돌돌 말아서 소리를 내는 권설음(zh, ch, sh, r)에 주의해요.

성모 + o로 시작하는 운모

파란색으로 표시된 병음을 특히 주의하며 큰소리로 따라 읽어요.

o 오어	ou 어우	ong 오옹
bo	-	-
po	pou	-
mo	mou	-
fo	fou	-
-	dou	dong
-	tou	tong
-	nou	nong
-	lou	long
-	gou	gong
-	kou	kong
-	hou	hong
-	zou	zong
-	cou	cong
-	sou	song
-	zhou	zhong
-	chou	chong
-	shou	-
-	rou	rong

운모 o를 '오어'로 발음해야 해요.
'오'로 발음하면 안돼요.

운모 ou를 '어우'로 발음해야 해요.
'오우'로 발음하면 안돼요.

DAY 1

해커스 중국어 첫걸음

성모 + e로 시작하는 운모

파란색으로 표시된 병음을 특히 주의하며 큰소리로 따라 읽어요.

e 으어	ei 에이	en 으언	eng 으엉
-	bei	ben	beng
-	pei	pen	peng
(me)	mei	men	meng
-	fei	fen	feng
de	dei	den	deng
te	tei	-	teng
ne	nei	nen	neng
le	lei	-	leng
ge	gei	gen	geng
ke	kei	ken	keng
he	hei	hen	heng
ze	zei	zen	zeng
ce	cei	cen	ceng
se	-	sen	seng
zhe	zhei	zhen	zheng
che	-	chen	cheng
she	shei	shen	sheng
re	-	ren	reng

운모 en을 '으언'로 발음해야 해요.
'엔'으로 발음하면 안돼요.

운모 eng을 '으엉'으로 발음해야 해요.
'엥', '엉', '응'으로 발음하면 안돼요.

me는 단어에서 항상 경성 [머]로 짧고 가볍게 발음해요.
[므어]로 발음하는 경우는 없어요. (경성은 Day2에서 배울 거예요.)

운모 e를 '으어'로 발음해야 해요.
'에'로 발음하면 안돼요.

* 운모 er[으얼]은 결합하는 성모가 없어요. er화운으로 사용돼요.

*** er화운**

er화운이란 단어 뒤에 습관적으로 er을 붙여 좀 더 부드럽게 발음하는 방법이에요. 중국 남방 지역에서는 잘 사용하지 않는 북방 지역만의 특유한 발음 현상이에요. er을 붙여도 의미는 변하지 않아요.

er화운의 발음은, 다운모 끝이 i, n, ng로 끝나면 i, n, ng를 생략하고 바로 r을 붙여 발음해요. 단, 표기할 땐 생략하지 않아요.

i생략 xiaohai [씨아오하이] → xiaohair [씨아오하알]
n생략 dian [띠엔] → dianr [띠알]
ng생략 chuang [추우앙] → chuangr [추우알]

성모+i로 시작하는 운모

파란색으로 표시된 병음을 특히 주의하며 큰소리로 따라 읽어요.

i 이이	ia 이아	ian 이엔	iang 이앙	iao 이아오	in 이인	ing 이잉	iou 이어우	iong 이옹	ie 이에
bi	-	bian	-	biao	bin	bing	-	-	bie
pi	-	pian	-	piao	pin	ping	-	-	pie
mi	-	mian	-	miao	min	ming	miu	-	mie
di	dia	dian	-	diao	-	ding	diu	-	die
ti	-	tian	-	tiao	-	ting	-	-	tie
ni	-	nian	niang	niao	nin	ning	niu	-	nie
li	lia	lian	liang	liao	lin	ling	liu	-	lie
ji	jia	jian	jiang	jiao	jin	jing	jiu	jiong	jie
qi	qia	qian	qiang	qiao	qin	qing	qiu	qiong	qie
xi	xia	xian	xiang	xiao	xin	xing	xiu	xiong	xie

운모 ian을 '이엔'으로 발음해야 해요.
'이안'으로 발음하면 안돼요.

운모 iou는 성모와 결합할 때 iu로 표기해요.
운모 iu를 '이어우'로 발음해야 해요.
'이오우'로 발음하면 안돼요.

※ 성모 z, c, s, zh, ch, sh, r 는 i로 시작하는 운모 중 i하고만 결합해요.
이때 i는 모두 '으'로 발음 된다는 것에 주의해야 해요. 운모 i를 '이'로 발음하는 ji, qi, xi와 구별해야 해요.

zi	ci	si	zhi	chi	shi	ri
쯔으	츠으	쓰으	쯔ⓡ으	츠ⓡ으	쓰ⓡ으	르ⓡ으

DAY 1

해커스 중국어 첫걸음

성모+u로 시작하는 운모

파란색으로 표시된 병음을 특히 주의하며 큰소리로 따라 읽어요.

u 우우	ua 우아	uan 우안	uang 우앙	uai 우아이	uen 우언	uei 우에이	uo 우어
du	-	duan	-	-	dun	dui	duo
tu	-	tuan	-	-	tun	tui	tuo
nu	-	nuan	-	-	nun	-	nuo
lu	-	luan	-	-	lun	-	luo
gu	gua	guan	guang	guai	gun	gui	guo
ku	kua	kuan	kuang	kuai	kun	kui	kuo
hu	hua	huan	huang	huai	hun	hui	huo
zu	-	zuan	-	-	zun	zui	zuo
cu	-	cuan	-	-	cun	cui	cuo
su	-	suan	-	-	sun	sui	suo
zhu	zhua	zhuan	zhuang	zhuai	zhun	zhui	zhuo
chu	chua	chuan	chuang	chuai	chun	chui	chuo
shu	shua	shuan	shuang	shuai	shun	shui	shuo
ru	rua	ruan	-	-	run	rui	ruo

운모 uen은 성모와 결합할 때 un으로 표기하고 '우언'으로 발음해요. '운'이나 '언'으로 발음하면 안돼요.

운모 uei는 성모와 결합할 때 ui로 표기하고 '우에이'로 발음해요. '우이'로 발음하면 안돼요.

* 운모 ueng은 결합하는 성모없이 단독음절인 weng[우엉]으로만 쓰여요.

운모 uo를 '우어'로 발음해야 해요. '우오'로 발음하면 안돼요.

※ 성모 b, p, m, f 는 운모 u하고만 결합해요.

bu	pu	mu	fu
뿌우	푸우	무우	ⓕ우

성모 + ü로 시작하는 운모

파란색으로 표시된 병음을 특히 주의하며 큰소리로 따라 읽어요.

ü 위이	üe 위에	üan 위엔	ün 위인
nü	nüe	-	-
lü	lüe	-	-
ju	jue	juan	jun
qu	que	quan	qun
xu	xue	xuan	xun

j, q, x 다음에 오는 운모 uan은 '위엔'으로 발음해야 해요. '우안'으로 발음하면 안돼요.

ü가 성모 j, q, x 다음에 오면 점 두개를 빼고 그냥 u로 표기해요.
그래서 j, q, x 다음에 오는 u는 '위이'로 발음해야 해요.
'우'로 발음하면 안돼요.

연습문제로 실력 확인하기

01

먼저 제시된 두 병음을 성모에 유의하며 발음해보세요. 그 다음 음성을 들으며 따라 읽으세요.

① ba - pa ② pei - fei ③ diao – tiao

④ gong - kong ⑤ ji - zi ⑥ qi - ci

02

먼저 제시된 두 병음을 운모에 유의하며 발음해보세요. 그 다음 음성을 들으며 따라 읽으세요.

① po - mou ② ne - mei ③ dian - juan

④ xiu - xue ⑤ huan - kun ⑥ dui – xiu

03

음성을 듣고 빈칸에 들어갈 성모를 채워 넣으세요.

① ___ang ② ___ai ③ ___ong

④ ___iong ⑤ ___un ⑥ ____uo

04

음성을 듣고 빈칸에 들어갈 운모를 채워 넣으세요.

① c______ ② q______

③ f______ ④ j______

⑤ k______ ⑥ l______

정답

1. ① 빠아 - 파아 ② 페이 - ⓕ에이 ③ 띠아오 - 티아오
   ④ 꼬옹 - 코옹 ⑤ 찌이 - 쯔으 ⑥ 치이 - 츠으
2. ① 포어 - 머우 ② 느어 - 메이 ③ 띠엔 - 쮜엔
   ④ 씨어우 - 쒸에 ⑤ 후안 - 쿠언 ⑥ 뚜에이 - 씨어우
3. ① r ② c ③ d ④ j ⑤ z ⑥ sh
4. ① en ② uan ③ o ④ un ⑤ ou ⑥ iu

Day 2

뻬이찌잉
중국어 발음② 성조 익히기

한 번에 학습하기

성조 한 눈에 보기

성조 마스터하기

중국어 발음의 꽃이라 할 수 있는 성조를 마스터해 보아요.

중국어는 **글자마다 고유의 음**을 가지고 있는데, 이런 고유의 음을 성조라고 해요. 성모와 운모가 결합한 병음에 **성조를 표시함으로써 비로소 의미를 갖는 중국어 단어가 완성**되고, 그래서 병음이 같아도 성조가 다르면 전혀 다른 의미의 단어가 된답니다. 성조에는 1성, 2성, 3성, 4성 이렇게 4개의 성조가 있고, 성조는 운모 위에 표시해요. 아래의 표를 보며 큰소리로 따라 읽어보아요.

성조	발음 방법	예시
1성	'솔'음을 한 번에 찍은 후 끝까지 길게 유지해요. (솔 파 미 레 도) a 아아~	1성은 소리의 크기가 일정해요. 마아 **mā** 엄마 쑤우(ⓡ) **shū** 책 뻬이 **bēi** 잔
2성	중저음인 '레'음에서 시작하여 높은 음으로 쭉 끌어올려요. (솔 파 미 레 도) a 아아~	2성은 뒷소리를 좀 더 크게 내요. 뚜우 **dú** 읽다 라이 **lái** 오다 씨엔 **xián** 한가하다
3성	중저음 '레'음에서 음을 최대한 아래로 내렸다가 위로 살짝 올려요. (솔 파 미 레 도) a 아아~	3성은 뒷소리를 좀 더 크게 내요. 마아 **mǎ** 말(동물) 워어 **wǒ** 나 크어 **kě** 목마르다
4성	'솔'음을 시작으로 낮은 '도'까지 쭉 끌어 내려요. (솔 파 미 레 도) a 아아~	4성은 앞소리를 좀 더 크게 내요. 취이 **qù** 가다 ⓕ아안 **fàn** 식사 크어 **kè** 수업
경성	경성은 특별한 음높이 없이 짧고 가볍게 발음해요. 경성은 성조 표시를 하지 않아요. (솔 파 미 레 도) a• 아	더 **de** ~의 빠아바 **bàba** 아버지 이이거 **yíge** 한 개 * d, b, g는 경성에서는 '된소리(ㄸ/ㅃ/ㄲ)'가 아닌 'ㄷ/ㅂ/ㄱ'로 짧고 가볍게 소리내요.

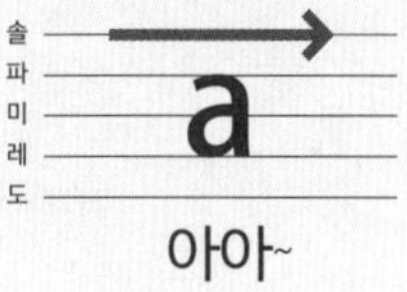

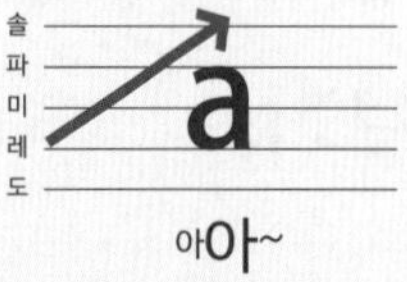

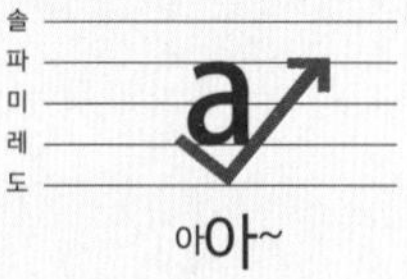

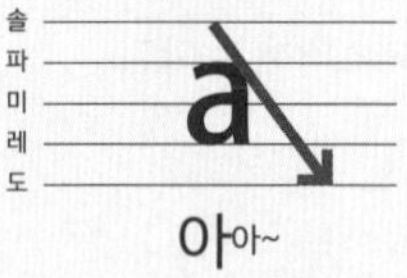

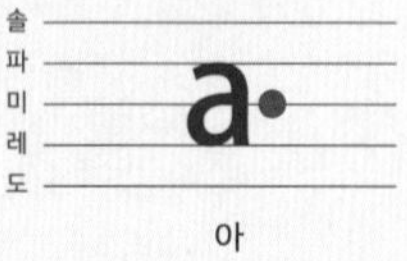

*** 성조 표기 순서**

성조는 항상 운모 위에 표기하고, 운모가 2개 이상일 경우 a > e, o > i, u, ü 와 같이 입이 가장 크게 벌어지는 순서대로 표기해요.

(1) a가 있으면, a 위에 표기   hǎo   hái

(2) a가 없으면, e나 o에 표기   gěi   gǒu

(3) i, u가 함께 나올 경우, 뒤에 오는 운모에 표기   diū   duì

(4) i에 성조를 표기할 경우, i 위의 점은 생략   shuǐ   zuì

성조 마스터하기

1성 마스터하기

1성이 첫 성조이면 처음부터 높은 음으로 길게 쭉~ 이어준 다음, 뒤에 오는 성조를 바로 발음해야 해요. 1성은 반드시 높고 길게 끌어주는 것 잊지 마세요!

● **1성 + 1성** → →

높은 음을 한번에 찍어 길게 음을 유지하는 1성을 2번 연속 발음하기

따안씨인 **dānxīn** 担心 걱정하다	카이ⓡ츠어 **kāichē** 开车 운전하다	찌인티엔 **jīntiān** 今天 오늘	차안찌아 **cānjiā** 参加 참가하다

● **1성 + 2성** → ↗

높은 음을 한번에 찍어 1성을 길게 발음한 후, 낮은 음에서 높은 음으로 쭉 끌어올리며 2성 발음하기

ⓕ페이ⓡ촤앙 **fēicháng** 非常 매우, 굉장히	따앙ⓡ롸안 **dāngrán** 当然 당연하다	후안이잉 **huānyíng** 欢迎 환영하다	ⓡ쭝옹꾸어 **Zhōngguó** 中国 중국

● **1성 + 3성** → ✓

높은 음을 한번에 찍어 1성을 길게 발음한 후, 음을 최대한 아래로 내렸다가 살짝 올리며 3성 발음하기

카이ⓡ쓰으 **kāishǐ** 开始 시작하다	후언리이 **hūnlǐ** 婚礼 결혼식	쭈언ⓡ쒀우 **zūnshǒu** 遵守 준수하다	ⓡ쓰언치잉 **shēnqǐng** 申请 신청하다

● **1성 + 4성** → ↘

높은 음을 한번에 찍어 1성을 길게 발음한 후, 바로 낮은 음으로 끌어내리며 4성 발음하기

까오씨잉 **gāoxìng** 高兴 기쁘다	ⓡ촤오ⓡ쓰으 **chāoshì** 超市 슈퍼마켓	ⓕ파앙삐엔 **fāngbiàn** 方便 편하다	이이위엔 **yīyuàn** 医院 병원

● **1성 + 경성** → •

높은 음을 한번에 찍어 1성을 길게 발음한 후, 힘 빼고 짧게 경성 발음하기

뻬이즈 **bēizi** 杯子 컵, 잔	마아마 **māma** 妈妈 엄마	끄어거 **gēge** 哥哥 오빠, 형	씨어우시 **xiūxi** 休息 휴식, 쉬다

2성 마스터하기

2성이 첫 성조이면 첫 음을 낮은 음에서 높은 음으로 쭉 끌어올려준 후, 뒤에 오는 성조를 바로 발음해야 해요. 2성과 3성이 헷갈릴 수 있으니 반드시 낮은 음에서 높은 음으로 쭈욱~ 올려줘야 해요.

2성 + 1성 ↗ →

낮은 음에서 높은 음으로 쭉 끌어올리며 2성을 발음한 후, 그대로 그 음을 유지하며 1성을 길게 발음하기

후에이찌아 **huíjiā** 回家 집으로 (돌아)가다	찌에후언 **jiéhūn** 结婚 결혼하다	쓰ⓡ으찌엔 **shíjiān** 时间 시간	이아까오 **yágāo** 牙膏 치약

2성 + 2성 ↗ ↗

낮은 음에서 높은 음으로 쭉 끌어올리는 2성을 2번 연속 발음하기

토옹쒸에 **tóngxué** 同学 동창	라안치어우 **lánqiú** 篮球 농구	쒸에씨이 **xuéxí** 学习 공부하다	촤ⓡ앙촤ⓡ앙 **chángcháng** 常常 자주

2성 + 3성 ↗ √

낮은 음에서 높은 음으로 쭉 끌어올리며 2성을 발음한 후, 음을 최대한 아래로 내렸다가 살짝 올리며 3성 발음하기

피잉꾸어 **píngguǒ** 苹果 사과	피이찌어우 **píjiǔ** 啤酒 맥주	츠으띠엔 **cídiǎn** 词典 사전	이어우이옹 **yóuyǒng** 游泳 수영하다

2성 + 4성 ↗ ↘

낮은 음에서 높은 음으로 쭉 끌어올리며 2성을 발음한 후, 바로 낮은 음으로 끌어내리며 4성 발음하기

토옹쓰ⓡ으 **tóngshì** 同事 동료	찌에무우 **jiémù** 节目 프로그램	짜아쯔ⓡ으 **zázhì** 杂志 잡지	차이리아오 **cáiliào** 材料 자료

2성 + 경성 ↗ •

낮은 음에서 높은 음으로 쭉 끌어올리며 2성을 발음한 후, 힘 빼고 짧게 경성 발음하기

프엉요 **péngyou** 朋友 친구	쒸에승ⓡ 엉 **xuésheng** 学生 학생	쓰ⓡ언머 **shénme** 什么 무엇	이에예 **yéye** 爷爷 할아버지

3성 마스터하기

3성은 뒤에 오는 성조에 따라 반3성 또는 2성으로 성조가 바뀌어요. 3성 뒤에 1, 2, 4, 경성이 오면 앞의 3성은 내려가는 부분까지만 발음하는데, 이를 '반3성'이라고 해요. 3성 뒤에 바로 3성이 오면 앞의 3성을 2성으로 읽어줘요. 이렇게 성조가 바뀌는 이유는 말을 좀 더 쉽게 하기 위해서예요.

- **3성 + 1성 ⇨ 반3성 + 1성** 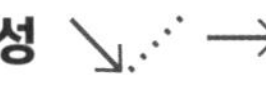

🔊 음을 최대한 아래로 내려 반3성을 발음한 후, 곧바로 높은 음을 찍어 1성을 길게 발음하기

뻬이찌잉	찌인ⓡ짱	라오ⓡ쓰	ⓡ쐬우찌이
Běijīng 北京	**jǐnzhāng** 紧张	**lǎoshī** 老师	**shǒujī** 手机
베이징	긴장하다	선생님	휴대폰

- **3성 + 2성 ⇨ 반3성 + 2성** ↘⋰ ↗

🔊 음을 최대한 아래로 내려 반3성을 발음한 후, 높은 음으로 쭉 끌어 올리며 2성 발음하기

메이꾸어	커우호옹	찌엔ⓕ에이	이어우미잉
Měiguó 美国	**kǒuhóng** 口红	**jiǎnféi** 减肥	**yǒumíng** 有名
미국	립스틱	다이어트하다	유명하다

- **3성 + 3성 ⇨ 2성 + 3성** ↗ ↘↗

🔊 낮은 음에서 높은 음으로 쭉 끌어올리며 2성을 발음한 후, 음을 최대한 아래로 내렸다가 살짝 올리면서 3성 발음하기

삐아오이엔	이엔찌앙	위이싸안	우우따아오
biǎoyǎn 表演	**yǎnjiǎng** 演讲	**yǔsǎn** 雨伞	**wǔdǎo** 舞蹈
공연	강의	우산	춤, 무용

- **3성 + 4성 ⇨ 반3성 + 4성** ↘⋰ ↘

🔊 음을 최대한 아래로 내려 반3성을 발음한 후, 바로 높은 음으로 올라가 낮은 음으로 끌어내리며 4성 발음하기

마안이이	리이우우	카오ⓡ쓰	크어르어
mǎnyì 满意	**lǐwù** 礼物	**kǎoshì** 考试	**kělè** 可乐
만족하다	선물	시험보다	콜라

- **3성 + 경성 ⇨ 반3성 + 경성** ↘⋰ •

🔊 음을 최대한 아래로 내려 반3성을 발음한 후, 이어지는 경성을 조금 더 높게 하지만 짧게 발음하기

뻔언즈	나이나이	니이먼	씨이환
běnzi 本子	**nǎinai** 奶奶	**nǐmen** 你们	**xǐhuan** 喜欢
노트	할머니	너희들	좋아하다

4성 마스터하기

4성이 첫 성조이면 첫 음을 높은 음에서 낮은 음으로 쭉 끌어내려준 다음, 뒤에 오는 성조를 바로 발음해야 해요. 4성은 첫 소리를 높게 잡는 것이 중요해요.

● 4성 + 1성 ↘ →

높은 음에서 낮은 음으로 쭉 끌어내려 4성을 발음한 후, 다시 높은 음을 한번에 찍어 1성을 길게 발음하기

미엔빠오 **miànbāo** 面包 빵	따안까오 **dàngāo** 蛋糕 케이크	꾸앙찌에 **guàngjiē** 逛街 쇼핑하다	씨아빠안 **xiàbān** 下班 퇴근하다

● 4성 + 2성 ↘ ↗

높은 음에서 낮은 음으로 쭉 끌어내려 4성을 발음한 후, 다시 높은 음으로 쭉 끌어올리며 2성 발음하기

빠앙치어우 **bàngqiú** 棒球 야구	리엔씨이 **liànxí** 练习 연습	루언우언 **lùnwén** 论文 논문	씨잉ⓕ우 **xìngfú** 幸福 행복하다

● 4성 + 3성 ↘ ✓

높은 음에서 낮은 음으로 쭉 끌어내려 4성을 발음한 후, 음을 최대한 아래로 내렸다가 살짝 올리면서 3성 발음하기

빠오쯔ⓡ으 **bàozhǐ** 报纸 신문	므엉씨앙 **mèngxiǎng** 梦想 꿈	따아하이 **dàhǎi** 大海 바다	띠엔이잉 **diànyǐng** 电影 영화

● 4성 + 4성 ↘ ↘

높은 음에서 낮은 음으로 쭉 끌어내린 4성을 2번 연속 발음하기

띠엔후아 **diànhuà** 电话 전화	씨엔짜이 **xiànzài** 现在 지금	쨔ⓡ오피엔 **zhàopiàn** 照片 사진	아이하오 **àihào** 爱好 취미

● 4성 + 경성 ↘ •

높은 음에서 낮은 음으로 쭉 끌어내려 4성을 발음한 후, 힘 빼고 짧게 경성 발음하기

피아오량 **piàoliang** 漂亮 예쁘다	마오즈 **màozi** 帽子 모자	ⓡ르언ⓡ스 **rènshi** 认识 알다	우에이다오 **wèidao** 味道 맛

bù(不, 아니)와 yī(一, 일)의 성조 변화 익히기

중국어에는 뒤에 나오는 글자의 성조에 따라 본래의 성조가 변하는 글자가 있어요. 그것이 바로 不(bù)와 一(yī)랍니다. 원래 4성인 不(bù)와 원래 1성인 一(yī) 모두 뒤에 1,2,3성이 오면 4성으로 발음하고 4성이 오면 2성으로 발음하면 돼요. 不와 一는 바뀐 성조를 그대로 표기하니 병음에 표기된 성조를 반복 연습해서 입에 붙이는 것이 중요해요.

● 不(bù)의 성조 변화

'不(bù)+ 1,2,3성'은 원래 성조인 4성(bù) 그대로 읽어요.

不 + 1성	뿌우흐어 bù hē (不喝) 마시지 않는다	뿌우쑤ⓡ어 bù shuō (不说) 말하지 않는다
不 + 2성	뿌우뚜우 bù dú (不读) 읽지 않는다	뿌우느엉 bù néng (不能) 가능하지 않다
不 + 3성	뿌우파오 bù pǎo (不跑) 뛰지 않는다	뿌우하오 bù hǎo (不好) 좋지 않다

'不(bù)+ 4성'이면 2성(bú)으로 변해요. 4성을 두 번 연속 발음하면 힘들기 때문이에요.

不 + 4성	뿌우카안 bú kàn (不看) 보지 않는다	뿌우뚜에이 bú duì (不对) 맞지 않다

● 一(yī)의 성조 변화

'一(yī) + 1,2,3성'이면 4성(yì)으로 변하고 '一(yī) + 4성'이면 2성(yí)으로 변해요.

一 + 1성	이이뚜에이 yì duī (一堆) 한 더미	이이쮸ⓡ앙 yì zhāng (一张) 한 장
一 + 2성	이이타이 yì tái (一台) (기계) 한 대	이이피잉 yì píng (一瓶) 한 병
一 + 3성	이이쁘언 yì běn (一本) 한 권	이이우안 yì wǎn (一碗) 한 그릇
一 + 4성	이이리앙 yí liàng (一辆) (자동차) 한 대	이이츠으 yí cì (一次) 한 차례

一(yī)가 단독 또는 서수로 쓰일 때, 원래 성조인 1성(yī)으로 읽어요.

숫자 또는 서수	이이 yī (一) 숫자 1	씨잉치이이이 xīngqīyī (星期一) 월요일	띠이이이 dìyī (第一) 첫 번째, 제일

연습문제로 실력 확인하기

01

성조에 유의하며 먼저 스스로 읽어 보세요. 그 다음 음성을 들으며 따라 읽으세요.

① fēicháng 非常 매우, 굉장히

② diànyǐng 电影 영화

③ tóngshì 同事 동료

④ jiǎnféi 减肥 다이어트하다

⑤ yǔsǎn 雨伞 우산

02

녹음을 듣고 병음과 성조를 써보세요. 그 다음 음성을 들으며 따라 읽으세요.

① ________liang 漂亮 예쁘다

② huān________ 欢迎 환영하다

③ ________bāo 面包 빵

④ ______nai 奶奶 할머니

⑤ biǎo______ 表演 공연

03

녹음을 듣고 병음과 성조를 써보세요. 그 다음 음성을 들으며 따라 읽으세요.

① ______ 报纸 신문

② ______ 回家 집으로 (돌아)가다

③ ______ 苹果 사과

④ ______ 紧张 긴장하다

⑤ ______ 开车 운전하다

DAY 2

해커스 중국어 첫걸음

정답

1. ① ⓕ세이촤ⓡ앙 ② 띠엔이잉 ③ 토옹쓰ⓡ으 ④ 찌엔ⓕ세이 ⑤ 위이싸안
2. ① piào ② yíng ③ miàn ④ nǎi ⑤ yǎn
3. ① bàozhǐ ② huíjiā ③ píngguǒ ④ jǐnzhāng ⑤ kāichē

Day 3

워, 니, 타 / 니하오!

대명사·인사말·기초 회화 익히기

한 번에 학습하기

니하오!

안녕!!!

대명사 익히기

인사말 익히기

기초 회화 익히기

'나, 너, 우리'와 같은 대명사, '안녕!'과 같은 인사말,
그리고 인사말을 사용하는 기초 회화를 익혀보아요.

중국어의 기본 대명사를 큰 소리로 따라 읽어 보세요.

① 1인칭 대명사

우어 wǒ 나, 저 我	우어먼 wǒmen 우리들 我们	짜안먼 zánmen 우리들 咱们

*我们(wǒmen)은 상대방을 포함할 수도 있고 포함하지 않을 수도 있는 '우리'이지만, 咱们(zánmen)은 듣는 상대방을 포함한 '우리'예요.

② 2인칭 대명사

니이 nǐ 너, 당신 你	니인 nín 당신 您	니이먼 nǐmen 너희들, 당신들 你们

③ 3인칭 대명사

타아 tā 그 他	타아 tā 그녀 她	타아 tā 그것(사물, 동물) 它
타아먼 tāmen 그들 他们	타아먼 tāmen 그녀들 她们	타아먼 tāmen 그것들 它们

*단수형 인칭 대명사 뒤에 men(们, ~들)만 붙이면 복수의 의미를 나타낼 수 있어요.

④ 지시 대명사

쯔ⓡ어 zhè 이 **这**	쯔ⓡ어거 zhège 이거 **这个**	쯔ⓡ어리 zhèli 여기 **这里**

나아 nà 저, 그 **那**	나아거 nàge 저거 **那个**	나아리 nàli 저기 **那里**

일상에서 흔히 쓰이는 인사말을 큰 소리로 따라 읽어 보세요.

① 만날 때

안녕. / 안녕하세요.

니이 하오
Nǐ hǎo.
你好。

잘 지내? / 잘 지내세요?

니이 하오 마
Nǐ hǎo ma?
你好吗?

요즘 어때? / 요즘 어떻게 지내세요?

니이 쭈에이찌인 쯔언머이양
Nǐ zuìjìn zěnmeyàng?
你最近怎么样?

'최근, 요즘'이라는 뜻이에요. / '어때'라는 뜻이에요.

② 헤어질 때

잘 가. / 또 만나요.

짜이찌엔 / 빠이바이
Zàijiàn. / Bàibai.
再见。/ 拜拜。

영어 bye-bye에서 온 단어예요. 그래서 성조를 지키지 않고 자연스럽게 말해도 돼요.

주말 잘 보내. / 주말 잘 보내세요.

쪄우모어 위이쿠아이 / 쪄우모어 쿠아이르어
Zhōumò yúkuài. / Zhōumò kuàilè.
周末愉快。/ 周末快乐。

③ 고마울 때

고마워. / 감사합니다.

씨에셰
Xièxie.
谢谢。

④ 미안할 때

미안해. / 미안해요.

뿌우 하오 이이스
Bù hǎo yìsi.
不好意思。

⑤ 격려할 때

수고했어! / 수고하셨습니다!

씨인쿠우 러
Xīnkǔ le!
辛苦了！

힘내! / 힘내세요! / 파이팅!

찌아이어우
Jiāyóu!
加油！

⑥ 생일 축하할 때

생일 축하해. / 생일 축하해요.

(쭈우 니이) 쓰엉르으 쿠아이르어
(Zhù nǐ) shēngrì kuàilè.
(祝你)生日快乐。

생략해도 돼요.

DAY 3

해커스 중국어 첫걸음

일상에서 흔히 나누는 대화를 큰 소리로 따라 읽어 보세요.

① 근황을 물을 때

잘 지내니? / 요즘 어때?

니이 하오 마 / 니이 쭈에이찌인 쯔언머이양
Nǐ hǎo ma? / Nǐ zuìjìn zěnmeyàng?
你好吗? / 你最近怎么样?

나는 잘 지내, 너는?

우어 흐언 하오, 니이 너
Wǒ hěn hǎo, nǐ ne?
我很好, 你呢?

나도 잘 지내. 고마워.

우어 이에 흐언 하오. 씨에셰
Wǒ yě hěn hǎo. Xièxie!
我也很好。谢谢!

② 고마울 때

고마워요. / 감사합니다.

씨에셰
Xièxie.
谢谢。

천만에요.

뿌우이옹 씨에 / 뿌우 크어치
Búyòng xiè. / Bú kèqi.
不用谢。/ 不客气。

③ 사과할 때

미안해요. / 죄송합니다.

뿌우 하오 이이스 / 뚜에이 부 치이
Bù hǎo yìsi. / Duì bu qǐ.
不好意思。/ 对不起。

괜찮아요.

메이 쓰으 / 메이 꾸안시
Méi shì. / Méi guānxi.
没事。/ 没关系。

④ 처음 만났을 때

만나서 반갑습니다.

릉언슬 니이 흐언 까오씽
Rènshi nǐ hěn gāoxìng.
认识你很高兴。

잘 부탁드립니다.

치잉 뚜어둬 꾸안짜오
Qǐng duōduo guānzhào.
请多多关照。

DAY 3

해커스 중국어 첫걸음

⑤ 아침에 만났을 때

좋은 아침. / 좋은 아침이에요.

짜오
Zǎo.
早。

좋은 아침이에요.

짜오 샹앙 하오
Zǎoshang hǎo.
早上好。

⑥ 축하할 때

축하해. / 축하합니다.

꼬옹씨이 니이
Gōngxǐ nǐ!
恭喜你!

고마워. / 감사합니다.

씨에셰
Xièxie.
谢谢。

연습문제로 실력 확인하기

mp3 바로 듣기

01 맞는 것끼리 짝 지으세요.

① 너

② 저기

③ 이

④ 그녀들

a. wǒ 我

b. zhè 这

c. nǐ 你

d. tāmen 她们

e. nàli 那里

02 음원을 듣고 맞는 것을 보기에서 고른 후 뜻을 써보세요.

[보기]

a. Bù hǎo yìsi. 不好意思。	b. Bàibai. 拜拜。	c. Jiāyóu! 加油！
d. Xièxie. 谢谢。	e. Nǐ hǎo. 你好。	f. Xīnkǔ le! 辛苦了！

① _____ (   ) ② _____ (   )

③ _____ (   ) ④ _____ (   )

⑤ _____ (   )

03

서로 관련 있는 것끼리 짝지어 대화를 완성하세요.

① Nǐ hǎo ma?
你好吗？

② Bù hǎo yìsi.
不好意思。

③ Gōngxǐ nǐ!
恭喜你！

a. Méi shì.
没事。

b. Wǒ hěn hǎo.
我很好。

c. Màn zǒu.
慢走。

d. Xièxie.
谢谢。

정답

1. ① c ② e ③ b ④ d
2. ① b 또 만나요. ② f 수고하셨습니다! ③ a 미안해. ④ d 감사합니다. ⑤ c 힘내요!
3. ① b ② a ③ d

나는 신나.

우어　흐언　카이씨인
Wǒ hěn kāixīn.

한 번에 학습하기

우어 흐언 카이씨인
Wǒ hěn kāixīn.
我很开心。

이런 말을 할 수 있어요.

패턴 1
나는 신나 .
우어 흐언 카이씨인
Wǒ hěn kāixīn .
我很开心。
나는 (매우) 신나다
패턴 2
나는 안 피곤해 .
우어 뿌우 레이
Wǒ bú lèi .
我不累。
나는 아니 피곤하다
패턴 3
너 바빠 ?
니이 마앙 마
Nǐ máng ma?
你忙吗?
너는 바쁘다 니?
패턴 4
너 더워 안 더워 ?
니이 르ⓡ어 부 르ⓡ어
Nǐ rè bu rè ?
你热不热?
너는 덥다 아니 덥다

이번 Day에서는 일상에서 흔히 쓰이는 여러 형용사를 사용하여 자신의 상태를 말하거나 상대방에게 상태를 묻는 패턴을 배워볼 거예요. 오늘 학습을 마치면 형용사를 사용한 문장의 긍정문, 부정문, 의문문을 쉽게 말할 수 있어요.

패턴으로 말문트기

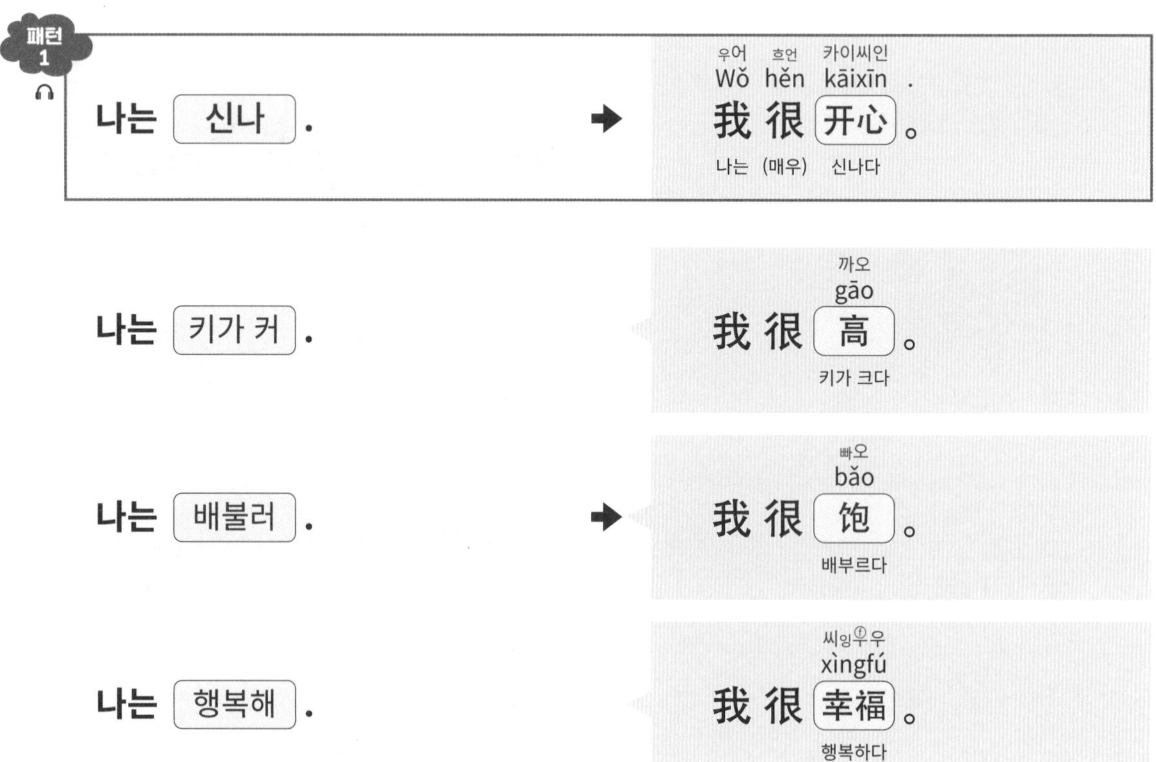

패턴 1
나는 신나.
우어 흐언 카이씨인
Wǒ hěn kāixīn.
我很开心。
나는 (매우) 신나다
나는 키가 커.
까오
gāo
我很高。
키가 크다
나는 배불러.
빠오
bǎo
我很饱。
배부르다
나는 행복해.
씨잉f우우
xìngfú
我很幸福。
행복하다

패턴 파헤치기

1. **'나는 신나.', '나는 키가 커.'와 같은 말처럼, 나의 상태를 '나는 ~(해).'라고 말하고 싶을 때에는 '我很(Wǒhěn)+형용사' 패턴으로 말하면 돼요.**

   이 패턴에서는 주어의 상태를 나타내는 형용사가 문장의 술어로 쓰였어요. 이렇게 형용사가 술어인 문장을 '형용사 술어문'이라고 해요. 참고로 很(hěn)은 원래 '매우'라는 뜻이지만, 이 패턴에서는 별다른 의미 없이 형용사 앞에 습관적으로 붙여서 사용해요.

   예 Wǒ hěn kāixīn.
   我很开心。 나는 신나.
   我(↓ 주어) 开心(↓ 술어(형용사)) ➡ 형용사 술어문

나는 안 피곤해. → 我不累。
(Wǒ bú lèi. 우어 뿌우 레이 / 나는 아니 피곤하다)

不 뒤에 4성이 오면, bù(4성)가 아닌 bú(2성)로 발음해요.(p.27참고)

나는 안 목말라. 我不渴。
(kě 크어 / 목마르다)

나는 안 속상해. → 我不难过。
(nánguò 나안꾸어 / 속상하다)

나는 안 긴장돼. 我不紧张。
(jǐnzhāng 찌인짱 / 긴장하다)

패턴 파헤치기

1. '나는 안 피곤해.', '나는 안 목말라.'와 같은 말처럼, 나의 상태를 '나는 안 ~(해).'라는 부정문으로 말하고 싶을 때에는 '我不(Wǒ bù)+형용사'의 패턴으로 말하면 돼요.

앞서 익힌 '我很+형용사' 패턴에서 很(hěn) 자리에 대신 不(bù)를 사용하면 돼요. 이처럼 긍정문의 술어 앞에 不를 붙이면 부정문이 돼요.

예 Wǒ hěn lèi.
我很累。 나는 피곤해. (긍정문) → Wǒ bú lèi. 我不累。 나는 안 피곤해. (부정문)

패턴으로 말문트기

패턴 3

너 [바빠]?	→	니이 마앙 마 Nǐ máng ma? 你[忙]吗? 너는 바쁘다 니?
너 [졸려]?		쿠언 kùn 你[困]吗? 졸리다
너 [배고파]?	→	으어 è 你[饿]吗? 배고프다
너 [심심해]?		우우리아오 wúliáo 你[无聊]吗? 심심하다

패턴 파헤치기

1. **'너 바빠?', '너 졸려?'와 같은 말처럼, 상대방의 상태나 상황을 '너 ~(해)?'라고 묻고 싶을 때에는 '你(Nǐ)+형용사+吗(ma)?'의 패턴으로 말하면 돼요.**

   우리말로 질문을 할 때 말의 끝에 '~니?', '~요?'를 붙이는 것처럼, 중국어도 문장 끝에 **吗**?(ma)를 붙이면 의문문이 돼요. 이러한 의문문을 '**吗** 의문문'이라고 해요. 참고로, 형용사 술어문을 **吗** 의문문으로 만들 때에는 **很**(hěn)을 빼고 **吗**?를 붙여요.

   예 Wǒ hěn máng.
   我很忙。 나는 바빠. (긍정문) → Nǐ máng ma? 你忙吗? 너 바빠? (吗 의문문)

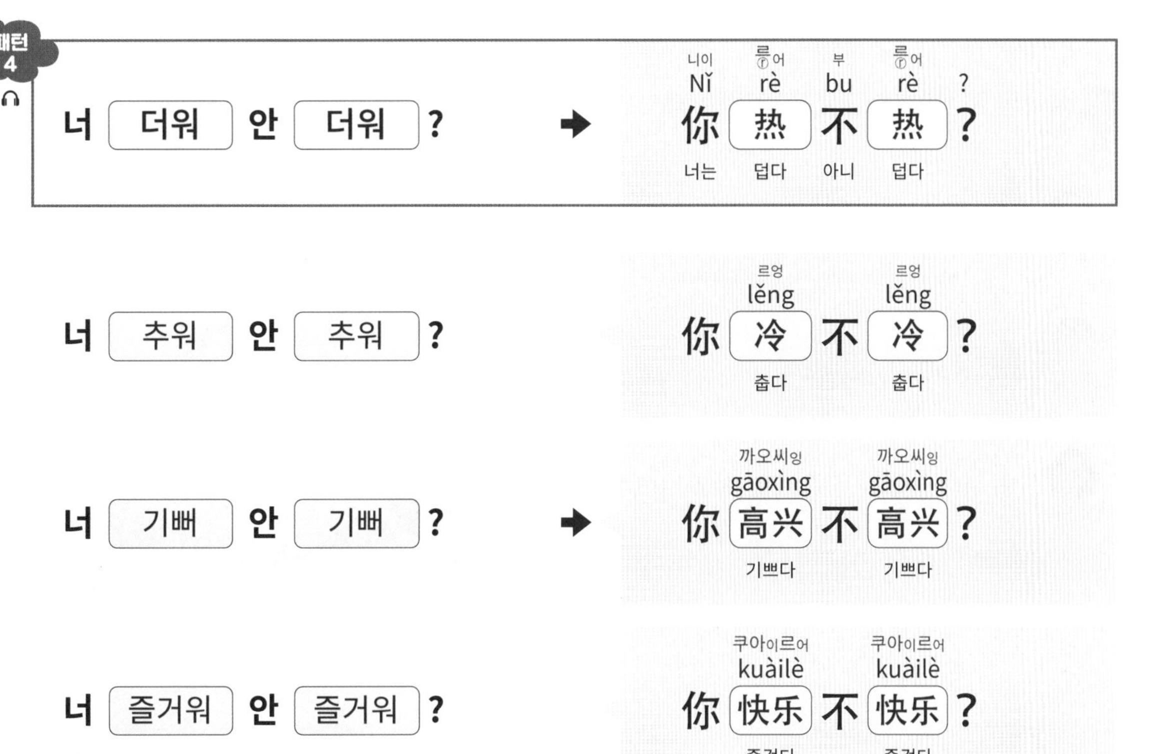

패턴 4
너 더워 안 더워?
Nǐ rè bu rè?
你热不热?
너는 덥다 아니 덥다
너 추워 안 추워?
lěng lěng
你冷不冷?
춥다 춥다
너 기뻐 안 기뻐?
gāoxìng gāoxìng
你高兴不高兴?
기쁘다 기쁘다
너 즐거워 안 즐거워?
kuàilè kuàilè
你快乐不快乐?
즐겁다 즐겁다

패턴 파헤치기

1. '너 더워 안 더워?', '너 추워 안 추워?'와 같은 말처럼, 상대방의 현재 상태를 '너 ~(해) 안 ~(해)?'라고 묻고 싶을 때에는 '你(Nǐ)+형용사+不(bu)+형용사?'의 패턴으로 말하면 돼요.

이 패턴에서 사용된 'A不A?' 형태의 의문문을 정반의문문이라 해요. 정반의문문은 그 자체로 의문문이므로 문장 끝에 吗(ma) 없이 물음표(?)만 붙여요. 吗 의문문은 사실 확인 의도가 좀 더 강하고, 정반의문문은 상대방의 의향을 확인하는 의도가 더 강하지만, 사용에 있어 차이는 거의 없어요. 참고로, 정반의문문에서 不(bu)는 경성으로 가볍게 발음해요.

+플러스포인트 두 개의 한자로 된 2음절 형용사는 'AB+不+AB' 또는 'A+不+AB'의 형태로 정반의문문을 만들 수 있어요. 회화에서는 'A+不+AB'의 형태를 더 자주 써요.

예 gāoxìng
高兴 기쁘다 → Nǐ gāoxìng bu gāoxìng?
你高兴不高兴? 너 기뻐 안 기뻐? [AB+不+AB]

→ Nǐ gāo bu gāoxìng?
你高不高兴? 너 기뻐 안 기뻐? [A+不+AB]

실생활 회화 자동발사!

먼저 mp3를 들으며 대화의 분위기를 느껴보세요. 그 다음 따라 말해보세요.

1 베이징 지사에서 오랜만에 만난 샤오밍과 수빈

수빈
씨아오밍 쭈에이찐 쯘머이양
Xiǎomíng, zuìjìn zěnmeyàng?
晓明，最近怎么样？
→ 중국에서는 보통 직책명 대신 이름을 불러요.

샤오밍
우어 흐언 하오 니이 너
Wǒ hěn hǎo. Nǐ ne?
我很好。你呢？

수빈
우어 이에 흐언 하오 니이 씨엔짜이 마앙 마
Wǒ yě hěn hǎo. Nǐ xiànzài máng ma?
我也很好。你现在忙吗？

실생활 회화 끊어 보기 p.210

1 수빈: 샤오밍씨, 요즘 어때요?
샤오밍: 저는 잘 지내요. 수빈씨는요?
수빈: 저도 잘 지내요. 샤오밍씨 지금 바빠요?

단어

最近 zuìjìn 명 요즘 **怎么样** zěnmeyàng 대 어떻다
好 hǎo 형 잘 지내다, 좋다 **呢** ne 조 ~는요? **也** yě 부 ~도
现在 xiànzài 명 지금 **忙** máng 형 바쁘다
吗 ma 조 ~인가요?

2 저녁 운동을 나간 수빈과 쟈메이

수빈

코옹치이 흐언 하오
Kōngqì hěn hǎo!
空气很好!

쟈메이

쓰ⓡ으 더 에이 니이 르ⓡ어 부 르ⓡ어
Shì de. Éi, nǐ rè bu rè?
是的。诶，你热不热?

éi로 읽으면 한국어의 '어?', '어라?'처럼 의문을 나타내요.

수빈

하이하오 우어 뿌우 르ⓡ어
Háihǎo, wǒ bú rè.
还好，我不热。

DAY 4

해커스 중국어 첫걸음

실생활 회화 끊어 보기 p.210

2 수빈: 공기 좋다!
쟈메이: 그러게. 어, 너 더워 안 더워?
수빈: 괜찮아. 난 안 더워.

단어
空气 kōngqì 명 공기 好 hǎo 형 좋다
是的 shì de 그렇다 诶 éi 감 어[놀람과 의아함을 표시함]
热 rè 형 덥다 还好 háihǎo (그런대로) 괜찮다

연습문제로 실력 확인하기

mp3 바로 듣기

01

듣기 실력 향상

음성을 들으며 제시된 단어의 병음과 뜻을 써 보세요.

	병음	뜻
① 高		
② 累		
③ 饿		
④ 高兴		
⑤ 紧张		

02

HSK 듣기 유형

들려주는 음성의 내용이 사진과 일치하면 O, 불일치하면 X에 체크해 보세요.

①

O ☐ X ☐

②

O ☐ X ☐

03

HSK 독해 유형

빈칸에 들어갈 알맞은 단어를 보기에서 골라 써 보세요.

[보기]	hěn 很	ma 吗	bu 不

① Wǒ 我 (　　　) kě. 渴。　　나는 목말라.

② Nǐ lěng 你冷 (　　　) lěng? 冷?　　너 추워 안 추워?

04

HSK 쓰기 유형

나열된 단어로 우리말 뜻에 맞는 중국어 문장을 완성해 보세요.

① hěn 很　xìngfú 幸福　wǒ 我

__________________________ 나는 행복해.

② wúliáo 无聊　nǐ 你　ma 吗

__________________________ 너 심심해?

연습문제 정답 p.227

이거 비싸.

쯔ⓡ어거 흐언 꾸에이
Zhège hěn guì.

这个很贵。

한 번에 학습하기

이거 비싸.
쯔ⓡ어거 흐언 꾸에이
Zhège hěn guì.
这个很贵。

우와~
신발 예쁘다!!!

이런 말을 할 수 있어요.

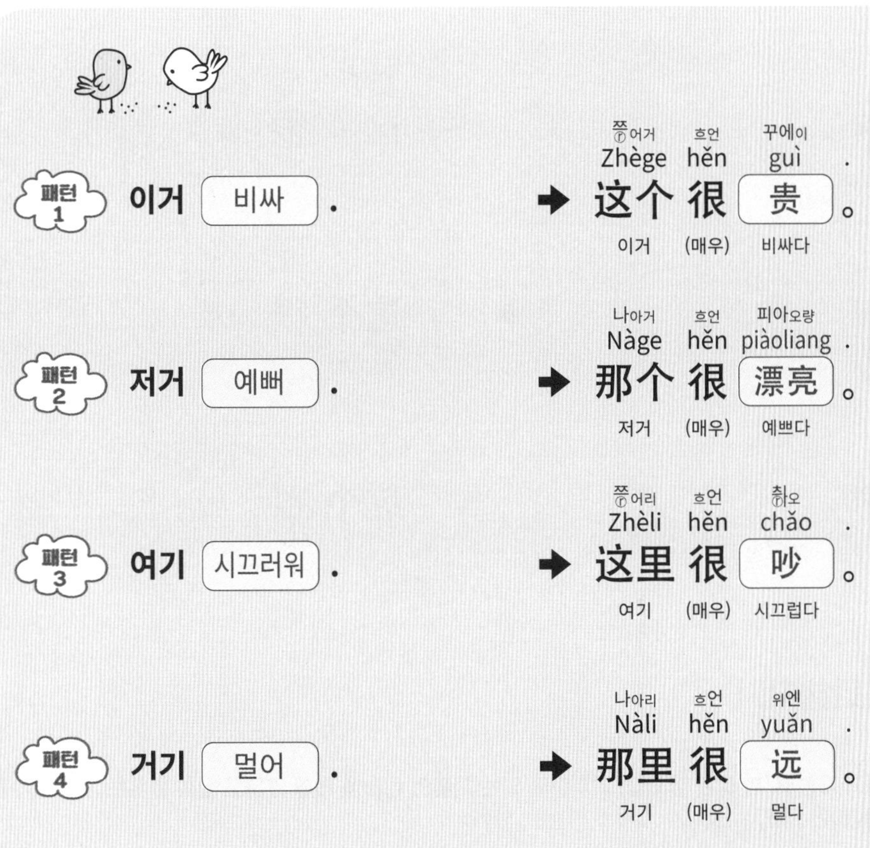

패턴 1 이거 비싸 .
쯔어거 Zhège 흐언 hěn 꾸에이 guì .
这个 很 贵 。
이거 (매우) 비싸다
패턴 2 저거 예뻐 .
나아거 Nàge 흐언 hěn 피아오량 piàoliang .
那个 很 漂亮 。
저거 (매우) 예쁘다
패턴 3 여기 시끄러워 .
쯔어리 Zhèli 흐언 hěn 챠오 chǎo .
这里 很 吵 。
여기 (매우) 시끄럽다
패턴 4 거기 멀어 .
나아리 Nàli 흐언 hěn 위엔 yuǎn .
那里 很 远 。
거기 (매우) 멀다

이번 Day에서는 앞서 익힌 대명사 '이', '저' 를 활용하여 '이거', '저거', '여기', '저기'의 상태를 말하는 방법을 배워 볼 거예요. 오늘 학습을 마치면 사물이나 장소의 상태를 나타내는 긍정문, 부정문, 의문문을 쉽게 말할 수 있어요.

패턴으로 말문트기

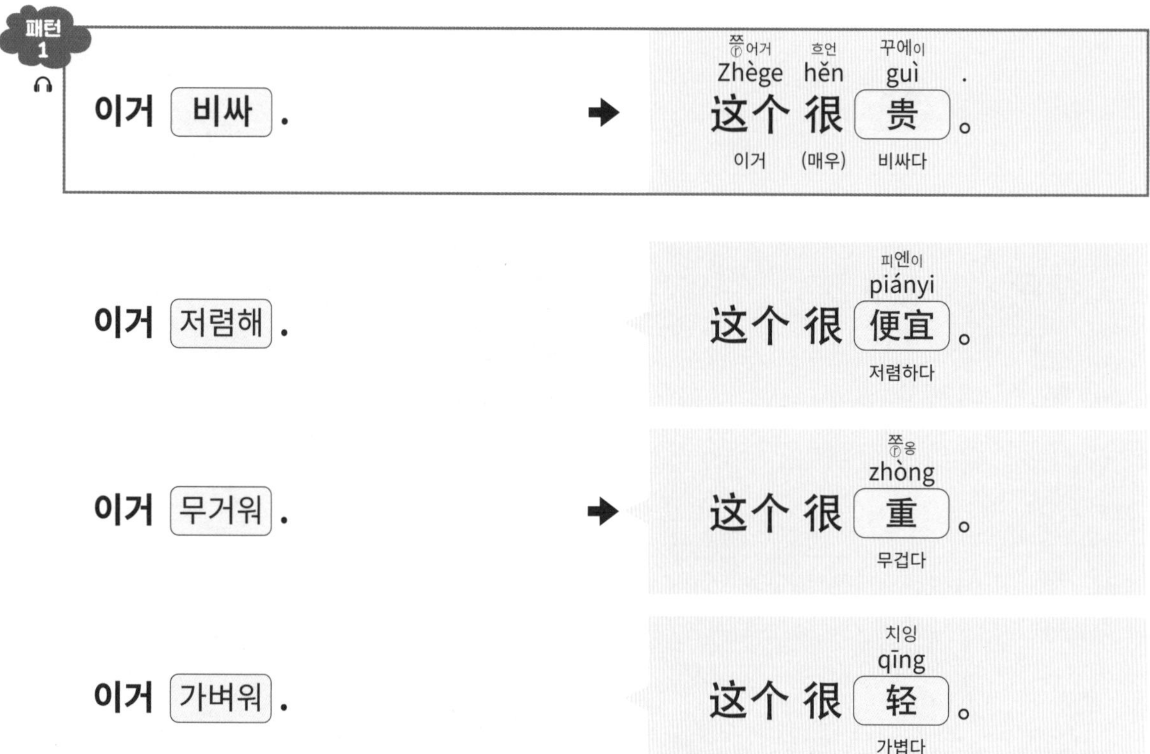

패턴 1
이거 비싸. → Zhège hěn guì. 这个很贵。 이거 (매우) 비싸다
이거 저렴해. 这个很便宜。 piányi 저렴하다
이거 무거워. → 这个很重。 zhòng 무겁다
이거 가벼워. 这个很轻。 qīng 가볍다

패턴 파헤치기

1. '이거 비싸.', '이거 저렴해.'와 같은 말처럼, 가까이에 있는 사물의 상태에 대해 말하고 싶을 때에는 '这个很(Zhège hěn)+형용사'의 패턴으로 말하면 돼요.

이 패턴도 형용사를 술어로 사용한 형용사 술어문이에요.

예 Zhège hěn guì.
这个很贵。 이거 비싸.
(这个: 이것은 ↓ 주어 / 贵: 비싸다 ↓ 술어(형용사) ➡ 형용사 술어문)

2. 주어가 这个(zhège)(이거)인 형용사 술어문의 부정문, 吗(ma) 의문문, 정반의문문은 다음과 같아요.

예 Zhège bú guì.
这个不贵。 이거 안 비싸. (부정문)

Zhège guì ma?
这个贵吗? 이거 비싸? (吗 의문문)

Zhège guì bu guì?
这个贵不贵? 이거 비싸 안 비싸? (정반의문문)

저거 [예뻐]. ➡ 那个很[漂亮]。

나아거 Nàge / 흐언 hěn / 피아오량 piàoliang

저거 / (매우) / 예쁘다

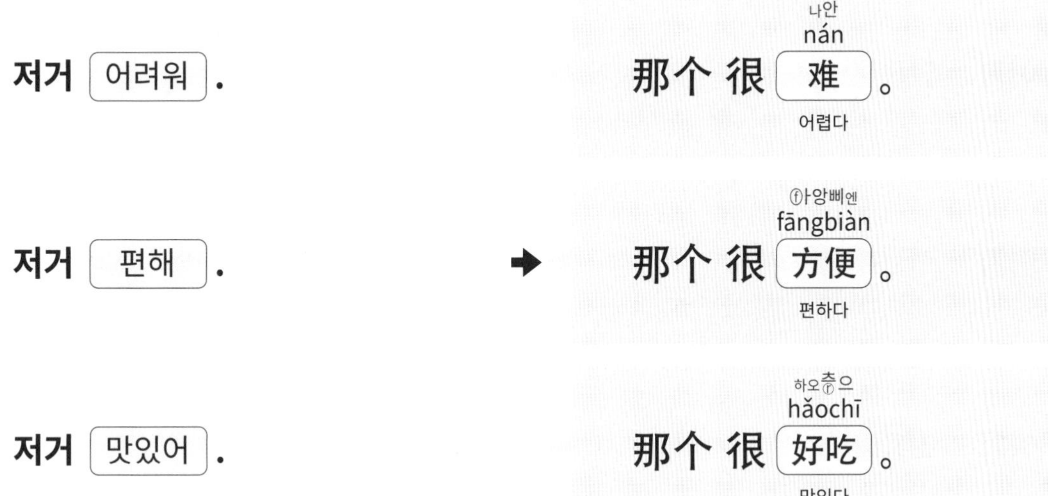

저거 [어려워]. 那个很[难]。

나안 nán — 어렵다

저거 [편해]. ➡ 那个很[方便]。

ⓕ아앙삐엔 fāngbiàn — 편하다

저거 [맛있어]. 那个很[好吃]。

하오츠ⓡ으 hǎochī — 맛있다

패턴 파헤치기

1. **'저거 예뻐.', '저거 어려워.'와 같은 말처럼, 조금 멀리 있는 사물의 상태에 대해 말하고 싶을 때에는 '那个很(Nàge hěn)+형용사'의 패턴으로 말하면 돼요.**

   이 패턴도 형용사를 술어로 사용한 형용사 술어문이에요.

   예 Nàge hěn piàoliang.
   那个很漂亮。 저거 예뻐.
   那个(저것은 → 주어) 漂亮(예쁘다 → 술어(형용사)) ➡ 형용사 술어문

2. **주어가 那个(nàge)(저거)인 형용사 술어문의 부정문, 吗(ma) 의문문, 정반의문문은 다음과 같아요.**

   예 Nàge bú piàoliang.
   那个不漂亮。 저거 안 예뻐. (부정문)

   Nàge piàoliang ma?
   那个漂亮吗? 저거 예뻐? (吗 의문문)

   Nàge piào bu piàoliang?
   那个漂不漂亮? 저거 예뻐 안 예뻐? (정반의문문)

DAY 5

해커스 중국어 첫걸음

패턴으로 말문트기

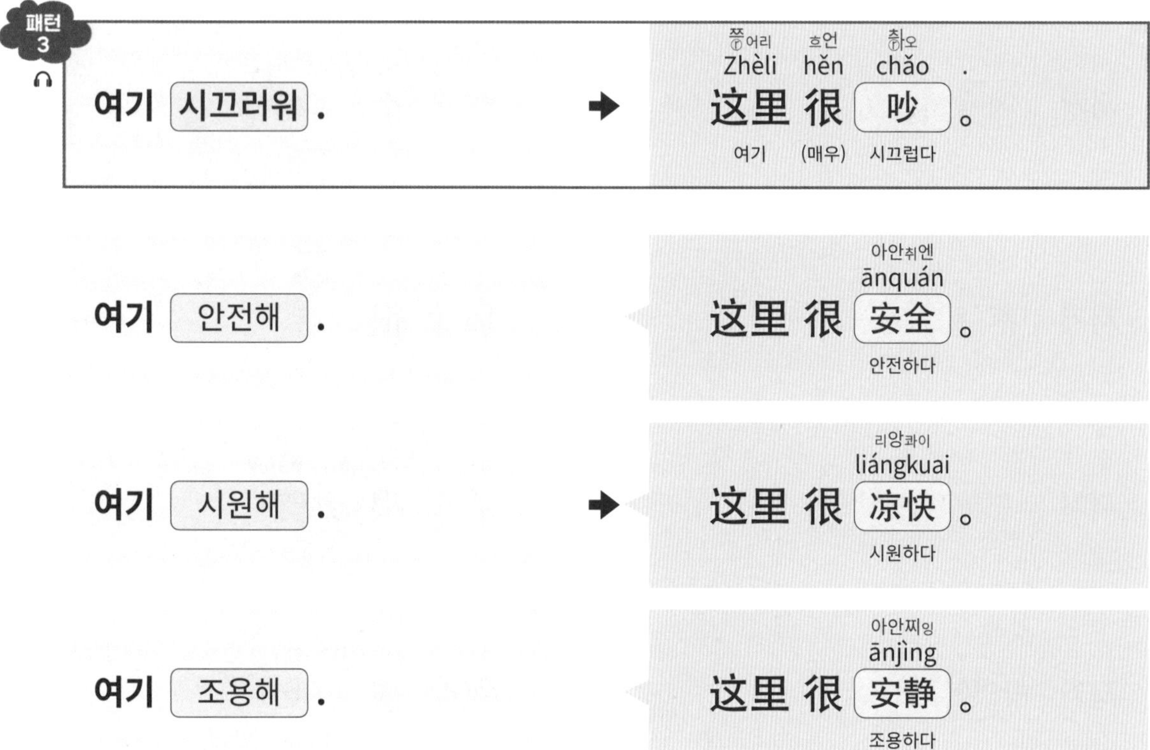

패턴 3

여기 시끄러워. → 这里很吵。
Zhèli hěn chǎo.
쯔어리 흐언 츠아오
여기 (매우) 시끄럽다

여기 안전해. → 这里很安全。
ānquán (아안취엔)
안전하다

여기 시원해. → 这里很凉快。
liángkuai (리앙콰이)
시원하다

여기 조용해. → 这里很安静。
ānjìng (아안찌잉)
조용하다

패턴 파헤치기

1. **'여기 시끄러워.', '여기 넓어.'와 같은 말처럼, 지금 내가 있는 장소의 상태에 대해 말하고 싶을 때에는 '这里很(Zhèli hěn)+형용사'의 패턴으로 말하면 돼요.**

   이 패턴도 형용사를 술어로 사용한 형용사 술어문이에요.

   예 Zhèli hěn chǎo.
   这里很吵。 여기 시끄러워.
   这里(여기는 ↓ 주어) 吵(시끄럽다 ↓ 술어(형용사)) ➡ 형용사 술어문

2. **주어가 这里(zhèli)(여기)인 형용사 술어문의 부정문, 吗(ma) 의문문, 정반의문문은 다음과 같아요.**

   예 Zhèli bù chǎo.
   这里不吵。 여기 안 시끄러워. (부정문)

   Zhèli chǎo ma?
   这里吵吗？ 여기 시끄러워? (吗 의문문)

   Zhèli chǎo bu chǎo?
   这里吵不吵？ 여기 시끄러워 안 시끄러워? (정반의문문)

거기 멀어. → 나아리 Nàli 那里 거기 / 흐언 hěn 很 (매우) / 위엔 yuǎn 远 멀다。

거기 가까워. → 那里很 찌인 jìn 近 가깝다。

거기 위험해. → 那里很 우에이씨엔 wēixiǎn 危险 위험하다。

거기 유명해. → 那里很 이어우미잉 yǒumíng 有名 유명하다。

패턴 파헤치기

1. '거기 멀어.', '거기 가까워.'와 같은 말처럼, 특정 장소의 상태에 대해 말하고 싶을 때에는 '那里很(Nàli hěn)+형용사'의 패턴으로 말하면 돼요.

   이 패턴도 형용사를 술어로 사용한 형용사 술어문이에요.

   예 Nàli hěn yuǎn.
   那里很远。 거기 멀어.
   那里(거기는 ↓ 주어) 远(멀다 ↓ 술어(형용사)) ➡ 형용사 술어문

2. 주어가 那里(nàli)(거기)인 형용사 술어문의 부정문, 吗(ma) 의문문, 정반의문문은 다음과 같아요.

   예 Nàli bù yuǎn.
   那里不远。 거기 안 멀어. (부정문)

   Nàli yuǎn ma?
   那里远吗? 거기 멀어? (吗 의문문)

   Nàli yuǎn bu yuǎn?
   那里远不远? 거기 멀어 안 멀어? (정반의문문)

DAY 5

해커스 중국어 첫걸음

실생활 회화 자동발사!

먼저 mp3를 들으며 대화의 분위기를 느껴보세요. 그 다음 따라 말해보세요.

1 과일가게에 간 수빈

수빈

라오빠안 쯔어거 흐언 꾸에이
Lǎobǎn, zhège hěn guì!
老板，这个很贵！

과일가게 주인

나아거 흐언 따아 으얼치에 흐언 하오츠으
Nàge hěn dà, érqiě hěn hǎochī.
那个很大，而且很好吃。

수빈

에이 쯔언 더 흐언 하오츠으
Éi? Zhēn de hěn hǎochī.
诶？真的很好吃。

따안 하이슬 흐언 꾸에이
Dàn háishi hěn guì.
但还是很贵。

실생활 회화 끊어 보기 p.211

1 수빈: 사장님, 이거 비싸요!
과일가게 주인: 그거 크잖아, 게다가 맛있어.
수빈: 어? 진짜 맛있네요. 그래도 역시 비싸요.

단어

老板 lǎobǎn 명 사장 **这个** zhège 대 이거
贵 guì 형 비싸다 **那个** nàge 대 그거 **大** dà 형 크다
而且 érqiě 접 게다가 **好吃** hǎochī 형 맛있다
诶 éi 감 어[놀람과 의아함을 표시함] **真的** zhēn de 진짜
但 dàn 접 하지만 **还是** háishi 부 그래도

2 외근하다 잠깐 벤치에 앉아 쉬는 수빈과 샤오밍

샤오밍

씨어우삐인 니이 레이 마
Xiùbīn, nǐ lèi ma?
秀彬，你累吗？

수빈

우어 뿌우 레이 쯔어리 흐언 리양콰이
Wǒ bú lèi. Zhèli hěn liángkuai.
我不累。这里很凉快。

샤오밍

쓰으 아 나아거 뿌우 쯔옹 마
Shì a. Nàge bú zhòng ma?
是啊。那个不重吗？

→ 문장의 끝에 쓰여 찬성 또는 긍정의 어조를 더해주는 조사예요.

수빈

뿌우 쯔어거 흐언 치잉
Bù, zhège hěn qīng.
不，这个很轻。

샤오밍

하오 더
Hǎo de.
好的。

DAY 5

해커스 중국어 첫걸음

실생활 회화 끊어 보기 p.211

2 샤오밍: 수빈씨 피곤해요?
수빈: 저 안 피곤해요. 여기 시원하네요.
샤오밍: 그러네요. 그거 안 무거워요?
수빈: 아뇨, 이거 가벼워요.
샤오밍: 네.

단어

累 lèi 형 피곤하다 这里 zhèli 대 여기
凉快 liángkuai 형 시원하다 那个 nàge 대 그거
重 zhòng 형 무겁다 轻 qīng 형 가볍다 好的 hǎo de 네

연습문제로 실력 확인하기

01

듣기 실력 향상

음성을 들으며 제시된 단어의 병음과 뜻을 써 보세요.

	병음	뜻
① 贵		
② 漂亮		
③ 近		
④ 难		
⑤ 便宜		

02

HSK 듣기 유형

들려주는 음성의 내용이 사진과 일치하면 O, 불일치하면 X에 체크해 보세요.

①

O　　X

②

O　　X

03

HSK 독해 유형

빈칸에 들어갈 알맞은 단어를 보기에서 골라 써 보세요.

[보기]	nàli 那里	zhège 这个	liángkuai 凉快

① (　　　　) hěn guì.
很贵。　　이거 비싸.

② (　　　　) yuǎn ma?
远吗?　　거기 멀어?

HSK 쓰기 유형

나열된 단어로 우리말 뜻에 맞는 중국어 문장을 완성해 보세요.

① ānjìng 安静　　zhèli 这里　　hěn 很

____________________　　여기 조용해.

② hěn 很　　fāngbiàn 方便　　nàge 那个

____________________　　저거 편해.

연습문제 정답 p.227

나는 책 봐.

우어 카안 쓔ⓡ우
Wǒ kàn shū.
我看书。

아들, 동영상 보니?

나는 책 봐.
우어 카안 쓔ⓡ우
Wǒ kàn shū.
我看书。

이런 말을 할 수 있어요.

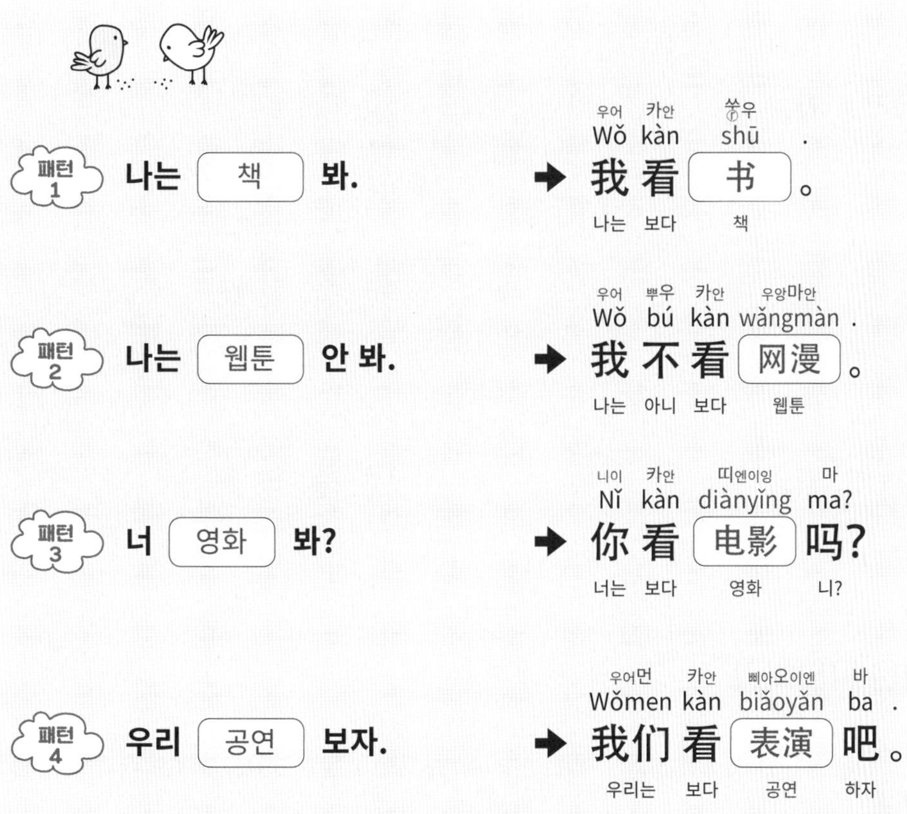

패턴 1
나는 책 봐.
우어 카안 쑤우
Wǒ kàn shū .
我看书。
나는 보다 책
패턴 2
나는 웹툰 안 봐.
우어 뿌우 카안 우앙마안
Wǒ bú kàn wǎngmàn .
我不看网漫。
나는 아니 보다 웹툰
패턴 3
너 영화 봐?
니이 카안 띠엔이잉 마
Nǐ kàn diànyǐng ma?
你看电影吗?
너는 보다 영화 니?
패턴 4
우리 공연 보자.
우어먼 카안 삐아오이엔 바
Wǒmen kàn biǎoyǎn ba .
我们看表演吧。
우리는 보다 공연 하자

이번 Day에서는 동사 看(kàn, 보다)과 이 동사가 목적어로 자주 사용하는 여러 명사들을 사용한 네 개의 문장 패턴을 배워 볼 거예요. 오늘 학습을 마치면 동사 看(kàn, 보다)을 문장의 술어로 사용한 긍정문, 부정문, 의문문, 제안문을 쉽게 말할 수 있어요.

패턴으로 말문트기

패턴 1

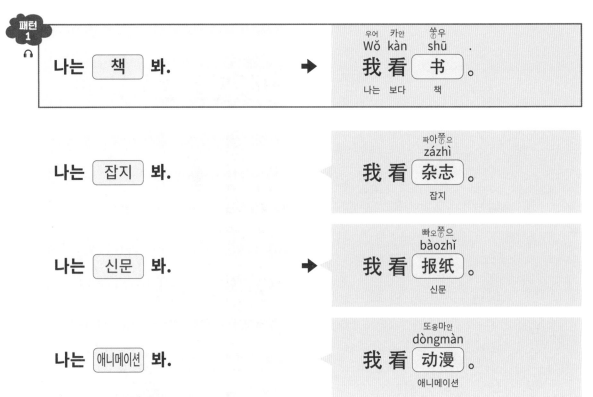

나는 책 봐. ➡ 우어 Wǒ 我 나는 카안 kàn 看 보다 쑤우 shū 书 책。

나는 잡지 봐. 我看 짜아쯔으 zázhì 杂志 잡지。

나는 신문 봐. ➡ 我看 빠오쯔으 bàozhǐ 报纸 신문。

나는 애니메이션 봐. 我看 또옹마안 dòngmàn 动漫 애니메이션。

패턴 파헤치기

1. **'나는 책 봐.', '나는 잡지 봐.'와 같은 말처럼, '나는 ~(을/를) 봐.'라는 말을 하고 싶을 때에는 '我看(Wǒkàn)+명사'의 패턴으로 말하면 돼요.**

이 패턴처럼 주어의 동작을 나타내는 동사가 술어로 쓰인 문장을 '동사 술어문'이라고 해요. 참고로, 우리말로는 '나는 책을 본다'와 같이 '주어+목적어+술어'의 순서로 말하지만, 중국어는 '나는 본다 책을'과 같이 '주어+술어+목적어'의 순서로 말한다는 점을 알아 두세요.

예 한국어 나는 책을 본다.
주어 목적어 술어(동사)

중국어 Wǒ kàn shū.
我 看 书。
나는 본다 책을
주어 술어(동사) 목적어 ➡ 동사 술어문

나는 웹툰 안 봐. → 我不看网漫。

우어 뿌우 카안 우왕마안
Wǒ bú kàn wǎngmàn.
我不看网漫。
나는 아니 보다 웹툰

나는 먹방 안 봐.

츠ⓡ으뽀어
chībō
我不看吃播。
먹방

나는 넷플릭스 안 봐. →

우왕ⓕ에이
Wǎngfēi
我不看网飞。
넷플릭스

나는 유튜브 안 봐.

이어우꾸안
Yóuguǎn
我不看油管。
유튜브

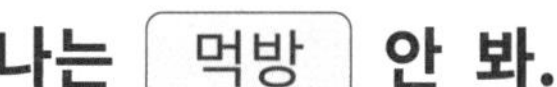

패턴 파헤치기

1. **'나는 웹툰 안 봐.', '나는 먹방 안 봐.'와 같은 말처럼, '나는 ~(을/를) 안 봐.'라는 말을 하고 싶을 때에는 '我不看(Wǒ bú kàn)+명사'의 패턴으로 말하면 돼요.**

앞서 익힌 '我看+명사' 패턴에서 동사 看(kàn) 앞에 不(bù)만 붙이면 부정문이 돼요. 참고로, 不 뒤의 看이 4성이므로, 不는 원래 성조인 bù(4성)가 아니라 bú(2성)로 발음해요. (참고: 不(bù)의 성조 변화 p.27)

예 Wǒ kàn wǎngmàn.
我看网漫。 나는 웹툰 봐. (긍정문)

Wǒ bú kàn wǎngmàn.
我不看网漫。 나는 웹툰 안 봐. (부정문)

DAY 6

해커스 중국어 첫걸음

패턴으로 말문트기

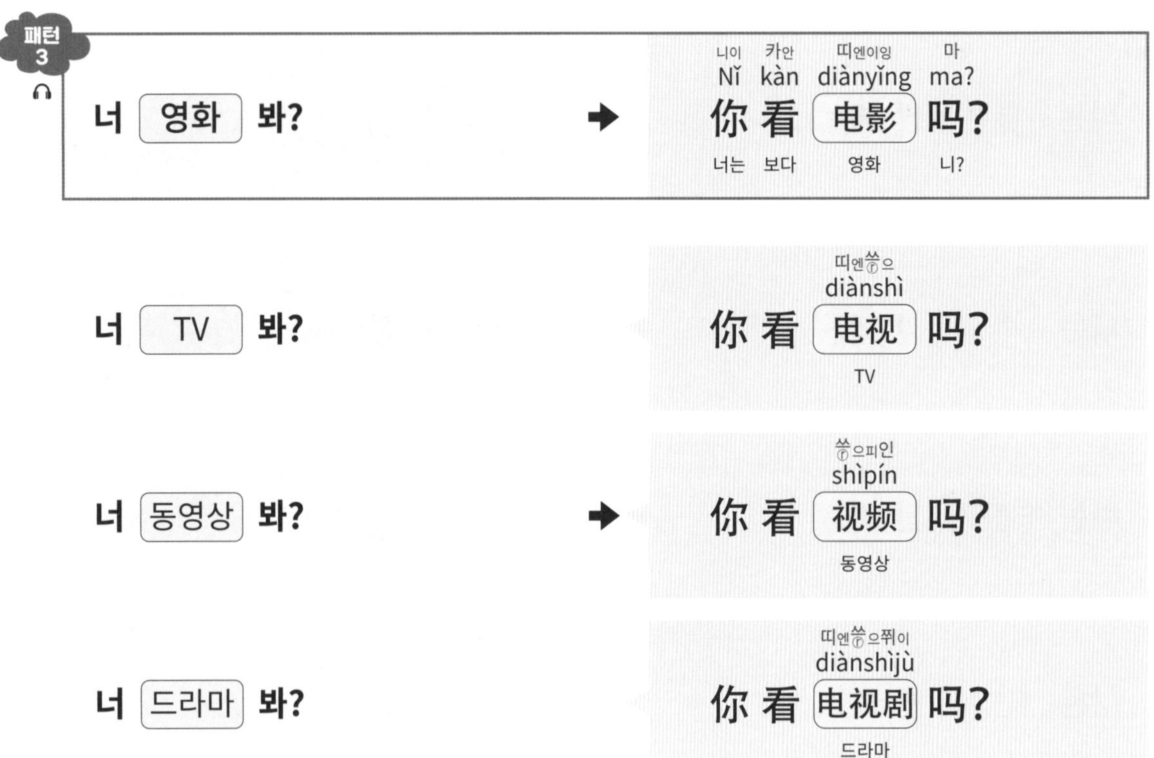

패턴 3
너 영화 봐?
니이 카안 띠엔이잉 마
Nǐ kàn diànyǐng ma?
你看电影吗?
너는 보다 영화 니?
너 TV 봐?
띠엔쓰
diànshì
你看电视吗?
TV
너 동영상 봐?
쓰으피인
shìpín
你看视频吗?
동영상
너 드라마 봐?
띠엔쓰으쮜이
diànshìjù
你看电视剧吗?
드라마

패턴 파헤치기

1. '너 영화 봐?', '너 TV 봐?'와 같은 말처럼, '너는 ~(을/를) 봐?'라고 묻고 싶을 때에는 '你看+명사+吗?'(Nǐ kàn ... ma)의 패턴으로 말하면 돼요.

긍정의 동사 술어문 끝에 吗?(ma)만 붙이면 의문문이 되며, 이런 의문문을 '吗 의문문'이라고 해요.

예 Wǒ kàn diànyǐng.
我看电影。 나는 영화 봐. (긍정문)

Nǐ kàn diànyǐng ma?
你看电影吗? 너 영화 봐? (吗 의문문)

+플러스포인트 동사 술어문도 정반의문문(A不A?)으로 말할 수 있어요. 답변 방법은 위의 吗 의문문과 동일해요.

예 Nǐ kàn bu kàn diànyǐng?
你看不看电影? 너 영화 봐 안 봐?

우리 공연 보자. → Wǒmen kàn biǎoyǎn ba. 我们看表演吧。(우어먼 카안 삐아오이엔 바 / 우리는 보다 공연 하자)

우리 경기 보자. 我们看比赛吧。 bǐsài (삐이싸이) 경기

우리 뮤지컬 보자. → 我们看音乐剧吧。 yīnyuèjù (이인위에쮜이) 뮤지컬

우리 콘서트 보자. 我们看演唱会吧。 yǎnchànghuì (이엔창후에이) 콘서트

패턴 파헤치기

1. **'우리 공연 보자.', '우리 경기 보자.'와 같은 말처럼, '우리 ~ 보자.'라고 제안하고 싶을 때에는 '我们看+명사+吧'(Wǒmen kàn ... ba)의 패턴으로 말하면 돼요.**

동사 술어문 문장 끝에 **吧**(ba, ~하자)만 붙이면 상대에게 부드럽게 제안하거나 가볍게 요청하는 제안문이 돼요.

예 Wǒmen kàn biǎoyǎn.
我们看表演。 우리는 공연 봐. (긍정문)

Wǒmen kàn biǎoyǎn ba.
我们看表演吧。 우리 공연 보자. (吧 제안문)

+플러스포인트

1. **我们**(wǒmen, 우리) 바로 뒤에 **一起**(yìqǐ, 같이)를 넣어 말하면 '우리 같이 ~하자.'라는 뜻의 말이 돼요.

예 Wǒmen yìqǐ kàn biǎoyǎn ba.
我们一起看表演吧。 우리 같이 공연 보자.

2. 주어가 **你**(nǐ, 너) 또는 **你们**(nǐmen, 너희들)인 문장의 끝에 **吧**(ba)를 쓰면 '~하지?'라는 추측의 뉘앙스를 나타내요.

예 Nǐ kàn biǎoyǎn ba?
你看表演吧? 너 공연 보지?

DAY 6 해커스 중국어 첫걸음

실생활 회화 자동발사!

mp3 바로 듣기

먼저 mp3를 들으며 대화의 분위기를 느껴보세요. 그 다음 따라 말해보세요.

1 한가한 일요일 오후 셰어 하우스에서 수빈과 쟈메이

쟈메이
씨어우삐인 니이 짜이 까안 쓰ⓡ언머
Xiùbīn, nǐ zài gàn shénme?
秀彬，你在干什么？
'너 뭐해?'라는 뜻으로 일상에서 흔히 쓰여요.

수빈
우어 카안 쓰ⓡ우 니이 너
Wǒ kàn shū. Nǐ ne?
我看书。你呢？

쟈메이
오어 우어 카안 띠엔쓰ⓡ으쮜이 쪄ⓡ어거 ⓕ에이챠ⓡ앙 이어우이이스
Ó, wǒ kàn diànshìjù. Zhège fēicháng yǒuyìsi.
哦，我看电视剧。这个非常有意思。
'대단히'라는 뜻으로 상태를 강조하기 위해 형용사 앞에 자주 쓰여요.

수빈
쓰ⓡ으 마 나아 우어먼 이이치이 카안 바
Shì ma? Nà wǒmen yìqǐ kàn ba.
是吗？那我们一起看吧。

실생활 회화 끊어 보기 p.212

1 쟈메이: 수빈아, 너 뭐해?
수빈: 나 책 봐. 너는?
자메이: 어, 나는 드라마 봐. 이거 되게 재밌어.
수빈: 그래? 그럼 우리 같이 보자.

단어
在 zài 부 ~하고 있다 **干** gàn 동 (일을) 하다
什么 shénme 대 무엇 **看** kàn 동 보다 **书** shū 명 책
电视剧 diànshìjù 명 드라마 **这个** zhège 대 이거
非常 fēicháng 부 되게, 대단히 **有意思** yǒuyìsi 재미있다
那 nà 접 그럼 **我们** wǒmen 대 우리 **一起** yìqǐ 부 같이

2 퇴근하는 수빈과 샤오밍

샤오밍

씨어우삐인 찌인티엔 씨인쿠우 러
Xiùbīn, jīntiān xīnkǔ le.
秀彬，今天辛苦了。

수빈

니이 이에 씨인쿠우 러
Nǐ yě xīnkǔ le.
你也辛苦了。

샤오밍

니이 카안 이인위에쮜이 마
Nǐ kàn yīnyuèjù ma?
你看音乐剧吗？

수빈

따앙ⓡ안 쯔언머러
Dāngrán, zěnmele?
当然，怎么了？

샤오밍

나아 우어먼 쪄우모어 이이치이 카안 이인위에쮜이 바 쯔언머이양
Nà wǒmen zhōumò yìqǐ kàn yīnyuèjù ba, zěnmeyàng?
那我们周末一起看音乐剧吧，怎么样？

수빈

쪄ⓡ언 더 마 타이 하오 러
Zhēn de ma? Tài hǎo le.
真的吗？太好了。

太+형용사+了는 '너무 ~하다'라는 뜻으로 자신의 감정을 담아서 정도가 심함을 나타내요. 일상에서 흔히 쓰이니 꼭 알아두세요.

실생활 회화 끊어 보기 p.212

2 샤오밍: 수빈씨, 오늘 수고했어요.
수빈: 샤오밍씨도 수고하셨습니다.
샤오밍: 수빈씨 뮤지컬 봐요?
수빈: 물론이죠. 왜요?
샤오밍: 그럼 우리 주말에 같이 뮤지컬 봐요. 어때요?
수빈: 진짜요? 너무 좋아요.

단어

今天 jīntiān 명 오늘 **辛苦** xīnkǔ 형 수고하다
也 yě 부 ~도 **看** kàn 동 보다 **音乐剧** yīnyuèjù 명 뮤지컬
当然 dāngrán 부 당연히, 물론
怎么了 zěnmele 왜요?, 무슨 일이에요? **那** nà 접 그럼
周末 zhōumò 명 주말 **一起** yìqǐ 부 같이
怎么样 zěnmeyàng 대 어떻다 **真的** zhēn de 진짜

연습문제로 실력 확인하기

01

듣기 실력 향상

음성을 들으며 제시된 단어의 병음과 뜻을 써 보세요.

	병음	뜻
① 书		
② 杂志		
③ 比赛		
④ 电影		
⑤ 演唱会		

02

HSK 듣기 유형

들려주는 음성의 내용이 사진과 일치하면 O, 불일치하면 X에 체크해 보세요.

① O ☐ X ☐

② O ☐ X ☐

03

HSK 독해 유형

빈칸에 들어갈 알맞은 단어를 보기에서 골라 써 보세요.

[보기]	yìqǐ 一起	bú kàn 不看	bàozhǐ 报纸

① Wǒmen 我们 (   ) kàn biǎoyǎn ba. 看表演吧。 우리 같이 공연 보자.

② Wǒ 我 (   ) Wǎngfēi. 网飞。 나는 넷플릭스 안 봐.

04

HSK 쓰기 유형

나열된 단어로 우리말 뜻에 맞는 중국어 문장을 완성해 보세요.

① kàn 看　dòngmàn 动漫　wǒ 我

____________________ 나는 애니메이션 봐.

② kàn bu kàn 看不看　nǐ 你　diànshìjù 电视剧

____________________ 너 드라마 봐 안 봐?

연습문제 정답 p.227

Day 7

그녀는 밥 먹어.

타아 츠ⓡ으 ⓕ아안

Tā chī fàn.

她吃饭。

한 번에 학습하기

그녀는 밥 먹어.

타아 츠ⓡ으 ⓕ아안

Tā chī fàn.

她吃饭。

이런 말을 할 수 있어요.

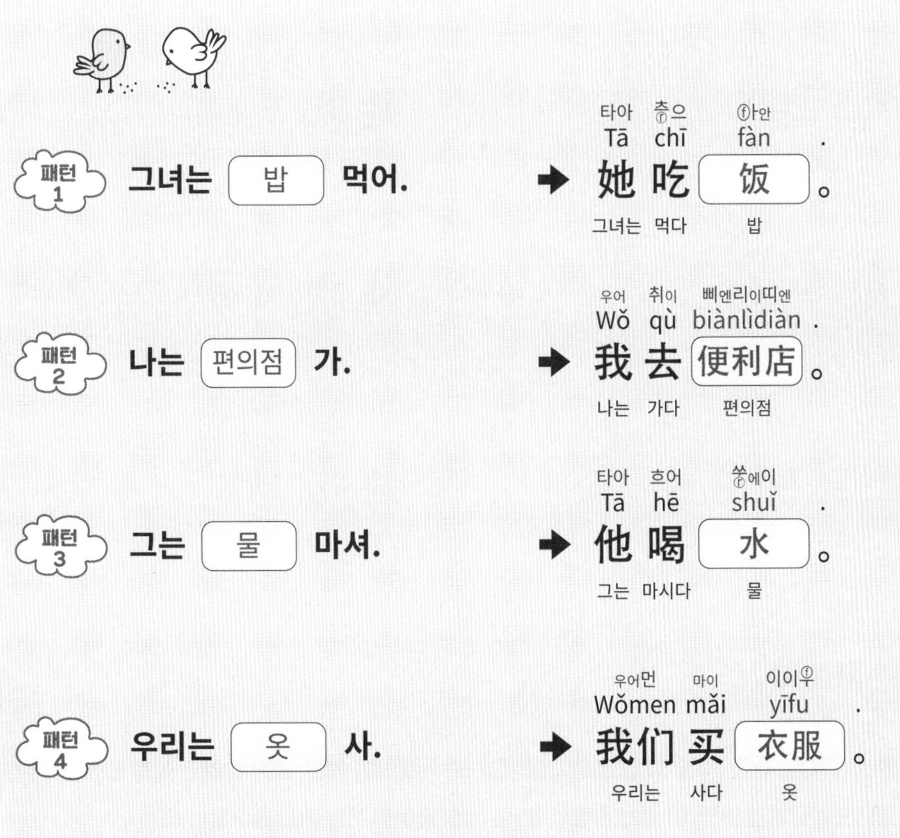

패턴 1 그녀는 밥 먹어.
Tā chī fàn.
她吃饭。
그녀는 먹다 밥
패턴 2 나는 편의점 가.
Wǒ qù biànlìdiàn.
我去便利店。
나는 가다 편의점
패턴 3 그는 물 마셔.
Tā hē shuǐ.
他喝水。
그는 마시다 물
패턴 4 우리는 옷 사.
Wǒmen mǎi yīfu.
我们买衣服。
우리는 사다 옷

이번 Day에서는 동사 吃(chī, 먹다), 去(qù, 가다), 喝(hē, 마시다), 买(mǎi, 사다)를 사용한 문장 패턴들을 각 동사들이 목적어로 자주 사용하는 여러 명사들과 함께 배워 볼 거예요. 오늘 학습을 마치면 이 네 개의 동사를 사용한 긍정문, 부정문, 의문문, 제안문을 쉽게 말할 수 있을 거예요.

패턴으로 말문트기

패턴 1

그녀는 [밥] 먹어. → 她 吃 [饭]。

타아 Tā 그녀는 / 츠으 chī 먹다 / ⓕ아안 fàn 밥

그녀는 [라면] 먹어. → 她 吃 [方便面]。

ⓕ아앙삐엔미엔 fāngbiànmiàn 라면

그녀는 [치킨] 먹어. → 她 吃 [炸鸡]。

쨔아찌이 zhájī 치킨

그녀는 [샐러드] 먹어. → 她 吃 [沙拉]。

쌰아라아 shālā 샐러드

패턴 파헤치기

1. **'그녀는 밥 먹어.', '그녀는 라면 먹어.'와 같은 말처럼, '그녀는 ~(을/를) 먹어.'라고 말하고 싶을 때에는 '她吃(Tā chī)+명사(먹을 것)' 패턴으로 말하면 돼요. 이 패턴은 동사 吃(chī)(먹다)이 술어로 쓰인 동사 술어문이에요.**

2. **다양한 대명사를 주어로 사용하여 부정문, 吗(ma) 의문문, 정반의문문, 吧(ba)를 사용한 제안문으로 말할 수 있어요.**

예 Wǒ bù chī fàn.
我不吃饭。 나는 밥 안 먹어.

Tā chī fàn ma?
他吃饭吗? 그는 밥먹어?

Tāmen chī bu chī fàn?
他们吃不吃饭? 그들은 밥 먹어 안 먹어?

Wǒmen chī fàn ba.
我们吃饭吧。 우리 밥 먹자.

+플러스포인트 '너 뭐 먹어?'라고 묻고 싶을 때에는 의문사 什么(shénme, 무엇)를 사용하면 돼요. 什么(shénme)는 의문사이므로 吗 없이 문장 끝에 물음표(?)를 붙이면 의문문이 돼요.

예 Nǐ chī shénme?
A: 你 吃 什么? 너 뭐 먹어?
(너는 / 먹다 / 무엇을)

Wǒ chī fàn.
B: 我吃饭。 나는 밥 먹어.

패턴 2

나는 [편의점] 가. →

우어 취이 삐엔리이띠엔
Wǒ qù biànlìdiàn.
我 去 [便利店]。
나는 가다 편의점

나는 [영화관] 가.

띠엔이잉위엔
diànyǐngyuàn
我 去 [电影院]。
영화관

나는 [마트] 가. →

챠오쓰
chāoshì
我 去 [超市]。
마트

나는 [은행] 가.

이인하앙
yínháng
我 去 [银行]。
은행

패턴 파헤치기

1. '나는 편의점 가.', '나는 영화관 가.'와 같은 말처럼, '나는 ~(에) 가.'라고 말하고 싶을 때에는 '我去(Wǒ qù)+명사(장소)' 패턴으로 말하면 돼요. 이 패턴은 동사 去(qù)(가다)가 술어로 쓰인 동사 술어문이에요.

2. 다양한 대명사를 주어로 사용하여 부정문, 吗(ma) 의문문, 정반의문문, 吧(ba)를 사용한 제안문으로 말할 수 있어요.

예 Tā bú qù biànlìdiàn.
他不去便利店。 그는 편의점 안 가.

Nǐ qù biànlìdiàn ma?
你去便利店吗? 너 편의점 가?

Tāmen qù bu qù biànlìdiàn?
她们去不去便利店? 그녀들은 편의점 가 안 가?

Wǒmen qù biànlìdiàn ba.
我们去便利店吧。 우리 편의점 가자.

+플러스포인트 '너 어디 가?'라고 묻고 싶을 때에는 의문사 哪儿(nǎr, 어디)을 사용하면 돼요. 哪儿(nǎr) 역시 의문사이므로 吗 없이 문장 끝에 물음표(?)만 붙이면 의문문이 돼요.

예
Nǐ qù nǎr?
A: 你 去 哪儿? 너 어디 가?
너는 가다 어디를

Wǒ qù biànlìdiàn.
B: 我去便利店。 나는 편의점 가.

패턴으로 말문트기

패턴 3

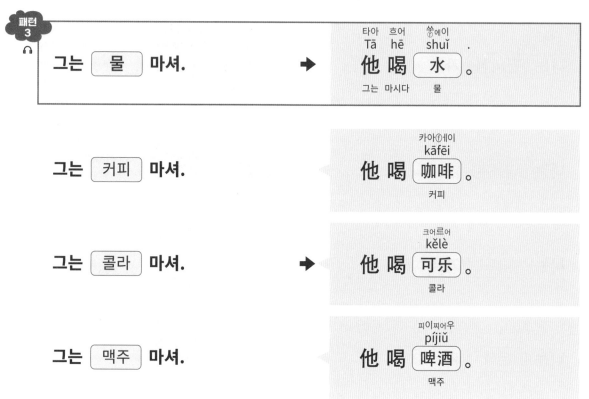

그는 물 마셔. → 타아 Tā 他 그는 흐어 hē 喝 마시다 쑤ⓡ에이 shuǐ 水 물。

그는 커피 마셔. → 他喝 카아ⓕ에이 kāfēi 咖啡 커피。

그는 콜라 마셔. → 他喝 크어르어 kělè 可乐 콜라。

그는 맥주 마셔. → 他喝 피이찌어우 píjiǔ 啤酒 맥주。

패턴 파헤치기

1. '그는 물 마셔.', '그는 커피 마셔.'와 같은 말처럼, '그는 ~(을/를) 마셔.'라고 말하고 싶을 때에는 '他喝(Tā hē)+명사(마실 것)' 패턴으로 말하면 돼요. 이 패턴은 동사 喝(hē)(마시다)가 술어로 쓰인 동사 술어문이에요.

2. 다양한 대명사를 주어로 사용하여 부정문, 吗(ma) 의문문, 정반의문문, 吧(ba)를 사용한 제안문으로 말할 수 있어요.

예 Wǒ bù hē shuǐ.
我不喝水。 나는 물 안 마셔.

Nǐ hē shuǐ ma?
你喝水吗? 너는 물 마셔?

Tā hē bu hē shuǐ?
她喝不喝水? 그녀는 물 마셔 안 마셔?

Wǒmen hē shuǐ ba.
我们喝水吧。 우리 물 마시자.

+플러스포인트 '너 뭐 마셔?'라고 묻고 싶을 때에는 앞서 배운 의문사 什么(shénme, 무엇)를 사용하면 돼요.

예 Nǐ hē shénme?
A: 你(너는) 喝(마시다) 什么(무엇을)? 너 뭐 마셔?

Wǒ hē shuǐ.
B: 我喝水。 나는 물 마셔.

패턴 4

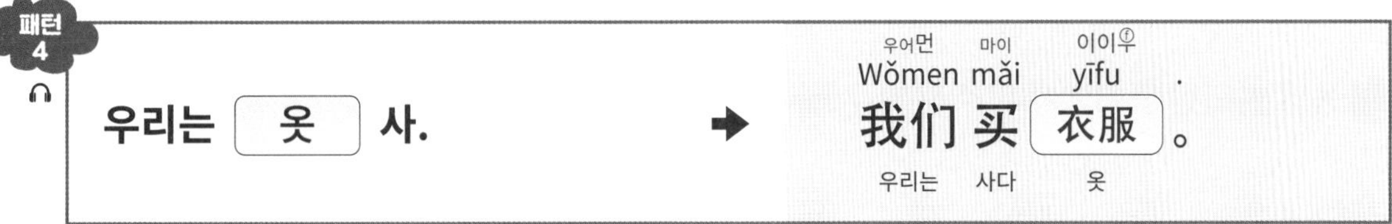

우리는 [옷] 사. → 我们买衣服。
(Wǒmen mǎi yīfu. 우어먼 마이 이이푸 / 우리는 사다 옷)

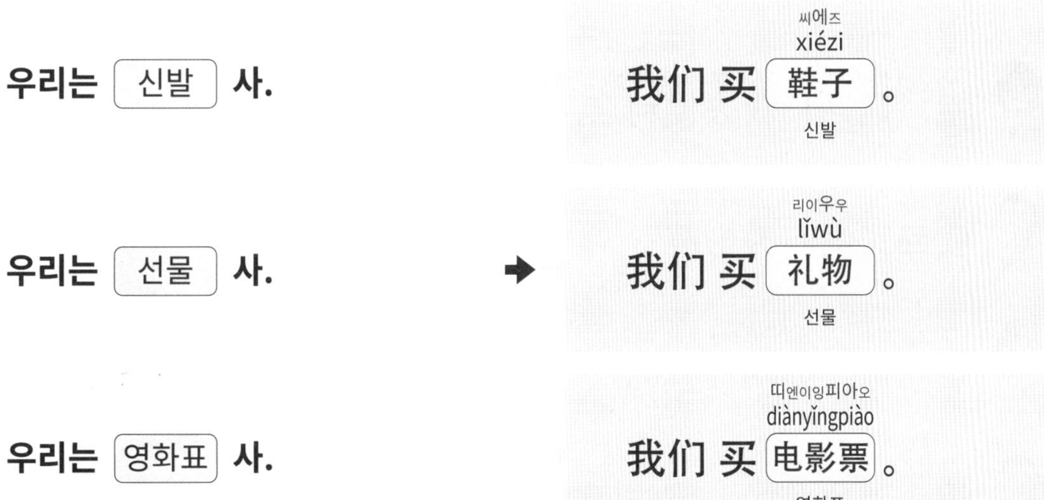

우리는 [신발] 사. → 我们买鞋子。
(xiézi 씨에즈 / 신발)

우리는 [선물] 사. → 我们买礼物。
(lǐwù 리이우우 / 선물)

우리는 [영화표] 사. → 我们买电影票。
(diànyǐngpiào 띠엔이잉피아오 / 영화표)

패턴 파헤치기

1. '우리는 옷 사.', '우리는 신발 사.'와 같은 말처럼, '우리는 ~(을/를) 사.'라고 말하고 싶을 때에는 '我们买(Wǒmen mǎi)+명사(물건)' 패턴으로 말하면 돼요. 이 패턴은 동사 买(mǎi, 사다)가 술어로 쓰인 동사 술어문이에요.

2. 다양한 대명사를 주어로 사용하여 부정문, 吗(ma) 의문문, 정반의문문, 吧(ba)를 사용한 제안문으로 말할 수 있어요.

예
- Wǒ bù mǎi yīfu.
  我不买衣服。 나는 옷 안 사.
- Tā mǎi bu mǎi yīfu?
  她买不买衣服? 그녀는 옷 사 안 사?
- Nǐmen mǎi yīfu ma?
  你们买衣服吗? 너희 옷 사?
- Wǒmen mǎi yīfu ba.
  我们买衣服吧。 우리 옷 사자.

+플러스포인트 '너 뭐 사?'라고 묻고 싶을 때에는 앞서 배운 의문사 什么(shénme, 무엇)를 사용하면 돼요.

예
A: Nǐ mǎi shénme?
你(너는) 买(사다) 什么(무엇을)? 너 뭐 사?

B: Wǒ mǎi yīfu.
我买衣服。 나는 옷 사.

실생활 회화 자동발사!

먼저 mp3를 들으며 대화의 분위기를 느껴보세요. 그 다음 따라 말해보세요.

1 동네 편의점 근처에서 마주친 하우스 메이트 밍허와 쟈메이

밍허
찌아메이 니이 취이 나알
Jiāměi! Nǐ qù nǎr?
佳美！你去哪儿?

쟈메이
오어 미잉흐어 우어 취이 삐엔리이띠엔 니이 너
Ó, Mínghé! Wǒ qù biànlìdiàn, nǐ ne?
哦，明河！我去便利店，你呢?

밍허
우어 후에이찌아 너 씨어우삐인 너
Wǒ huíjiā ne. Xiùbīn ne?
我回家呢。秀彬呢?
→ 呢: 문장의 끝에 쓰여 동작이 계속됨을 나타내고 있어요.

쟈메이
타아 츠ⓡ으 ⓕ아안 니이 흐어 쓰ⓡ언머 너
Tā chī fàn. Nǐ hē shénme ne?
她吃饭。你喝什么呢?

밍허
쯔ⓡ어거 삐잉 메이쓰ⓡ으 우어 씨엔 후에이찌아
Zhège? Bīng měishì. Wǒ xiān huíjiā.
这个? 冰美式。我先回家。

실생활 회화 끊어 보기 p.213

1 밍허: 쟈메이, 너 어디가?
쟈메이: 오~ 밍허! 나 편의점 가. 너는?
밍허: 나는 집 가는 중이지. 수빈이는?
쟈메이: 걔는 밥 먹어. 너 뭐 마시고 있어?
밍허: 이거? 아이스 아메리카노. 나 먼저 집에 갈게.

단어
去 qù 동 가다 **哪儿** nǎr 대 어디
便利店 biànlìdiàn 명 편의점 **呢** ne 조 ~는, ~하는 중이다
回家 huíjiā 집으로 (돌아)가다 **吃饭** chī fàn 밥 먹다
喝 hē 동 마시다 **什么** shénme 대 무엇
这个 zhège 대 이거
冰美式 bīng měishì 명 아이스 아메리카노 **先** xiān 부 먼저

2 셰어 하우스에 막 도착한 밍허

밍허

우어 후에이라이 러
Wǒ huílai le.
我回来了。

밖에 나갔다 집에 돌아왔을 때 흔히 쓰이는 말이에요.

수빈

미잉흐어 찌인티엔 이에 씨인쿠우 러
Mínghé, jīntiān yě xīnkǔ le.
明河，今天也辛苦了。

밍허

니이 츠으 쓴언머
Nǐ chī shénme ?
你吃什么？

수빈

우어 츠으 f아앙삐엔미엔
Wǒ chī fāngbiànmiàn.
我吃方便面。

밍허

우어 타이 으어 러, 우어 이에 이아오 츠으
Wǒ tài è le, wǒ yě yào chī.
我太饿了，我也要吃。

'~하려 한다'라는 뜻으로 의지를 나타내는 조동사예요.
Day 13에서 자세히 배울거예요.

수빈

이이치이 츠으 바
Yìqǐ chī ba.
一起吃吧。

실생활 회화 끊어 보기 p.213

2 밍허: 나 돌아왔어.
수빈: 밍허, 오늘도 수고했어.
밍허: 너 뭐 먹어?
수빈: 나 라면 먹어.
밍허: 나 너무 배고파. 나도 먹을래.
수빈: 같이 먹자.

단어

回来 huílai 동 돌아오다 **今天** jīntiān 명 오늘
也 yě 부 ~도 **辛苦** xīnkǔ 형 수고하다
什么 shénme 대 무엇 **方便面** fāngbiànmiàn 명 라면
太…了 tài…le 너무 ~하다 **饿** è 형 배고프다
吃 chī 동 먹다 **一起** yìqǐ 부 같이

연습문제로 실력 확인하기

01

듣기 실력 향상

음성을 들으며 제시된 단어의 병음과 뜻을 써 보세요.

	병음	뜻
① 水		
② 饭		
③ 鞋子		
④ 超市		
⑤ 电影院		

02

HSK 듣기 유형

들려주는 음성의 내용이 사진과 일치하면 O, 불일치하면 X에 체크해 보세요.

①

O ☐ X ☐

②

O ☐ X ☐

03

HSK 독해 유형

빈칸에 들어갈 알맞은 단어를 보기에서 골라 써 보세요.

[보기]	mǎi 买	hē 喝	qù 去

① Wǒ 我 (　　　) biànlìdiàn, 便利店, nǐ ne? 你呢?　나는 편의점 가, 너는?

② Tā 她 (　　　) kělè. 可乐。　그녀는 콜라 마셔.

HSK 쓰기 유형

나열된 단어로 우리말 뜻에 맞는 중국어 문장을 완성해 보세요.

① yínháng 银行　tāmen 她们　qù 去

__________________________ 그녀들은 은행 가.

② chī 吃　zhájī 炸鸡　wǒmen 我们

__________________________ 우리는 치킨 먹어.

연습문제 정답 p.228

Day 8

나는 한국어 배워.

한 번에 학습하기

우어 쒸에 하안위이
Wǒ xué Hányǔ.

我学韩语。

나는 한국어 배워.
우어 쒸에 하안위이
Wǒ xué Hányǔ.
我学韩语。

안녕하세요!

한글

이런 말을 할 수 있어요.

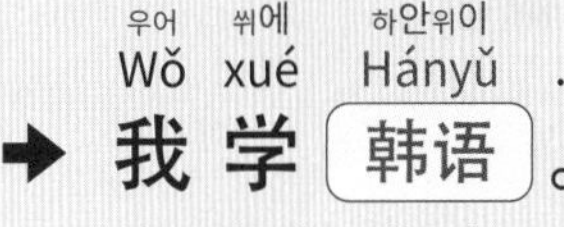

패턴 1 나는 [한국어] 배워. → 我学[韩语]。

Wǒ xué Hányǔ.
(우어 쒸에 하안위이)
나는 배우다 한국어

패턴 2 그는 [보고서] 써. → 他写[报告]。

Tā xiě bàogào.
(타아 씨에 빠오까오)
그는 쓰다 보고서

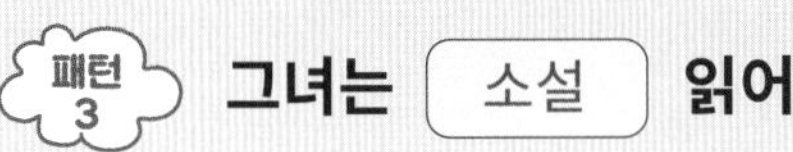

패턴 3 그녀는 [소설] 읽어. → 她读[小说]。

Tā dú xiǎoshuō.
(타아 뚜우 씨아오쑤어)
그녀는 읽다 소설

패턴 4 우리는 [음악] 들어. → 我们听[音乐]。

Wǒmen tīng yīnyuè.
(우어먼 티잉 이인위에)
우리는 듣다 음악

이번 Day에서는 동사 学(xué, 배우다), 写(xiě, 쓰다), 读(dú, 읽다), 听(tīng, 듣다)을 사용한 문장 패턴들을 각 동사들이 목적어로 자주 사용하는 여러 명사들과 함께 배워 볼 거예요. 오늘 학습을 마치면 이 네 개의 동사를 사용한 긍정문, 부정문, 의문문, 제안문을 쉽게 말할 수 있을 거예요.

패턴으로 말문트기

mp3 바로 듣기

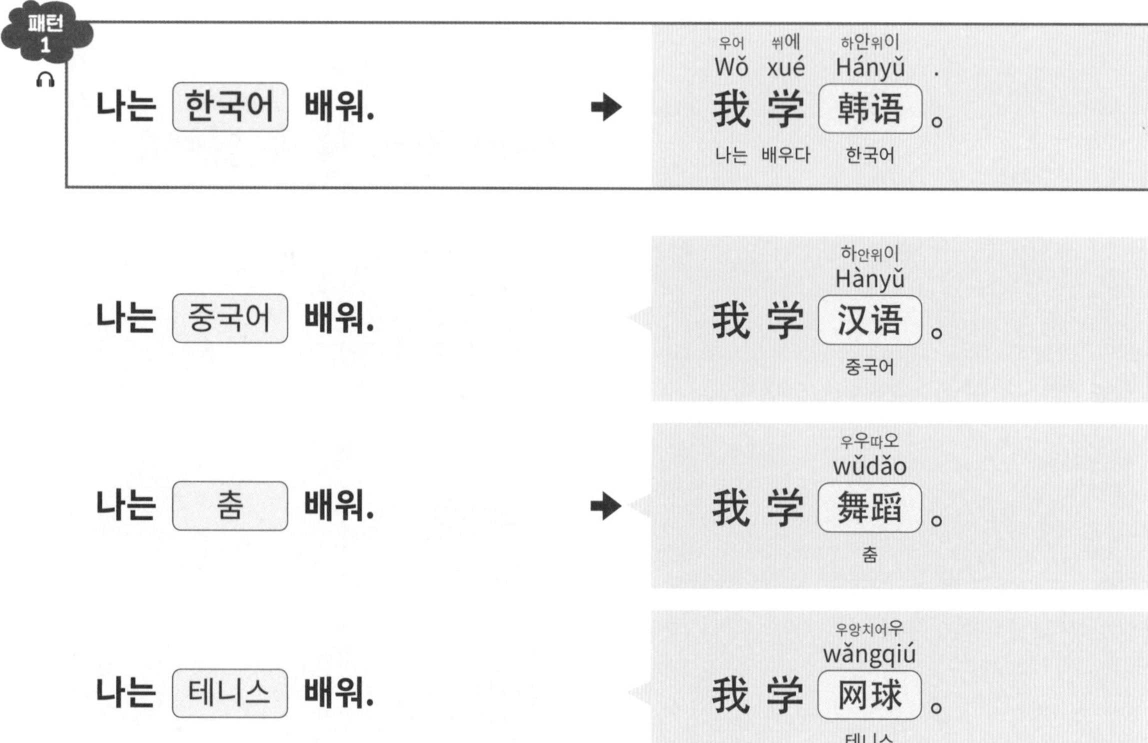

패턴 1
나는 한국어 배워.
우어 쒸에 하안위이
Wǒ xué Hányǔ.
我学韩语。
나는 배우다 한국어
나는 중국어 배워.
하안위이
Hànyǔ
我学汉语。
중국어
나는 춤 배워.
우우따오
wǔdǎo
我学舞蹈。
춤
나는 테니스 배워.
우왕치어우
wǎngqiú
我学网球。
테니스

패턴 파헤치기

1. '나는 한국어 배워.', '나는 중국어 배워.'와 같은 말처럼, '나는 ~(을/를) 배워.'라고 말하고 싶을 때에는 '我学(Wǒ xué)+명사(배우는 것)' 패턴으로 말하면 돼요. 이 패턴은 동사 学(xué)(배우다)가 술어로 쓰인 동사 술어문이에요.

2. 다양한 대명사를 주어로 사용하여 부정문, 吗(ma) 의문문, 정반의문문, 吧(ba)를 사용한 제안문으로 말할 수 있어요.

예 Wǒ bù xué Hányǔ.
我不学韩语。 나는 한국어 안 배워.

Nǐ xué Hányǔ ma?
你学韩语吗? 너 한국어 배워?

Tā xué bu xué Hányǔ?
他学不学韩语? 그는 한국어 배워 안 배워?

Wǒmen xué Hányǔ ba.
我们学韩语吧。 우리 한국어 배우자.

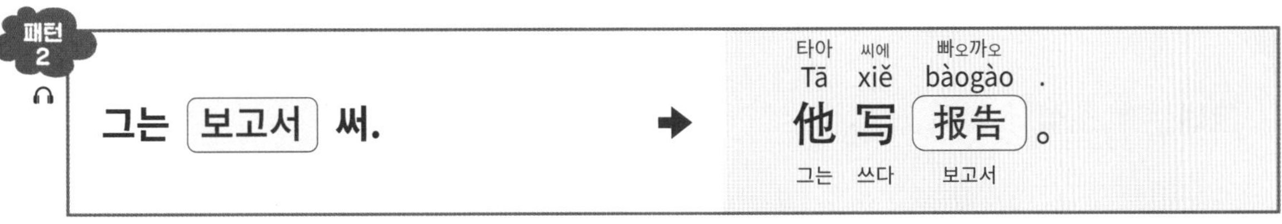

패턴 2

그는 보고서 써. → 他写报告。
Tā xiě bàogào.
타아 씨에 빠오까오
그는 쓰다 보고서

그는 일기 써. → 他写日记。
rìjì
르으찌이
일기

그는 편지 써. → 他写信。
xìn
씨인
편지

그는 논문 써. → 他写论文。
lùnwén
루언우언
논문

패턴 파헤치기

1. '그는 보고서 써.', '그는 일기 써.'와 같은 말처럼, '그는 ~(을/를) 써.'라고 말하고 싶을 때에는 '他写(Tā xiě)+명사(글로 쓰는 것)' 패턴으로 말하면 돼요. 이 패턴은 동사 写(xiě)(쓰다)가 술어로 쓰인 동사 술어문이에요.

2. 다양한 대명사를 주어로 사용하여 부정문, 吗(ma) 의문문, 정반의문문, 吧(ba) 제안문으로 말할 수 있어요.

예 Wǒ bù xiě bàogào.
我不写报告。 나는 보고서 안 써.

Nǐ xiě bàogào ma?
你写报告吗? 너 보고서 써?

Tā xiě bu xiě bàogào?
她写不写报告? 그녀는 보고서 써 안 써?

Wǒmen xiě bàogào ba.
我们写报告吧。 우리 보고서 쓰자.

DAY 8 해커스 중국어 첫걸음

패턴으로 말문트기

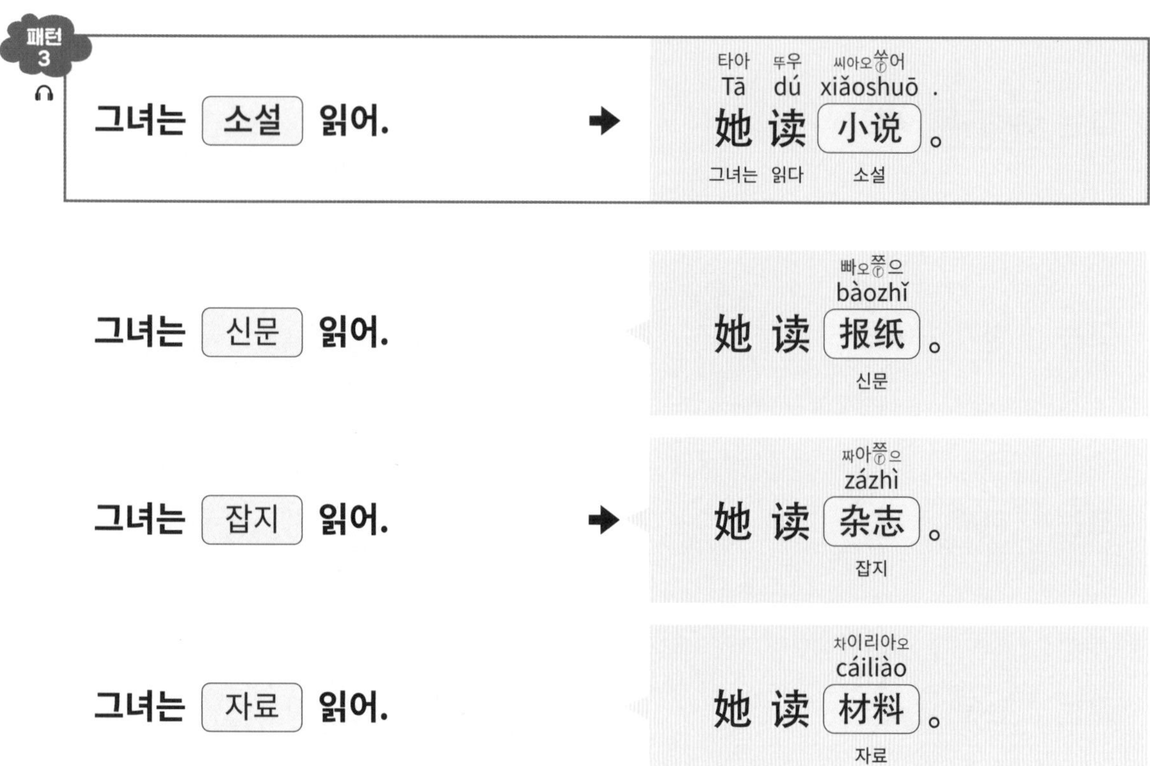

패턴 3
그녀는 소설 읽어.
타아 뚜우 씨아오쑤어
Tā dú xiǎoshuō.
她读小说。
그녀는 읽다 소설
그녀는 신문 읽어.
빠오쯔으
bàozhǐ
她读报纸。
신문
그녀는 잡지 읽어.
짜아쯔으
zázhì
她读杂志。
잡지
그녀는 자료 읽어.
차이리아오
cáiliào
她读材料。
자료

패턴 파헤치기

1. '그녀는 소설 읽어.', '그녀는 신문 읽어.'와 같은 말처럼, '그녀는 ~(을/를) 읽어.'라고 말하고 싶을 때에는 '她读(Tā dú)+명사(읽을 것)' 패턴으로 말하면 돼요. 이 패턴은 동사 读(dú)(읽다)가 술어로 쓰인 동사 술어문이에요.

2. 다양한 대명사를 주어로 사용하여 부정문, 吗(ma) 의문문, 정반의문문, 吧(ba)를 사용한 제안문으로 말할 수 있어요.

예 Wǒ bù dú xiǎoshuō.
我不读小说。 나는 소설 안 읽어.

Nǐ dú xiǎoshuō ma?
你读小说吗？ 너는 소설 읽어?

Tā dú bu dú xiǎoshuō?
他读不读小说？ 그는 소설 읽어 안 읽어?

Wǒmen dú xiǎoshuō ba.
我们读小说吧。 우리 소설 읽자.

우리는 음악 들어. → 우어먼 티잉 이인위에 Wǒmen tīng yīnyuè. 我们听音乐。 우리는 듣다 음악

우리는 이야기 들어. 꾸우슬 gùshi 我们听故事。 이야기

우리는 강의 들어. → 찌앙쭈어 jiǎngzuò 我们听讲座。 강의

우리는 라디오 들어. 꾸앙뽀어 guǎngbō 我们听广播。 라디오

패턴 파헤치기

1. '우리는 음악 들어.', '우리는 이야기 들어.'와 같은 말처럼, '우리는 ~(을/를) 들어.'라고 말하고 싶을 때에는 '我们(Wǒmen) 听(tīng)+명사(듣는 것)' 패턴으로 말하면 돼요. 이 패턴은 동사 听(tīng)(듣다)이 술어로 쓰인 동사 술어문이에요.

2. 다양한 대명사를 주어로 사용하여 부정문, 吗(ma) 의문문, 정반의문문, 吧(ba)를 사용한 제안문으로 말할 수 있어요.

예 Wǒ bù tīng yīnyuè.
我不听音乐。 나는 음악 안 들어.

Tāmen tīng yīnyuè ma?
他们听音乐吗？ 그들은 음악 들어?

Nǐmen tīng bu tīng yīnyuè?
你们听不听音乐？ 너희 음악 들어 안 들어?

Wǒmen tīng yīnyuè ba.
我们听音乐吧。 우리 음악 듣자.

DAY 8

해커스 중국어 첫걸음

실생활 회화 자동발사!

먼저 mp3를 들으며 대화의 분위기를 느껴보세요. 그 다음 따라 말해보세요.

1 점심 식사 중인 수빈과 팀장 쯔웨

쯔웨

우어 쭈에이찌인 쉬에 하안위이
Wǒ zuìjìn xué Hányǔ.
我最近学韩语。

수빈

쩐 더 마 하안위이 흐언 나안 바
Zhēn de ma? Hányǔ hěn nán ba?
真的吗？韩语很难吧？

쯔웨

쓰으 더 하안위이 흐언 나안 따안쓰으 흐언 이어우이이쓰
Shì de, Hányǔ hěn nán. Dànshì hěn yǒuyìsi.
是的，韩语很难。但是很有意思。

수빈

쭈우짜앙 찌아이어우
Zǔzhǎng, jiāyóu!
组长，加油！

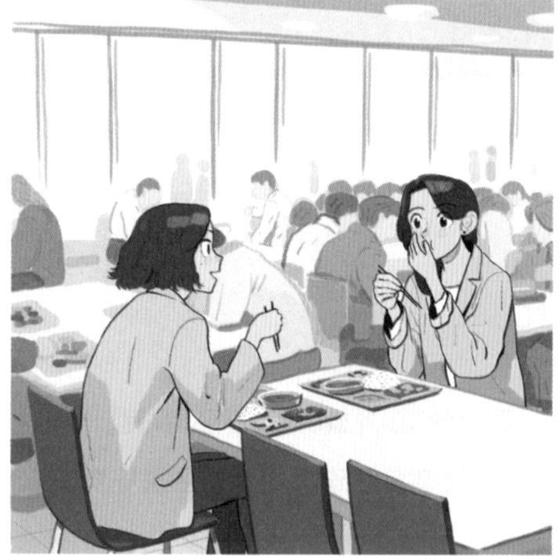

실생활 회화 끊어 보기 p.214

1 쯔웨: 나 요즘 한국어 배워요.
수빈: 정말요? 한국어 어렵죠?
쯔웨: 네, 한국어 어려워요. 하지만 재밌어요.
수빈: 팀장님, 파이팅!

단어
最近 zuìjìn 명 요즘 **学** xué 동 배우다
韩语 Hányǔ 고유 한국어 **真的** zhēn de 정말
难 nán 형 어렵다 **但是** dànshì 접 하지만
有意思 yǒuyìsi 재미있다 **组长** zǔzhǎng 명 팀장
加油 jiāyóu 동 파이팅

2 어느날 저녁 수빈이 방에서

쟈메이

씨어우삐인 니이 마앙 마 우어먼 츠ⓡ으 쨔ⓡ아찌이 흐어 피이찌어우 바
Xiùbīn, nǐ máng ma? Wǒmen chī zhájī hē píjiǔ ba.
秀彬，你忙吗？我们吃炸鸡喝啤酒吧。

'치맥하다'의 중국어 표현으로 알아두세요.

수빈

우어 타이 마앙 러
Wǒ tài máng le.
我太忙了。

쟈메이

니이 짜이 까안 쓰ⓡ언머
Nǐ zài gàn shénme?
你在干什么？

수빈

우어 씨에 빠오까오
Wǒ xiě bàogào.
我写报告。

쟈메이

쪄ⓡ언 더 마 찌아이어우
Zhēn de ma? Jiāyóu.
真的吗？加油。

DAY 8

해커스 중국어 첫걸음

실생활 회화 끊어 보기 p.214

2 쟈메이: 수빈아, 너 바빠? 우리 치맥하자.
수빈: 나 너무 바빠.
쟈메이: 너 뭐하는데?
수빈: 나 보고서 써.
쟈메이: 진짜? 파이팅.

단어

忙 máng 형 바쁘다 **吃** chī 동 먹다 **炸鸡** zhájī 명 치킨
喝 hē 동 마시다 **啤酒** píjiǔ 명 맥주
太…了 tài…le 너무 ~하다 **干** gàn 동 (일을) 하다
什么 shénme 대 무엇 **写** xiě 동 쓰다
报告 bàogào 명 보고서 **真的** zhēn de 진짜
加油 jiāyóu 동 파이팅

연습문제로 실력 확인하기

01

듣기 실력 향상

음성을 들으며 제시된 단어의 병음과 뜻을 써 보세요.

	병음	뜻
① 写		
② 学		
③ 听		
④ 读		
⑤ 加油		

02

HSK 듣기 유형

들려주는 음성의 내용이 사진과 일치하면 O, 불일치하면 X에 체크해 보세요.

①

O ☐ X ☐

②

O ☐ X ☐

HSK 독해 유형

빈칸에 들어갈 알맞은 단어를 보기에서 골라 써 보세요.

[보기]	tīng 听	xué 学	dú 读

① Wǒmen ( ) xiǎoshuō ba.
我们 ( ) 小说吧。 우리 소설 읽자.

② Tāmen ( ) guǎngbō.
她们 ( ) 广播。 그녀들은 라디오를 들어.

HSK 쓰기 유형

나열된 단어로 우리말 뜻에 맞는 중국어 문장을 완성해 보세요.

① tīng bu tīng 听不听　nǐmen 你们　yīnyuè 音乐

_______________ 너희 음악 들어 안 들어?

② yǒuyìsi 有意思　hěn 很　Hányǔ 韩语

_______________ 한국어 재밌어.

연습문제 정답 p.228

Day 9

그는 집에 있어.

타아 짜이 찌아
Tā zài jiā.
他在家。

한 번에 학습하기

그는 집에 있어.
타아 짜이 찌아
Tā zài jiā.
他在家。

아빠 어디 계셔?

이런 말을 할 수 있어요.

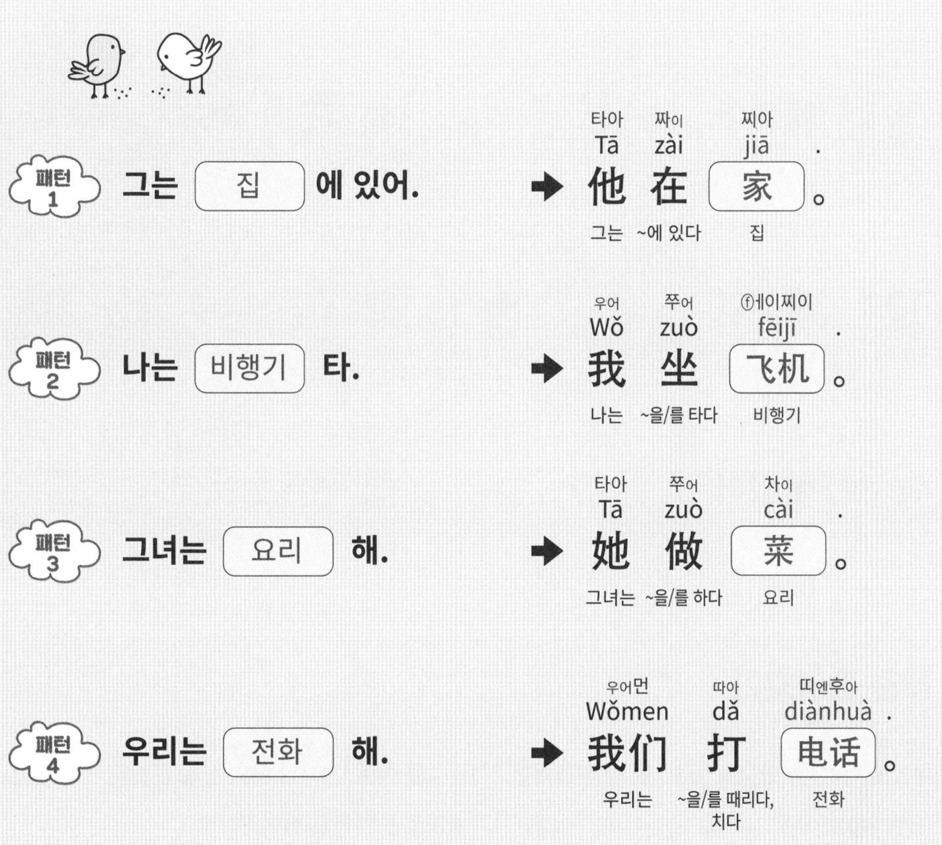

패턴 1 그는 집 에 있어. → 他在家。

Tā zài jiā. (타아 짜이 찌아)

그는 / ~에 있다 / 집

패턴 2 나는 비행기 타. → 我坐飞机。

Wǒ zuò fēijī. (우어 쭈어 ⓕ에이찌이)

나는 / ~을/를 타다 / 비행기

패턴 3 그녀는 요리 해. → 她做菜。

Tā zuò cài. (타아 쭈어 차이)

그녀는 / ~을/를 하다 / 요리

패턴 4 우리는 전화 해. → 我们打电话。

Wǒmen dǎ diànhuà. (우어먼 따아 띠엔후아)

우리는 / ~을/를 때리다, 치다 / 전화

이번 Day에서는 동사 在(zài, ~에 있다), 坐(zuò, ~을/를 타다), 做(zuò, ~을/를 하다), 打(dǎ, ~을/를 때리다, 치다)를 사용한 문장 패턴들을 각 동사들이 목적어로 자주 사용하는 여러 명사들과 함께 배워 볼 거예요. 오늘 학습을 마치면 이 네 개의 동사를 사용한 긍정문, 부정문, 의문문, 제안문을 쉽게 말할 수 있을 거예요.

패턴으로 말문트기

패턴 1

그는 [집]에 있어.	→	타아 Tā 他 그는 / 짜이 zài 在 ~에 있다 / 찌아 jiā [家] 집 。
그는 [학교]에 있어.		他 在 쒸에씨아오 xuéxiào [学校] 학교 。
그는 [회사]에 있어.	→	他 在 꼬옹쓰으 gōngsī [公司] 회사 。
그는 [화장실]에 있어.		他 在 우에이쓩엉찌엔 wèishēngjiān [卫生间] 화장실 。

패턴 파헤치기

1. **'그는 집에 있어.', '그는 학교에 있어.'와 같은 말처럼, '그는 ~에 있어.'라고 말하고 싶을 때에는 '他在(Tā zài)+명사**(장소)**' 패턴으로 말하면 돼요. 이 패턴은 동사 在(zài)**(~에 있다)**가 술어로 쓰인 동사 술어문이에요.**

2. **다양한 대명사를 주어로 사용하여 부정문, 吗(ma) 의문문, 정반의문문, 吧(ba)를 사용한 추측 문장으로 말할 수 있어요.**

예 Wǒ/Wǒmen bú zài jiā.
我/我们不在家。 나/우리는 집에 없어.

Nǐ/Nǐmen zài jiā ma?
你/你们在家吗? 너/너희는 집에 있어?

Tā/Tāmen zài bu zài jiā?
她/她们在不在家? 그녀/그녀들은 집에 있어 없어?

Tāmen zài jiā ba?
他们在家吧? 그들은 집에 있지?

+플러스포인트

1. '그는 어디에 있어?'라고 묻고 싶을 때에는 동사 在(zài) 뒤에 의문사 哪儿(nǎr, 어디)을 사용하면 돼요.

예 Tā zài nǎr?
A: 他在哪儿? 그는 어디에 있어?

Tā zài jiā.
B: 他在家。 그는 집에 있어.

2. 在(zài)는 '~에서'라는 뜻의 전치사로도 쓰여요. 이때는 뒤에 반드시 동사가 있어야 해요.

예 Tā zài jiā kàn diànshì.
他(그는) 在家(집에서) 看(본다) 电视(TV를)。 그는 집에서 TV 봐.

패턴 2

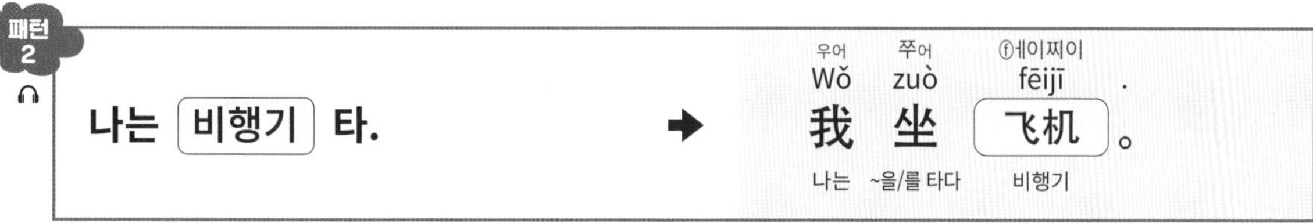
나는 비행기 타. → 我坐飞机。

우어 Wǒ 我 나는 / 쭈어 zuò 坐 ~을/를 타다 / ⓕ에이찌이 fēijī 飞机 비행기

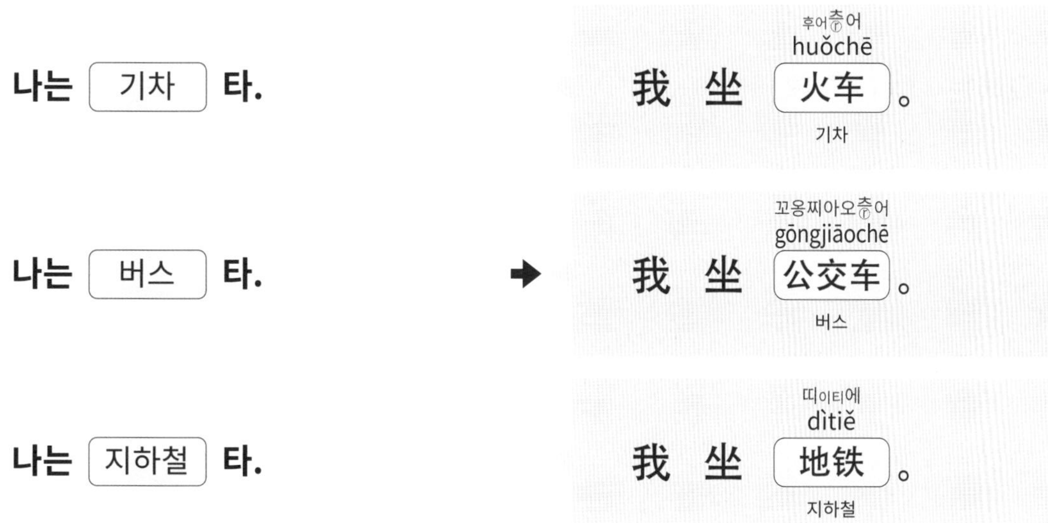
나는 기차 타. 我坐火车。 후어츠ⓡ어 huǒchē 火车 기차

나는 버스 타. → 我坐公交车。 꼬옹찌아오츠ⓡ어 gōngjiāochē 公交车 버스

나는 지하철 타. 我坐地铁。 띠이티에 dìtiě 地铁 지하철

패턴 파헤치기

1. '나는 비행기 타.', '나는 기차 타.'와 같은 말처럼, '나는 ~(을/를) 타.'라고 말하고 싶을 때에는 '我坐(Wǒ zuò)+명사(탈 것)' 패턴으로 말하면 돼요. 이 패턴은 동사 坐(zuò)(타다)가 술어로 쓰인 동사 술어문이에요.

2. 다양한 대명사를 주어로 사용하여 부정문, 吗(ma) 의문문, 정반의문문, 吧(ba)를 사용한 제안문으로 말할 수 있어요.

예 Tā/Tāmen bú zuò fēijī.
他/他们不坐飞机。 그/그들은 비행기 안 타.

Nǐ/Nǐmen zuò fēijī ma?
你/你们坐飞机吗? 너/너희는 비행기 타?

Tā/Tāmen zuò bu zuò fēijī?
她/她们坐不坐飞机? 그녀/그녀들은 비행기 타 안 타?

Wǒmen zuò fēijī ba.
我们坐飞机吧。 우리 비행기 타자.

+플러스포인트 '너 어떻게 가?'라고 묻고 싶을 때에는 동사 去 앞에 의문사 怎么(zěnme, 어떻게)를 사용하면 돼요.

예 Nǐ zěnme qù?
A: 你怎么去? 너는 어떻게 가?

Wǒ zuò fēijī.
B: 我坐飞机。 나는 비행기 타.

패턴으로 말문트기

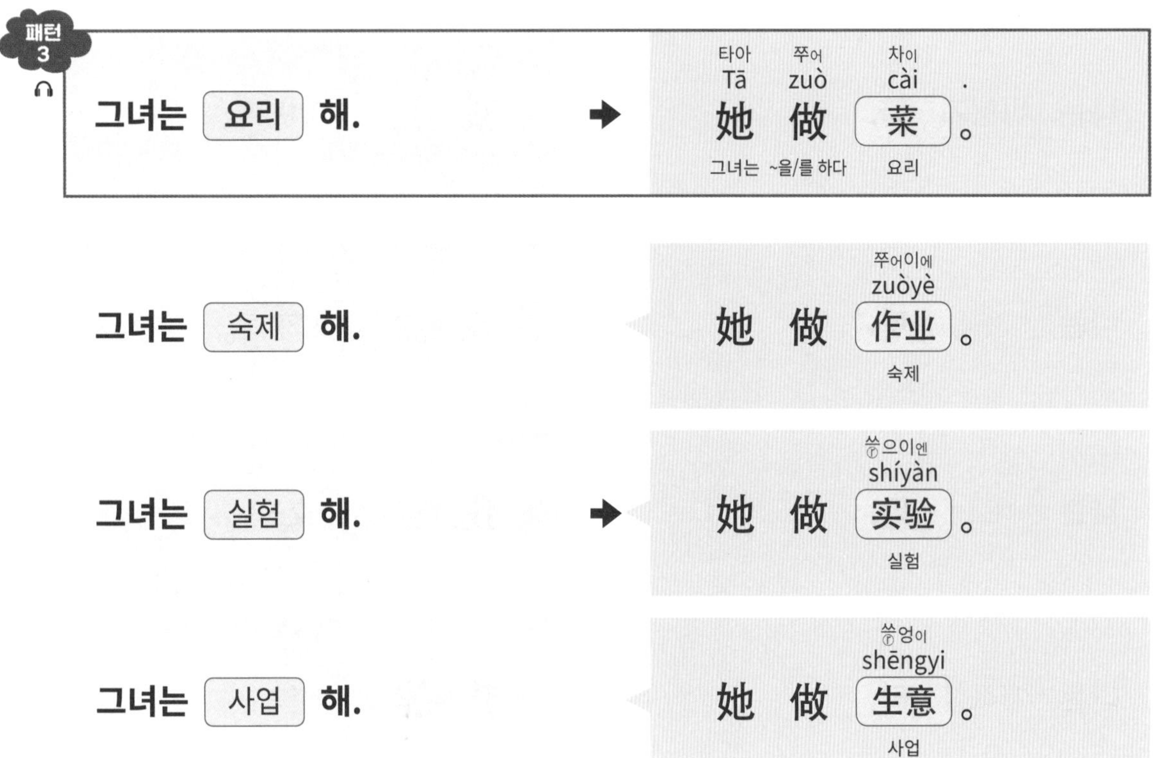

패턴 3
그녀는 요리 해.
타아 Tā 쭈어 zuò 차이 cài
她 做 菜。
그녀는 ~을/를 하다 요리
그녀는 숙제 해.
쭈어이에 zuòyè
她 做 作业。
숙제
그녀는 실험 해.
쓰으이엔 shíyàn
她 做 实验。
실험
그녀는 사업 해.
쓰엉이 shēngyi
她 做 生意。
사업

패턴 파헤치기

1. **'그녀는 요리 해.', '그녀는 숙제 해.'와 같은 말처럼, '그녀는 ~(을/를) 해.'라고 말하고 싶을 때에는 '她做(Tā zuò)+명사**(할 것)**' 패턴으로 말하면 돼요. 이 패턴은 동사 做(zuò)**(하다)**가 술어로 쓰인 동사 술어문이에요.**

2. **다양한 대명사를 주어로 사용하여 부정문, 吗(ma) 의문문, 정반의문문, 吧(ba)를 사용한 제안문으로 말할 수 있어요.**

예 Wǒ/Wǒmen bú zuò cài.
我/我们不做菜。 나/우리는 요리 안 해.

Nǐ/Nǐmen zuò cài ma?
你/你们做菜吗? 너/너희는 요리 해?

Tā/Tāmen/Tāmen zuò bu zuò cài?
他/他们/她们做不做菜? 그/그들/그녀들은 요리 해 안 해?

Wǒmen zuò cài ba.
我们做菜吧。 우리 요리 하자.

+플러스포인트 지금 무엇을 하는지 묻고 싶을 때에 동사 做(zuò, ~을/를 하다) 대신 동사 干(gàn, (일을) 하다)을 사용한 후, 뒤에 什么(shénme, 무엇)를 써서 물어볼 수 있어요. 회화에서는 干이 做 보다 자주 쓰여요.

예 Tā gàn shénme?
A: 她干什么? 그녀는 뭐 해?

Tā zuò cài.
B: 她做菜。 그녀는 요리 해.

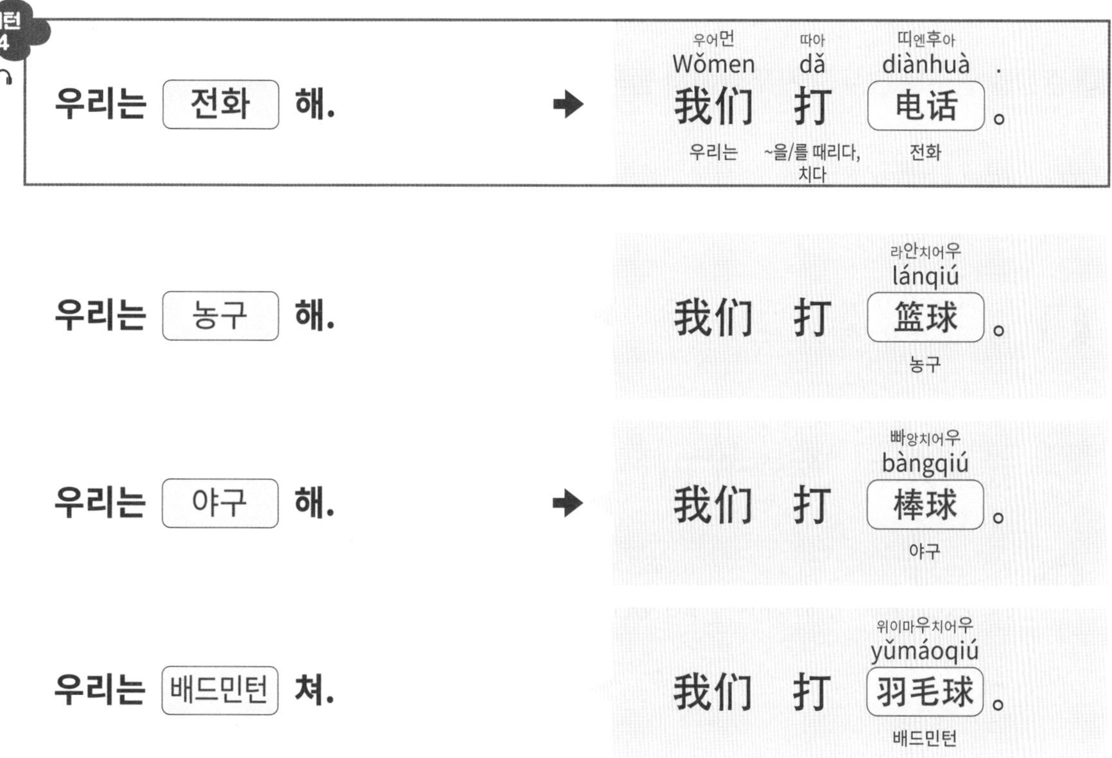

패턴 4
우리는 전화 해.
우어먼 Wǒmen 따아 dǎ 띠엔후아 diànhuà.
我们 打 电话。
우리는 ~을/를 때리다, 치다 전화
우리는 농구 해.
라안치어우 lánqiú
我们 打 篮球。
농구
우리는 야구 해.
빠앙치어우 bàngqiú
我们 打 棒球。
야구
우리는 배드민턴 쳐.
위이마우치어우 yǔmáoqiú
我们 打 羽毛球。
배드민턴

패턴 파헤치기

1. **'우리는 전화를 해.', '우리는 농구를 해.'와 같은 말처럼, '우리는 ~(을/를) 해/쳐.'라고 말하고 싶을 때에는 '我们(Wǒmen) 打(dǎ)+명사**(손으로 하는 것)**' 패턴으로 말하면 돼요. 이 패턴은 동사 打(dǎ)**(치다, 때리다)**가 술어로 쓰인 동사 술어문으로, 동사 打는 주로 손으로 하는 동작을 나타내요.**

2. **다양한 대명사를 주어로 사용하여 부정문, 吗(ma) 의문문, 정반의문문, 吧(ba)를 사용한 제안문으로 말할 수 있어요.**

예 Wǒ/Tā bù dǎ diànhuà.
我/他不打电话。 나/그는 전화 안 해.

Tāmen/Tāmen dǎ bu dǎ diànhuà?
他们/她们打不打电话? 그들/그녀들은 전화 해 안 해?

Nǐ/Nǐmen dǎ diànhuà ma?
你/你们打电话吗? 너/너희는 전화 해?

Wǒmen dǎ diànhuà ba.
我们打电话吧。 우리 전화 하자.

+플러스포인트 발을 쓰는 스포츠는 동사 踢(tī, 차다)를 써요.

예 Tā tī zúqiú.
他踢足球。 그는 축구 해.

실생활 회화 자동발사!

먼저 mp3를 들으며 대화의 분위기를 느껴보세요. 그 다음 따라 말해보세요.

1 춘절을 일주일 앞두고 사무실에서 팀장 쯔웨와 인턴 카이쥔

카이쥔

우어 씨아 쪄우 취이 위인나안
Wǒ xià zhōu qù Yúnnán.
我下周去云南。

쯔웨

쓰으 마 니이 쯔언머 취이
Shì ma? Nǐ zěnme qù?
是吗？你怎么去？

카이쥔

우어 쭈어 후어츠어 니이 춘언찌에 까안 쓰언머 니이 취이 나알
Wǒ zuò huǒchē. Nǐ Chūnjié gàn shénme? Nǐ qù nǎr?
我坐火车。你春节干什么？你去哪儿？

→ 중국의 가장 큰 명절로 한국의 설날(음력 1월 1일)과 같아요.

쯔웨

우어 취이 쌍하이 쭈우 니이 이이루우 쑨언f엉
Wǒ qù Shànghǎi. Zhù nǐ yílù shùnfēng.
我去上海。祝你一路顺风。

실생활 회화 끊어 보기 p.215

1 카이쥔: 저 다음주에 윈난에 갑니다.
쯔웨: 그래요? 어떻게 가요?
카이쥔: 저는 기차를 탑니다. 팀장님은 춘절에 뭐 하십니까? 어디 가십니까?
쯔웨: 저는 상하이에 가요. 잘 다녀와요.

단어

下周 xià zhōu 다음주 去 qù 동 가다
云南 Yúnnán 고유 윈난[중국의 성(省)]
怎么 zěnme 대 어떻게 坐 zuò 동 타다
火车 huǒchē 명 기차 春节 Chūnjié 고유 춘절
哪儿 nǎr 대 어디 上海 Shànghǎi 고유 상하이
祝 zhù 동 바라다 一路顺风 yílù shùnfēng 성 잘 다녀오세요, 가시는 길이 순조롭길 빕니다

2 집근처 편의점에서 쟈메이에게 전화를 건 수빈

수빈

우에이 찌아메이 니이 짜이 나알 니이 까안 쓴언머
Wéi, Jiāměi, nǐ zài nǎr? Nǐ gàn shénme?
喂，佳美，你在哪儿？你干什么？

쟈메이

우어 짜이 찌아 카안 띠엔쓰으 니이 너
Wǒ zài jiā kàn diànshì. Nǐ ne?
我在家看电视。你呢？

수빈

우어 짜이 삐엔리이띠엔 미잉흐어 너
Wǒ zài biànlìdiàn. Mínghé ne?
我在便利店。明河呢？

쟈메이

타아 쭈어 차이 쯔언머러
Tā zuò cài. Zěnmele?
他做菜。怎么了？

수빈

우어 마이 피이찌어우 쯔언머이양
Wǒ mǎi píjiǔ zěnmeyàng?
我买啤酒怎么样？

쟈메이

하오 아
Hǎo a!
好啊！

실생활 회화 끊어 보기 p.215

2 수빈: 여보세요, 쟈메이, 너 어디야? 뭐해?
쟈메이: 나 집에서 TV 봐. 너는?
수빈: 나는 편의점에 있어. 밍허는?
쟈메이: 걔는 요리해. 왜?
수빈: 내가 맥주 살까?
쟈메이: 좋지!

단어

喂 wéi 감 여보세요 **哪儿** nǎr 대 어디
干 gàn 동 (일을) 하다 **什么** shénme 대 무엇
家 jiā 명 집 **看** kàn 동 보다 **电视** diànshì 명 TV, 텔레비전
便利店 biànlìdiàn 명 편의점 **做菜** zuò cài 요리하다
怎么了 zěnmele 왜요?, 무슨 일이에요? **买** mǎi 동 사다
啤酒 píjiǔ 명 맥주 **怎么样** zěnmeyàng 대 어떻다

연습문제로 실력 확인하기

01
듣기 실력 향상

음성을 들으며 제시된 단어의 병음과 뜻을 써 보세요.

	병음	뜻
① 在		
② 坐		
③ 做		
④ 打		
⑤ 学校		

02
HSK 듣기 유형

들려주는 음성의 내용이 사진과 일치하면 O, 불일치하면 X에 체크해 보세요.

①

O ☐ X ☐

②

O ☐ X ☐

HSK 독해 유형

빈칸에 들어갈 알맞은 단어를 보기에서 골라 써 보세요.

[보기]	zuò 做	dǎ 打	zuò 坐

① Nǐmen 你们 (　　　) lánqiú ma? 篮球吗?　너희는 농구 해?

② Wǒ 我 (　　　) gōngjiāochē. 公交车。　나는 버스 타.

HSK 쓰기 유형

나열된 단어로 우리말 뜻에 맞는 중국어 문장을 완성해 보세요.

① ba 吧　dǎ bàngqiú 打棒球　wǒmen 我们

______________________　우리 야구 하자.

② wǒ zài 我在　kàn diànshì 看电视　jiā 家

______________________　나는 집에서 TV 봐.

연습문제 정답 p.228

DAY 9

해커스 중국어 첫걸음

Day 10

나는 이수빈이라고 해.

우어 찌아오 리이 씨어우삐인
Wǒ jiào Lǐ Xiùbīn.

我叫李秀彬。

나는 이수빈이라고 해.

우어 찌아오 리이 씨어우삐인
Wǒ jiào Lǐ Xiùbīn.

我叫李秀彬。

李

나도 이수빈인데!!!

이런 말을 할 수 있어요.

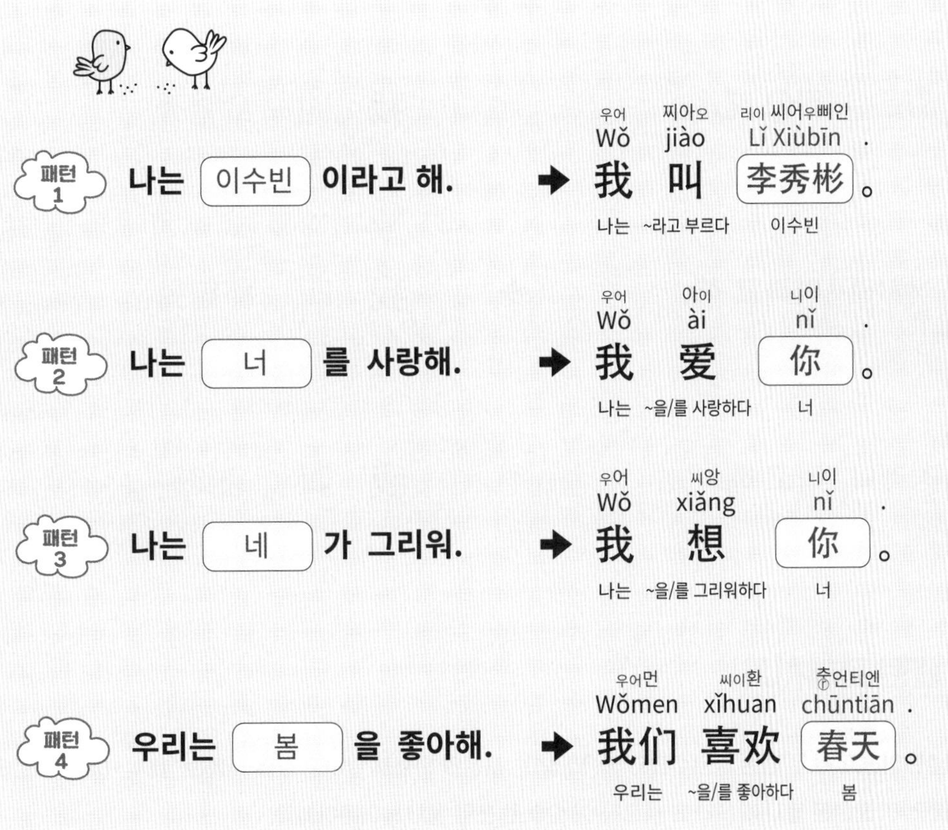

패턴 1
나는 이수빈 이라고 해.
우어 Wǒ 찌아오 jiào 리이 씨어우삐인 Lǐ Xiùbīn.
我 叫 李秀彬。
나는 ~라고 부르다 이수빈
패턴 2
나는 너 를 사랑해.
우어 Wǒ 아이 ài 니이 nǐ.
我 爱 你。
나는 ~을/를 사랑하다 너
패턴 3
나는 네 가 그리워.
우어 Wǒ 씨앙 xiǎng 니이 nǐ.
我 想 你。
나는 ~을/를 그리워하다 너
패턴 4
우리는 봄 을 좋아해.
우어먼 Wǒmen 씨이환 xǐhuan 추언티엔 chūntiān.
我们 喜欢 春天。
우리는 ~을/를 좋아하다 봄

이번 Day에서는 동사 叫(jiào, ~라고 부르다), 爱(ài, ~을/를 사랑하다), 想(xiǎng, ~을/를 그리워하다), 喜欢(xǐhuan, ~을/를 좋아하다)을 사용한 문장 패턴들을 각 동사들이 목적어로 자주 사용하는 여러 명사들과 함께 배워 볼 거예요. 오늘 학습을 마치면 이 네 개의 동사를 사용한 긍정문, 부정문, 의문문, 제안문을 쉽게 말할 수 있을 거예요.

패턴으로 말문트기

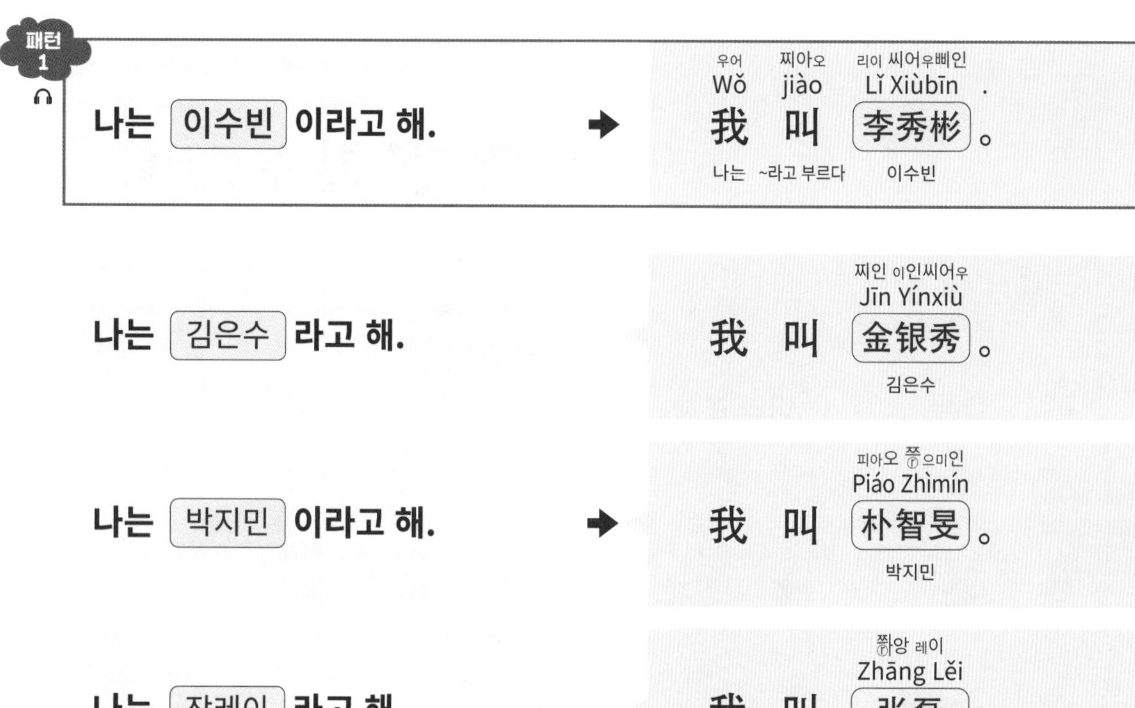

패턴 1
나는 이수빈 이라고 해.
우어 Wǒ 我 나는
찌아오 jiào 叫 ~라고 부르다
리이 씨어우삐인 Lǐ Xiùbīn 李秀彬 이수빈
。
나는 김은수 라고 해.
我 叫
찌인 이인씨어우 Jīn Yínxiù 金银秀 김은수
。
나는 박지민 이라고 해.
我 叫
피아오 쯔으미인 Piáo Zhìmín 朴智旻 박지민
。
나는 장레이 라고 해.
我 叫
짜앙 레이 Zhāng Lěi 张磊 장레이
。

패턴 파헤치기

1. '나는 이수빈이라고 해.', '나는 김은수라고 해.'와 같이, 자신의 이름을 말하고 싶을 때에는 '我叫(Wǒ jiào)+이름' 패턴으로 말하면 돼요. 이 패턴은 동사 叫(jiào)(~라고 부르다)가 술어로 쓰인 동사 술어문이에요.

2. 다양한 대명사를 주어로 사용하여 부정문, 吗(ma) 의문문, 吧(ba)를 사용한 추측 문장으로 말할 수 있어요. 참고로 叫(jiào)는 정반의문문으로 잘 사용되지 않아요.

예 Tā bú jiào Lǐ Xiùbīn.
她不叫李秀彬。 그녀는 이수빈이 아닙니다.

Nǐ jiào Lǐ Xiùbīn ma?
你叫李秀彬吗? 당신이 이수빈입니까?

Tā jiào Lǐ Xiùbīn ba?
他叫李秀彬吧? 그는 이수빈이죠?

+플러스포인트 동사 叫(부르다) 뒤에 의문사 什么名字(shénme míngzi, 무슨 이름)를 붙여 말하면 이름을 묻는 의문문이 돼요.

예 Nǐ jiào shénme míngzi?
A: 你叫什么名字? 이름이 어떻게 되세요?

Wǒ jiào Lǐ Xiùbīn.
B: 我叫李秀彬。 저는 이수빈이라고 합니다.

패턴 2

나는 [너] 를 사랑해. →

우어 아이 니이
Wǒ ài nǐ.
我 爱 [你]。
나는 ~을/를 사랑하다 너

나는 [그] 를 사랑해.

타아
tā
我 爱 [他]。
그

나는 [엄마] 를 사랑해. →

마아마
māma
我 爱 [妈妈]。
엄마

나는 [동물] 을 사랑해.

또옹우우
dòngwù
我 爱 [动物]。
동물

패턴 파헤치기

1. **'나는 너를 사랑해.', '나는 그를 사랑해.'와 같은 말처럼, '나는 ~을/를 사랑해.'라고 말하고 싶을 때에는 '我爱(Wǒ ài)+명사**(사랑하는 대상)**' 패턴으로 말하면 돼요. 이 패턴은 동사 爱(ài)**(사랑하다)**가 술어로 쓰인 동사 술어문이에요.**

2. **다양한 대명사를 주어로 사용하여 부정문, 吗(ma) 의문문, 정반의문문, 吧(ba)를 사용한 추측 문장으로 말할 수 있어요.**

예 Tā bú ài nǐ.
他不爱你。 그는 너를 안 사랑해.

Tā ài tā ma?
她爱他吗? 그녀는 그를 사랑해?

Nǐ ài bu ài māma?
你爱不爱妈妈? 너는 엄마를 사랑해 안 사랑해?

Nǐmen ài dòngwù ba?
你们爱动物吧? 너희는 동물을 사랑하지?

+플러스포인트 동사 爱(ài, 사랑하다) 뒤에 의문사 谁(shéi, 누구)를 붙여 말하면 '누구를 사랑해?'라는 뜻의 의문문이 돼요.

예 Nǐ ài shéi?
A: 你爱谁? 너는 누구를 사랑해?

Wǒ ài nǐ.
B: 我爱你。 나는 너를 사랑해.

DAY 10 해커스 중국어 첫걸음

패턴으로 말문트기

패턴 3

나는 [네] 가 그리워. → 우어 Wǒ 我 나는 / 씨앙 xiǎng 想 ~을/를 그리워하다 / 니이 nǐ [你] 너 。

나는 [친구] 가 그리워. → 我 想 [朋友] 。 프엉요 péngyou 친구

나는 [할머니] 가 그리워. → 我 想 [奶奶] 。 나이나이 nǎinai 할머니

나는 [부모님] 이 그리워. → 我 想 [父母] 。 ㅍ우무우 fùmǔ 부모님

패턴 파헤치기

1. '나는 네가 그리워.', '나는 친구가 그리워.'와 같은 말처럼, '나는 ~이/가 그리워.'라고 말하고 싶을 때에는 '我想(Wǒ xiǎng)+명사(그리움의 대상)' 패턴으로 말하면 돼요. 이 패턴은 동사 想(xiǎng)(그리워하다)이 술어로 쓰인 동사 술어문이에요.

2. 다양한 대명사를 주어로 사용하여 부정문, 吗(ma) 의문문, 정반의문문, 吧(ba)를 사용한 추측 문장으로 말할 수 있어요.

예 Tā bù xiǎng nǐ.
他不想你。 그는 너를 그리워하지 않아.

Nǐ xiǎng péngyou ma?
你想朋友吗? 너는 친구가 그리워?

Nǐ xiǎng bu xiǎng nǎinai?
你想不想奶奶? 너는 할머니가 그리워 안 그리워?

Nǐmen xiǎng fùmǔ ba?
你们想父母吧? 너희는 부모님이 그립지?

+플러스포인트 동사 想(xiǎng, 그리워하다) 뒤에 의문사 谁(shéi, 누구)를 붙여 말하면 '누가 그리워?'라는 뜻의 의문문이 돼요.

예 Nǐ xiǎng shéi?
A: 你想谁? 너는 누가 그리워?

Wǒ xiǎng nǎinai.
B: 我想奶奶。 나는 할머니가 그리워.

패턴 4

우리는 봄 을 좋아해. → 我们 喜欢 春天。

우어먼 Wǒmen 我们 우리는 / 씨이환 xǐhuan 喜欢 ~을/를 좋아하다 / 춘언티엔 chūntiān 春天 봄

우리는 바다 를 좋아해. 我们 喜欢 大海。

따아하이 dàhǎi 大海 바다

우리는 스테이크 를 좋아해. → 我们 喜欢 牛排。

니어우파이 niúpái 牛排 스테이크

우리는 사과 를 좋아해. 我们 喜欢 苹果。

피잉꾸어 píngguǒ 苹果 사과

패턴 파헤치기

1. '우리는 봄을 좋아해.', '우리는 바다를 좋아해.'와 같은 말처럼, '우리는 ~을/를 좋아해.'라고 말하고 싶을 때에는 '我们喜欢(Wǒmen xǐhuan)+명사(좋아하는 대상)' 패턴으로 말하면 돼요. 이 패턴은 동사 喜欢(xǐhuan)(좋아하다)이 술어로 쓰인 동사 술어문이에요.

2. 다양한 대명사를 주어로 사용하여 부정문, 吗(ma) 의문문, 정반의문문, 吧(ba)를 사용한 추측 문장으로 말할 수 있어요.

예 Wǒ bù xǐhuan chūntiān.
我不喜欢春天。 나는 봄을 안 좋아해.

Nǐmen xǐhuan chūntiān ma?
你们喜欢春天吗? 너희는 봄을 좋아해?

Tā/Tā xǐ bu xǐhuan chūntiān?
他/她喜不喜欢春天? 그/그녀는 봄을 좋아해 안 좋아해?

Nǐ xǐhuan chūntiān ba?
你喜欢春天吧? 너 봄 좋아하지?

+플러스포인트 동사 喜欢(좋아하다) 뒤에 의문사 什么(shénme, 무엇)를 붙여 말하면 '무엇을 좋아해?'라는 뜻의 의문문이 돼요.

예
Nǐmen xǐhuan shénme?
A: 你们喜欢什么? 너희는 무엇을 좋아해?

Wǒmen xǐhuan píngguǒ.
B: 我们喜欢苹果。 우리는 사과를 좋아해.

실생활 회화 자동발사!

먼저 mp3를 들으며 대화의 분위기를 느껴보세요. 그 다음 따라 말해보세요.

1 팀장 쯔웨와 왠지 힘이 없어 보이는 수빈

쯔웨: 씨어우삐인 우어먼 츠으 피잉꾸어 바
Xiùbīn, wǒmen chī píngguǒ ba.
秀彬，我们吃苹果吧。

수빈: 씨에세 우어 나이나이 흐언 씨이환 피잉꾸어 우어 씨앙 타아
Xièxie. Wǒ nǎinai hěn xǐhuan píngguǒ, wǒ xiǎng tā.
谢谢。我奶奶很喜欢苹果，我想她。

→ '나의 할머니'라는 말로, 我와 奶奶사이에 的(de, ~의)가 생략되어 있어요.

쯔웨: 쯔어이앙 아 니이 이에 씨이환 피잉꾸어 바
Zhèyàng a. Nǐ yě xǐhuan píngguǒ ba?
这样啊。你也喜欢苹果吧？

→ '그렇군요/그렇구나'라는 뜻으로 회화에서 자주 쓰여요.

수빈: 쓰으 더 우어 씨이환 쑤에이꾸어
Shì de. Wǒ xǐhuan shuǐguǒ.
是的。我喜欢水果。

쯔웨: 흐어 디알 츠아 바
Hē diǎnr chá ba.
喝点儿茶吧。

→ 문장의 끝에서 '~해라'라는 명령의 어조를 나타내는 조사로 쓰였어요.

수빈: 하오 더 씨에세 니이
Hǎo de, xièxie nǐ.
好的，谢谢你。

실생활 회화 끊어 보기 p.216

1 쯔웨: 수빈씨, 우리 사과 먹어요.
수빈: 감사합니다. 우리 할머니가 사과를 많이 좋아해요. 할머니가 그립네요.
쯔웨: 그렇군요. 수빈씨도 사과 좋아하지요?
수빈: 네. 저 과일 좋아해요.
쯔웨: 차 좀 마셔요.
수빈: 네, 감사해요.

단어

吃 chī 동 먹다　苹果 píngguǒ 명 사과
奶奶 nǎinai 명 할머니　喜欢 xǐhuan 동 좋아하다
想 xiǎng 동 그립다　这样 zhèyàng 대 그렇다, 이와 같다
也 yě 부 ~도　水果 shuǐguǒ 명 과일　喝 hē 동 마시다
(一)点儿 (yì)diǎnr 조금, 약간　茶 chá 명 차
谢谢 xièxie 동 감사합니다

2 어느 날 저녁 쟈메이와 쟈메이 남자친구를 만나게 된 수빈

레이

니이 하오 우어 찌아오 짜ⓡ앙 레이 우어 쓰ⓡ으 찌아메이 더 나안프엉요
Nǐ hǎo. Wǒ jiào Zhāng Lěi. Wǒ shì Jiāměi de nánpéngyou.
你好。我叫张磊。我是佳美的男朋友。

수빈

우어 찌아오 리이 씨어우삐인 우어 쓰ⓡ으 찌아메이 더 쓰ⓡ으이어우
Wǒ jiào Lǐ Xiùbīn. Wǒ shì Jiāměi de shìyǒu.
我叫李秀彬。我是佳美的室友。

쟈메이

하오 더 나아 우어먼 씨엔짜이 츠ⓡ으 ⓕ안 바 니이먼 씨이환 니어우파이 마
Hǎo de, nà wǒmen xiànzài chī fàn ba. Nǐmen xǐhuan niúpái ma?
好的，那我们现在吃饭吧。你们喜欢牛排吗？

수빈

따앙ⓡ안 러
Dāngrán le!!!
当然了!!!
→ 회화에서 흔히 쓰이므로 꼭 알아두세요.

실생활 회화 끊어 보기 p.216

2 레이: 안녕하세요. 저는 장레이라고 합니다.
저는 쟈메이의 남자친구입니다.
수빈: 저는 이수빈이라고 합니다.
저는 쟈메이의 하우스 메이트예요.
쟈메이: 좋아, 그럼 우리 이제 밥 먹자. 너희 스테이크 좋아해?
수빈: 당연하지!!!

단어

男朋友 nánpéngyou 명 남자친구
室友 shìyǒu 명 하우스 메이트 **那** nà 접 그럼
现在 xiànzài 명 지금 **吃饭** chī fàn 밥 먹다
喜欢 xǐhuan 동 좋아하다 **牛排** niúpái 명 스테이크
当然 dāngrán 형 당연하다

연습문제로 실력 확인하기

mp3 바로 듣기

01

듣기 실력 향상

음성을 들으며 제시된 단어의 병음과 뜻을 써 보세요.

	병음	뜻
① 叫		
② 爱		
③ 想		
④ 喜欢		
⑤ 朋友		

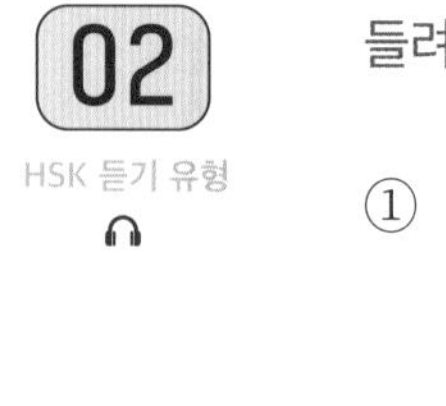

02

HSK 듣기 유형

들려주는 음성의 내용이 사진과 일치하면 O, 불일치하면 X에 체크해 보세요.

①

O X

②

O X

03

HSK 독해 유형

빈칸에 들어갈 알맞은 단어를 보기에서 골라 써 보세요.

[보기]	xǐhuan 喜欢	jiào 叫	ài bu ài 爱不爱

① Nǐ 你 (　　　) dòngwù? 动物?　　너는 동물을 사랑해 안 사랑해?

② Wǒ māma hěn 我妈妈很 (　　　) chūntiān. 春天。　　우리 엄마는 봄을 매우 좋아해요.

HSK 쓰기 유형

나열된 단어로 우리말 뜻에 맞는 중국어 문장을 완성해 보세요.

① Lǐ Xiùbīn 李秀彬　　tā 她　　bú jiào 不叫

______________________　　그녀는 이수빈이 아닙니다.

② xǐhuan 喜欢　　wǒ nǎinai 我奶奶　　píngguǒ 苹果

______________________　　우리 할머니가 사과를 좋아해요.

연습문제 정답 p.229

나는 요리사입니다.

우어 쓰ⓡ으 추ⓡ우쓰ⓡ으
Wǒ shì chúshī.

한 번에 학습하기

우어 쓰ⓡ으 추ⓡ우쓰ⓡ으
Wǒ shì chúshī.

我是厨师。

나는 직장인이에요.

이런 말을 할 수 있어요.

패턴 1 **나는 요리사 입니다.** ➔

우어 쓰ⓡ으 추ⓡ우쓰ⓡ으
Wǒ shì chúshī.
我是厨师。
나는 ~이다 요리사

패턴 2 **그는 한국인 입니다.** ➔

타아 쓰ⓡ으 하안꾸어르ⓡ언
Tā shì Hánguórén.
他是韩国人。
그는 ~이다 한국인

패턴 3 **그녀는 저의 친구 입니다.** ➔

타아 쓰ⓡ으 우어 더 프엉요
Tā shì wǒ de péngyou.
她是我的朋友。
그녀는 ~이다 저 의 친구

패턴 4 **이것은 저의 휴대폰 입니다.** ➔

쯔ⓡ어 쓰ⓡ으 우어 더 쓰ⓡ우찌이
Zhè shì wǒ de shǒujī.
这是我的手机。
이것은 ~이다 저 의 휴대폰

이번 Day에서는 동사 是(shì, ~이다)을 사용한 여러 문장 패턴들을 이 동사와 사용되는 여러 명사들과 함께 배워 볼 거예요. 오늘 학습을 마치면 동사 是을 사용하여 자신의 신분이나 친분을 나타내는 문장이나 자신이 소유한 사물임을 나타내는 말을 쉽게 할 수 있어요.

패턴으로 말문트기

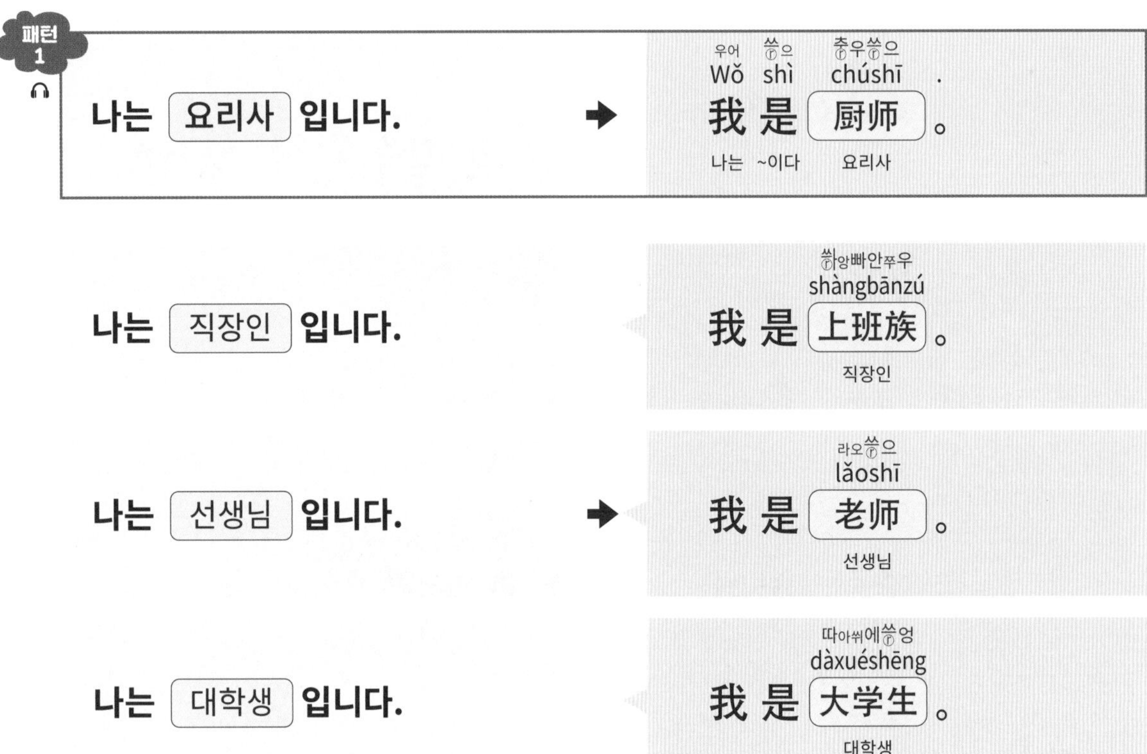

패턴 1
나는 요리사 입니다.
Wǒ shì chúshī.
我 是 厨师。
나는 ~이다 요리사
나는 직장인 입니다.
shàngbānzú
我 是 上班族。
직장인
나는 선생님 입니다.
lǎoshī
我 是 老师。
선생님
나는 대학생 입니다.
dàxuéshēng
我 是 大学生。
대학생

패턴 파헤치기

1. '나는 요리사입니다.', '나는 직장인입니다.'와 같은 말처럼, 자신의 직업 또는 신분을 말하고 싶을 때에는 '我是(Wǒ shì)+명사(직업, 신분)' 패턴으로 말하면 돼요. 이 패턴은 동사 是(shì)(~이다)이 술어로 쓰인 동사 술어문이에요.

2. 다양한 대명사를 주어로 사용하여 부정문, 吗(ma) 의문문, 정반의문문, 吧(ba)를 사용한 추측 문장으로 말할 수 있어요.

예
Tā/Tā bú shì chúshī.
她/他不是厨师。 그녀/그는 요리사가 아니에요.

Tāmen shì bu shì chúshī?
他们是不是厨师? 그들은 요리사예요 아니에요?

Tāmen shì chúshī ma?
她们是厨师吗? 그녀들은 요리사예요?

Nǐ/Nǐmen shì chúshī ba?
你/你们是厨师吧? 당신/당신들은 요리사죠?

+플러스포인트 동사 做(하다) 뒤에 의문사 什么(shénme, 무슨)와 명사 工作(gōngzuò, 일)를 붙여서 말하면 직업을 묻는 의문문이 돼요.

예
Nǐ zuò shénme gōngzuò?
A: 你做什么工作? 당신은 무슨 일을 해요?

Wǒ shì chúshī.
B: 我是厨师。 나는 요리사입니다.

그는 [한국인] 입니다. →
타아 쓰으 하안꾸어르언
Tā shì Hánguórén.
他是[韩国人]。
그는 ~이다 한국인

그는 [중국인] 입니다.
쭝꾸어르언
Zhōngguórén
他是[中国人]。
중국인

그는 [일본인] 입니다. →
르으뻔르언
Rìběnrén
他是[日本人]。
일본인

그는 [미국인] 입니다.
메이꾸어르언
Měiguórén
他是[美国人]。
미국인

패턴 파헤치기

1. **'그는 한국인입니다.', '그는 중국인입니다.'와 같은 말처럼, 그 사람의 국적을 말하고 싶을 때에는 '他是**(Tā shì)**+명사**(국적)**' 패턴으로 말하면 돼요. 이 패턴도 동사 是**(shì)(~이다)**이 술어로 쓰인 동사 술어문이에요.**

2. **다양한 대명사를 주어로 사용하여 부정문, 吗**(ma) **의문문, 정반의문문, 吧**(ba)**를 사용한 추측 문장으로 말할 수 있어요.**

예 Wǒ bú shì Hánguórén.
我不是韩国人。 나는 한국인이 아니에요.

Tā/Tāmen shì Hánguórén ma?
她/她们是韩国人吗? 그녀/그녀들은 한국인이에요?

Tā/Tāmen shì bu shì Hánguórén?
他/他们是不是韩国人? 그/그들은 한국인이에요 아니에요?

Nǐ/Nǐmen shì Hánguórén ba?
你/你们是韩国人吧? 당신/당신들은 한국인이죠?

+플러스포인트 동사 **是**(~이다) 뒤에 의문사 **哪**(nǎ, 어느)와 명사 **国**(guó, 나라), **人**(rén, 사람)을 붙여서 말하면 국적을 묻는 의문문이 돼요.

예 Tā shì nǎ guó rén?
A: 他是哪国人? 그는 어느 나라 사람이야?

Tā shì Hánguórén.
B: 他是韩国人。 그는 한국인이야.

패턴으로 말문트기

패턴 3

그녀는 저의 [친구] 입니다. → 她是我的[朋友]。

타아 Tā (그녀는) 쓰ⓡ으 shì (~이다) 우어 wǒ (저) 더 de (의) 프엉요 péngyou (친구) .

그녀는 저의 [동창] 입니다. → 她是我的[同学]。

토옹쒸에 tóngxué 동창

그녀는 저의 [하우스 메이트] 입니다. → 她是我的[室友]。

쓰ⓡ으이어우 shìyǒu 하우스 메이트

그녀는 저의 [직장 동료] 입니다. → 她是我的[同事]。

토옹쓰ⓡ으 tóngshì 직장 동료

패턴 파헤치기

1. **'그녀는 저의 친구입니다.', '그녀는 저의 동창입니다.'와 같은 말처럼, 상대와 나 사이의 관계를 말하고 싶을 때에는 '她是我的(Tā shì wǒ de)+명사**(관계 표현)**' 패턴으로 말하면 돼요. 이 패턴도 동사 是(shì)**(~이다)**이 술어로 쓰인 동사 술어문이에요. 참고로, 가족이나 친구처럼 나와의 관계가 가깝다면 的(de)**(~의)**를 생략해서 말해요.**

   예 Tā shì wǒ jiějie.
   她是我姐姐。 그녀는 저의 언니예요.

   Tā shì wǒ péngyou.
   她是我朋友。 그녀는 저의 친구예요.

2. **다양한 대명사를 주어로 사용하여 부정문, 吗(ma) 의문문, 정반의문문, 吧(ba)를 사용한 추측 문장으로 말할 수 있어요.**

   예 Tā bú shì wǒ de péngyou.
   他不是我的朋友。 그는 저의 친구가 아니에요.

   Tāmen/Tāmen shì nǐ de péngyou ma?
   她们/他们是你的朋友吗? 그녀들/그들은 당신의 친구예요?

   Nǐ shì bu shì tā de péngyou?
   你是不是他的朋友? 당신은 그의 친구예요 아니에요?

   Nǐmen shì tā de péngyou ba?
   你们是他的朋友吧? 당신들은 그의 친구죠?

+플러스포인트 동사 是(~이다) 뒤에 의문사 谁(shéi, 누구)를 붙여 말하면 '누구예요?'라는 뜻의 의문문이 돼요.

예 Tā shì shéi?
A: 她是谁? 그녀는 누구예요?

Tā shì wǒ de péngyou.
B: 她是我的朋友。 그녀는 저의 친구입니다.

이것은 저의 휴대폰 입니다. →
쯔어 쓰으 우어 더 쏘우찌이
Zhè shì wǒ de shǒujī.
这是我的手机。
이것은 ~이다 저 의 휴대폰

이것은 저의 컴퓨터 입니다.
띠엔나오
diànnǎo
这是我的电脑。
컴퓨터

이것은 저의 만년필 입니다. →
까앙삐이
gāngbǐ
这是我的钢笔。
만년필

이것은 저의 컵 입니다.
뻬이즈
bēizi
这是我的杯子。
컵

패턴 파헤치기

1. '이것은 저의 휴대폰입니다.', '이것은 저의 컴퓨터입니다.'와 같은 말처럼, 가까이에 있는 물건이 나의 것이라고 말하고 싶을 때에는 '这是我的(Zhè shì wǒ de)+명사(물건)' 패턴으로 말하면 돼요. 이 패턴도 동사 是(shì)(~이다)이 술어로 쓰인 동사술어문이에요.

2. 다양한 대명사를 주어로 사용하여 부정문, 吗(ma) 의문문, 정반의문문, 吧(ba)를 사용한 추측 문장으로 말할 수 있어요.

예 Nà bú shì wǒ de shǒujī.
那不是我的手机。 저것은 나의 휴대폰이 아니에요.

Nà shì nǐ de shǒujī ma?
那是你的手机吗? 저것은 당신의 휴대폰이에요?

Nà shì bu shì nǐ de shǒujī?
那是不是你的手机? 저것은 당신의 휴대폰이에요 아니에요?

Nà shì nǐ de shǒujī ba?
那是你的手机吧? 저것은 당신의 휴대폰이죠?

+플러스포인트 동사 是(~이다) 뒤에 의문사 什么(shénme, 무엇)를 붙여 말하면 '뭐예요?'라는 뜻의 의문문이 돼요.

예 Zhè shì shénme?
A: 这是什么? 이건 뭐예요?

Zhè shì wǒ de shǒujī.
B: 这是我的手机。 이것은 저의 휴대폰이에요.

실생활 회화 자동발사!

mp3 바로 듣기

먼저 mp3를 들으며 대화의 분위기를 느껴보세요. 그 다음 따라 말해보세요.

1 셰어 하우스에서 밍허의 책상에 놓인 사진을 보고 있는 쟈메이

쟈메이

타아 쓰으 쉐이
Tā shì shéi?
他是谁？

밍허

타아 쓰으 우어 더 통쓰으
Tā shì wǒ de tóngshì.
他是我的同事。

쟈메이

타아 찌아오 쓴언머 미잉즈
Tā jiào shénme míngzi?
他叫什么名字？

밍허

타아 찌아오 무우추언 따아흐어
Tā jiào Mùcūn Dàhé.
他叫木村大和。

쟈메이

타아 쓰으 르으쁘언르언 마
Tā shì Rìběnrén ma?
他是日本人吗？

밍허

으엉 타아 쓰으 르으쁘언르언 쓰으 추우쓰으
Èng. Tā shì Rìběnrén, shì chúshī.
嗯。他是日本人，是厨师。

실생활 회화 끊어 보기 p.217

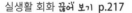

1 쟈메이: 이 남자는 누구야?
밍허: 그는 나의 직장 동료야.
쟈메이: 그는 이름이 뭐야?
밍허: 그는 기무라 야마토라고 해.
쟈메이: 그는 일본인이야?
밍허: 응. 그는 일본인이고, 요리사야.

단어

谁 shéi 대 누구 同事 tóngshì 명 직장 동료
什么 shénme 대 무엇
名字 míngzi 명 이름 日本人 Rìběnrén 고유 일본인
厨师 chúshī 명 요리사

2 사무실에서 수빈과 샤오밍

샤오밍

쯔어 쓰으 쓴언머
Zhè shì shénme?
这是什么?

수빈

쯔어 쓰으 씨인 마이 더 쎠우찌이 쯔어 쓰으 쭈에이 씨인쿠안
Zhè shì xīn mǎi de shǒujī. Zhè shì zuì xīnkuǎn!
这是新买的手机。这是最新款!

'새로 산'이라는 뜻으로, 회화에서 자주 쓰이는 표현이에요.

샤오밍

우아 흐언 피아오량 쯔어거 꾸에이 마
Wā! Hěn piàoliang, zhège guì ma?
哇!很漂亮,这个贵吗?

수빈

으엉 이어우띠엔 꾸에이 따안쓰으 씨앙쑤우 f에이챵 하오
Èng, yǒudiǎn guì. Dànshì xiàngsù fēicháng hǎo.
嗯,有点贵。但是像素非常好。

샤오밍

쓰으 마 우어먼 파이쨔오 바
Shì ma? Wǒmen pāizhào ba.
是吗?我们拍照吧。

실생활 회화 끊어 보기 p.217

2 샤오밍: 이건 뭐예요?
수빈: 이건 새로 산 휴대폰이에요. 최신형이에요!
샤오밍: 와! 예쁘네요. 이거 비싸요?
수빈: 네, 조금 비싸요. 하지만 카메라 화소가 아주 좋아요.
샤오밍: 그래요? 우리 사진 찍어요.

단어

新 xīn 부 새로 买 mǎi 동 사다 手机 shǒujī 명 휴대폰
最新款 zuì xīnkuǎn 최신형 漂亮 piàoliang 형 예쁘다
这个 zhège 대 이거 贵 guì 형 비싸다
有点 yǒudiǎn 부 조금 但是 dànshì 접 하지만
像素 xiàngsù 명 카메라 화소 非常 fēicháng 부 아주
好 hǎo 형 좋다 拍照 pāizhào 동 사진 찍다

연습문제로 실력 확인하기

01
듣기 실력 향상

음성을 들으며 제시된 단어의 병음과 뜻을 써 보세요.

	병음	뜻
① 同学		
② 中国人		
③ 老师		
④ 朋友		
⑤ 钢笔		

02
HSK 듣기 유형

들려주는 음성의 내용이 사진과 일치하면 O, 불일치하면 X에 체크해 보세요.

①

O X

②

O X

03

HSK 독해 유형

빈칸에 들어갈 알맞은 단어를 보기에서 골라 써 보세요.

[보기]	shì 是	zhè 这	nà 那

① Tā 她 (　　　) Hánguórén ma? 韩国人吗?　　그녀는 한국인이에요?

② (　　　) bú shì wǒ de shǒujī. 不是我的手机。　　저것은 나의 휴대폰이 아니에요.

04

HSK 쓰기 유형

나열된 단어로 우리말 뜻에 맞는 중국어 문장을 완성해 보세요.

① wǒ de 我的　　tóngshì 同事　　tā shì 他是

________________________　　그는 저의 직장 동료입니다.

② bēizi 杯子　　nà 那　　nǐ de 你的　　shì bu shì 是不是

________________________　　저것은 당신의 컵이에요 아니에요?

연습문제 정답 p.229

Day 12

나는 남자친구가 있어.

한 번에 학습하기

우어 이어우 나안프엉요
Wǒ yǒu nánpéngyou.

我有男朋友。

나는 남자친구가 있어.
우어 이어우 나안프엉요
Wǒ yǒu nánpéngyou.
我有男朋友。

가을이다! 왠지 쓸쓸!

이런 말을 할 수 있어요.

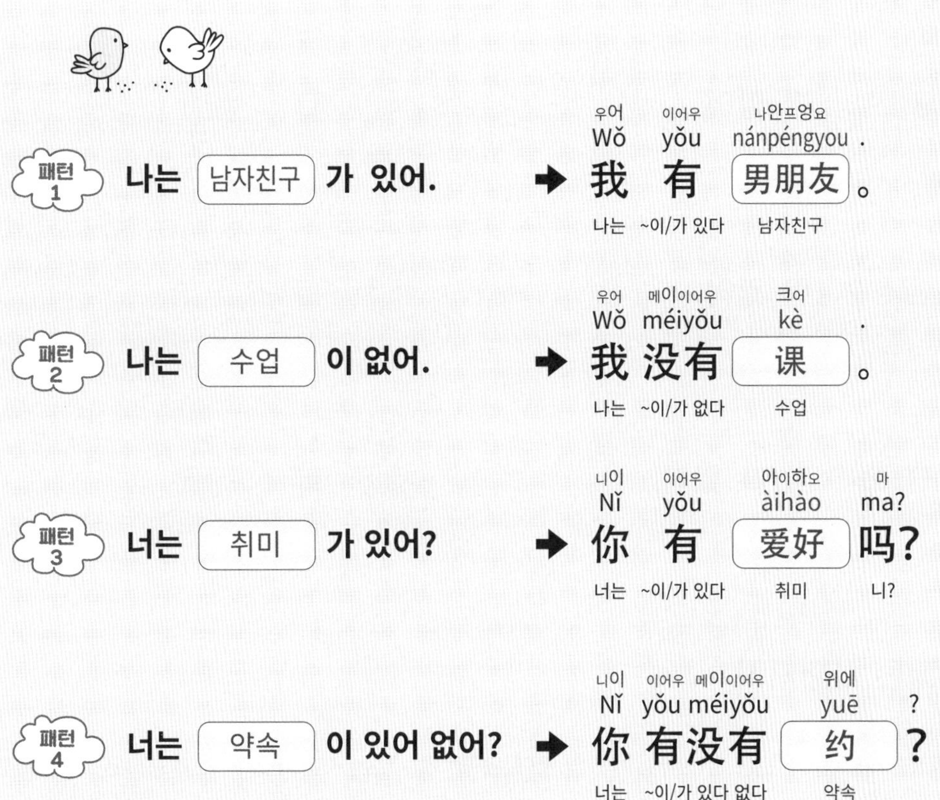

패턴 1
나는 남자친구 가 있어.
우어 이어우 나안프엉요
Wǒ yǒu nánpéngyou.
我 有 男朋友。
나는 ~이/가 있다 남자친구
패턴 2
나는 수업 이 없어.
우어 메이이어우 크어
Wǒ méiyǒu kè.
我 没有 课。
나는 ~이/가 없다 수업
패턴 3
너는 취미 가 있어?
니이 이어우 아이하오 마
Nǐ yǒu àihào ma?
你 有 爱好 吗?
너는 ~이/가 있다 취미 니?
패턴 4
너는 약속 이 있어 없어?
니이 이어우 메이이어우 위에
Nǐ yǒu méiyǒu yuē?
你 有没有 约?
너는 ~이/가 있다 없다 약속

이번 Day에서는 동사 有(yǒu, ~이/가 있다)를 사용한 문장 패턴들을 이 동사가 목적어로 자주 사용하는 명사들과 함께 배워 볼 거예요. 오늘 학습을 마치면 동사 有를 사용한 긍정문, 부정문, 의문문을 쉽게 말할 수 있을 거예요.

패턴으로 말문트기

나는 남자친구 가 있어. → 우어 이어우 나안프엉요
Wǒ yǒu nánpéngyou.
我 有 男朋友。
나는 ~이/가 있다 남자친구

나는 언니/누나 가 있어. 찌에제
jiějie
我 有 姐姐。
언니/누나

나는 남동생 이 있어. → 띠이디
dìdi
我 有 弟弟。
남동생

나는 형/오빠 이/가 있어. 끄어거
gēge
我 有 哥哥。
형/오빠

패턴 파헤치기

1. '나는 남자친구가 있어.', '나는 언니/누나가 있어.'와 같은 말처럼, '나는 ~이/가 있어.'라고 긍정문으로 말하고 싶을 때에는 '我有(Wǒ yǒu)+명사(나와 어떤 관계가 있는 사람)' 패턴으로 말하면 돼요. 이 패턴은 동사 有(yǒu)(~가 있다)가 술어로, 有 뒤의 명사가 목적어로 쓰인 동사 술어문이에요.

2. 다양한 대명사를 주어로 사용하여 말할 수 있어요.

예 Tā yǒu nánpéngyou.
她有男朋友。 그녀는 남자친구가 있어.

Tā yǒu jiějie.
他有姐姐。 그는 누나가 있어.

Tāmen yǒu dìdi.
她们有弟弟。 그녀들은 남동생이 있어.

Tāmen yǒu gēge.
他们有哥哥。 그들은 형이 있어.

패턴 2

나는 수업 이 없어. → 我没有课。

우어 메이이어우 크어
Wǒ méiyǒu kè.
我没有 课 。
나는 ~이/가 없다 수업

나는 노트 가 없어. 我没有本子。
뻔언즈
běnzi
노트

나는 시험 이 없어. → 我没有考试。
카오쓰으
kǎoshì
시험

나는 숙제 가 없어. 我没有作业。
쭈어이에
zuòyè
숙제

패턴 파헤치기

1. '나는 수업이 없어.', '나는 노트가 없어.'와 같은 말처럼, '나는 ~이/가 없어.'라고 부정문으로 말하고 싶을 때에는 '我没有(Wǒ méiyǒu)+명사(학업 관련한 것)' 패턴으로 말하면 돼요.

동사 有(yǒu)의 부정은 不有(bù yǒu)가 아니라 没有(méiyǒu)예요.

예 나는 수업이 없어. 我没有课。(Wǒ méiyǒu kè.) (o) / 我不有课。(Wǒ bù yǒu kè.) (x)

2. 다양한 대명사를 주어로 사용하여 말할 수 있어요.

예 Tā méiyǒu kè.
她没有课。 그녀는 수업이 없어.

Tā méiyǒu běnzi.
他没有本子。 그는 노트가 없어.

Tāmen méiyǒu kǎoshì.
她们没有考试。 그녀들은 시험이 없어.

Wǒmen méiyǒu zuòyè.
我们没有作业。 우리는 숙제가 없어.

패턴으로 말문트기

mp3 바로 듣기

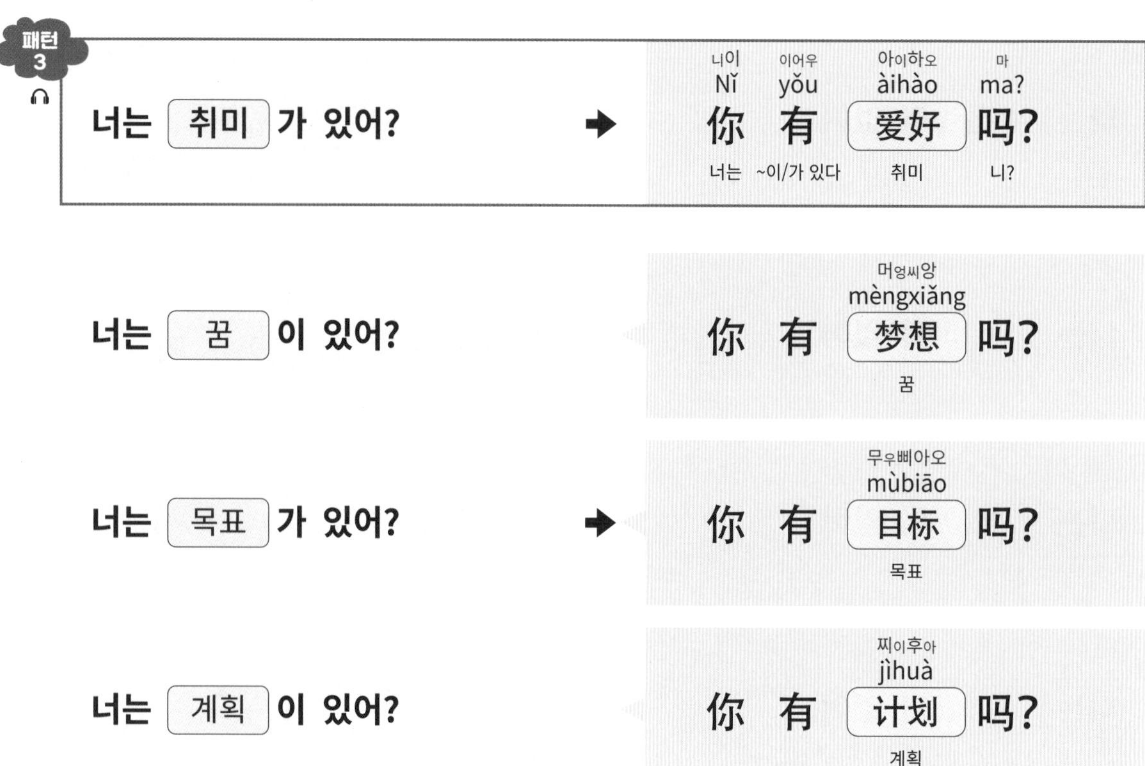

패턴 3

너는 [취미]가 있어? → 你有[爱好]吗?
(Nǐ yǒu àihào ma? / 니이 이어우 아이하오 마 / 너는 ~이/가 있다 취미 니?)

너는 [꿈]이 있어? → 你有[梦想]吗?
(mèngxiǎng / 멍씨앙 / 꿈)

너는 [목표]가 있어? → 你有[目标]吗?
(mùbiāo / 무우삐아오 / 목표)

너는 [계획]이 있어? → 你有[计划]吗?
(jìhuà / 찌이후아 / 계획)

패턴 파헤치기

1. '너는 취미가 있어?', '너는 꿈이 있어?'와 같은 말처럼, '너는 ~이/가 있어?'라고 묻고 싶을 때에는 '你有(Nǐ yǒu)+명사+吗(ma)?'의 패턴으로 말하면 돼요.

이 패턴은 동사 有(yǒu)가 술어로 쓰인 동사 술어문의 문장 끝에 吗?(ma)를 붙인 '吗 의문문'이에요.

예 Wǒ yǒu àihào.
我有爱好。 나는 취미가 있어. → Nǐ yǒu àihào ma? 你有爱好吗? 너는 취미가 있어?

2. 다양한 대명사를 주어로 사용하여 말할 수 있어요.

예 Tā yǒu àihào ma?
她有爱好吗? 그녀는 취미가 있어?

Tā yǒu mèngxiǎng ma?
他有梦想吗? 그는 꿈이 있어?

Tāmen yǒu mùbiāo ma?
他们有目标吗? 그들은 목표가 있어?

Nǐmen yǒu jìhuà ma?
你们有计划吗? 너희는 계획이 있어?

패턴 4

너는 약속 이 있어 없어? → 你 有没有 约 ?

니이 Nǐ 你 너는 / 이어우 메이이어우 yǒu méiyǒu 有没有 ~이/가 있다 없다 / 위에 yuē 约 약속 / ?

너는 시간 이 있어 없어? 你 有没有 时间 ? (쓰으찌엔 shíjiān 시간)

너는 회의 가 있어 없어? → 你 有没有 会议 ? (후에이이이 huìyì 회의)

너는 우산 이 있어 없어? 你 有没有 雨伞 ? (위이싸안 yǔsǎn 우산)

패턴 파헤치기

1. '너는 약속이 있어 없어?', '너는 시간이 있어 없어?'와 같은 말처럼, 상대방에게 무언가가 있는지 없는지를 '너는 ~이/가 있어 없어?'와 같이 묻고 싶을 때에는 '你有没有(Nǐ yǒu méiyǒu)+명사(추상적/구체적인 것)?'의 패턴으로 말하면 돼요.
   有没有~?(yǒu méiyǒu~?)는 동사 有(yǒu)를 술어로 쓴 동사 술어문의 정반의문문이에요.

2. 다양한 대명사를 주어로 사용하여 말할 수 있어요.

예 Tā yǒu méiyǒu yuē?
她有没有约？ 그녀는 약속이 있어 없어?

Tāmen yǒu méiyǒu shíjiān?
她们有没有时间？ 그녀들은 시간이 있어 없어?

Tā yǒu méiyǒu huìyì?
他有没有会议？ 그는 회의가 있어 없어?

Nǐmen yǒu méiyǒu yǔsǎn?
你们有没有雨伞？ 너희는 우산이 있어 없어?

실생활 회화 자동발사!

먼저 mp3를 들으며 대화의 분위기를 느껴보세요. 그 다음 따라 말해보세요.

1 수빈에게 급한 일을 전하는 팀장 쯔웨

쯔웨
씨어우삐인 니이 씨엔짜이 이어우 메이이어우 쓰으찌엔 우어먼 이이치이 취이 우앙f우피잉 f언띠엔 바
Xiùbīn, nǐ xiànzài yǒu méiyǒu shíjiān? Wǒmen yìqǐ qù Wángfǔjǐng fēndiàn ba.
秀彬，你现在有没有时间？我们一起去王府井分店吧。
(王府井: 왕푸징, 베이징시에 있는 상점가)

수빈
우어 이어우 쓰으찌엔 나아리 이어우 쓰언머 쓰으 마
Wǒ yǒu shíjiān. Nàli yǒu shénme shì ma?
我有时间。那里有什么事吗？

쯔웨
티잉쑤어 씨엔짜이 나아리 타이 마앙 러
Tīngshuō xiànzài nàli tài máng le.
听说现在那里太忙了。

수빈
쓰으 마
Shì ma?
是吗？

쯔웨
우어먼 콰이 쩌우 바
Wǒmen kuài zǒu ba.
我们快走吧。

실생활 회화 끊어 보기 p.218

1 쯔웨: 수빈씨, 지금 시간 있어요 없어요?
우리 같이 왕푸징 지점에 갑시다.
수빈: 저 시간 있습니다. 거기 무슨 일 있어요?
쯔웨: 듣자 하니 지금 그쪽이 너무 바쁘대요.
수빈: 그래요?
쯔웨: 우리 빨리 갑시다.

단어
时间 shíjiān 명 시간 一起 yìqǐ 부 같이 去 qù 동 가다
王府井 Wángfǔjǐng 고유 왕푸징 分店 fēndiàn 명 지점
那里 nàli 대 거기 什么 shénme 대 무슨 事 shì 명 일
听说 tīngshuō 동 듣자 하니 现在 xiànzài 명 지금
太…了 tài…le 너무 ~하다 忙 máng 형 바쁘다
快 kuài 부 빠르게 走 zǒu 동 가다

2 편의점 앞에 앉아 얘기 중인 쟈메이와 수빈

수빈

찌아메이 니이 이어우 씨옹띠이 찌에메이 마
Jiāměi, nǐ yǒu xiōngdì jiěmèi ma?
佳美，你有兄弟姐妹吗?

쟈메이

으엉 우어 이어우 띠이디 타아 쓰 따아쒸에셩 니이 너
Èng, wǒ yǒu dìdi. Tā shì dàxuéshēng. Nǐ ne?
嗯，我有弟弟。他是大学生。你呢?

수빈

우어 메이이어우 띠이디 우어 이어우 찌에졔
Wǒ méiyǒu dìdi. Wǒ yǒu jiějie.
我没有弟弟。我有姐姐。

쟈메이

니이 찌에졔 짜이 하안꾸어 마
Nǐ jiějie zài Hánguó ma?
你姐姐在韩国吗?
(동사)~에 있다

수빈

뿌우 우어 찌에졔 짜이 메이꾸어
Bù, wǒ jiějie zài Měiguó.
不，我姐姐在美国。
(동사)

니이 띠이디 짜이 뻬이찌잉 마
Nǐ dìdi zài Běijīng ma?
你弟弟在北京吗?
(동사)

쟈메이

뿌우 타아 짜이 쌍하이 짜이 쌍하이 쒸에씨이
Bù, tā zài Shànghǎi, zài Shànghǎi xuéxí.
不，他在上海，在上海学习。
(동사) (전치사)~에서

실생활 회화 끊어 보기 p.218

2 수빈: 쟈메이, 너는 형제자매가 있어?
쟈메이: 응, 나는 남동생이 있어. 그는 대학생이야. 너는?
수빈: 나는 남동생이 없어. 나는 언니가 있어.
쟈메이: 너의 언니는 한국에 있어?
수빈: 아니, 우리 언니는 미국에 있어. 너의 남동생은 베이징에 있어?
쟈메이: 아니, 그는 상하이에 있고, 상하이에서 공부해.

단어
兄弟姐妹 xiōngdì jiěmèi 명 형제자매 **弟弟** dìdi 명 남동생
大学生 dàxuéshēng 명 대학생 **姐姐** jiějie 명 언니, 누나
韩国 Hánguó 고유 한국 **美国** Měiguó 고유 미국
北京 Běijīng 고유 베이징 **上海** Shànghǎi 고유 상하이
学习 xuéxí 동 공부하다

연습문제로 실력 확인하기

01

듣기 실력 향상

음성을 들으며 제시된 단어의 병음과 뜻을 써 보세요.

	병음	뜻
① 爱好		
② 姐姐		
③ 时间		
④ 会议		
⑤ 作业		

02

HSK 듣기 유형

들려주는 음성의 내용이 사진과 일치하면 O, 불일치하면 X에 체크해 보세요.

① O ☐ X ☐

② O ☐ X ☐

HSK 독해 유형

빈칸에 들어갈 알맞은 단어를 보기에서 골라 써 보세요.

[보기]	méiyǒu 没有	yǒu 有	shì 是

① Wǒ 我 (　　　) àihào. 爱好。　나는 취미가 있어.

② Tāmen 她们 (　　　) kǎoshì ma? 考试吗?　그녀들은 시험이 없어?

HSK 쓰기 유형

나열된 단어로 우리말 뜻에 맞는 중국어 문장을 완성해 보세요.

① méiyǒu 没有　tā 他　běnzi 本子

________________________　그는 노트가 없어.

② ma 吗　nàli 那里　shénme shì 什么事　yǒu 有

________________________　거기 무슨 일 있어요?

연습문제 정답 p.229

Day 13 나는 영화 보고 싶어.

우어 씨앙 카안 띠엔이잉
Wǒ xiǎng kàn diànyǐng.

我想看电影。

한 번에 학습하기

나는 영화 보고 싶어.
우어 씨앙 카안 띠엔이잉
Wǒ xiǎng kàn diànyǐng.
我想看电影。

(나는 쉬고 싶은데…)
극장 앞에서 만나.

이런 말을 할 수 있어요.

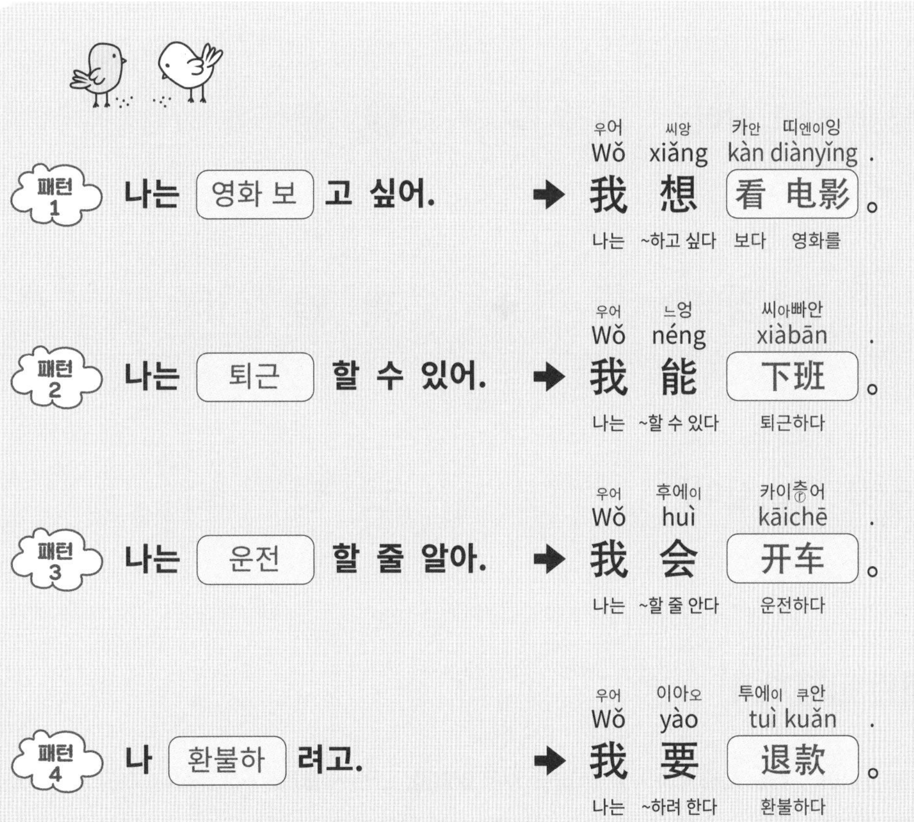

패턴 1 나는 (영화 보)고 싶어. → 我想看电影。

우어 Wǒ 我 나는 / 씨앙 xiǎng 想 ~하고 싶다 / 카안 kàn 看 보다 / 띠엔이잉 diànyǐng 电影 영화를

패턴 2 나는 (퇴근) 할 수 있어. → 我能下班。

우어 Wǒ 我 나는 / 느엉 néng 能 ~할 수 있다 / 씨아빠안 xiàbān 下班 퇴근하다

패턴 3 나는 (운전) 할 줄 알아. → 我会开车。

우어 Wǒ 我 나는 / 후에이 huì 会 ~할 줄 안다 / 카이츠ㅡ어 kāichē 开车 운전하다

패턴 4 나 (환불하)려고. → 我要退款。

우어 Wǒ 我 나는 / 이아오 yào 要 ~하려 한다 / 투에이 쿠안 tuì kuǎn 退款 환불하다

이번 Day에서는 동사 앞에 쓰여 동사에 '~ 하고 싶다', '~할 수 있다', '~할 줄 안다', '~하려 한다'와 같은 의미를 더해 주는 조동사 4개를 배워 볼 거예요. 오늘 학습을 마치면, 조동사 想(xiǎng, ~하고 싶다), 能(néng, ~할 수 있다), 会(huì, ~할 줄 안다), 要(yào, ~하려 한다)를 사용하여 긍정문, 부정문, 의문문 등을 쉽게 말할 수 있을 거예요.

패턴으로 말문트기

mp3 바로 듣기

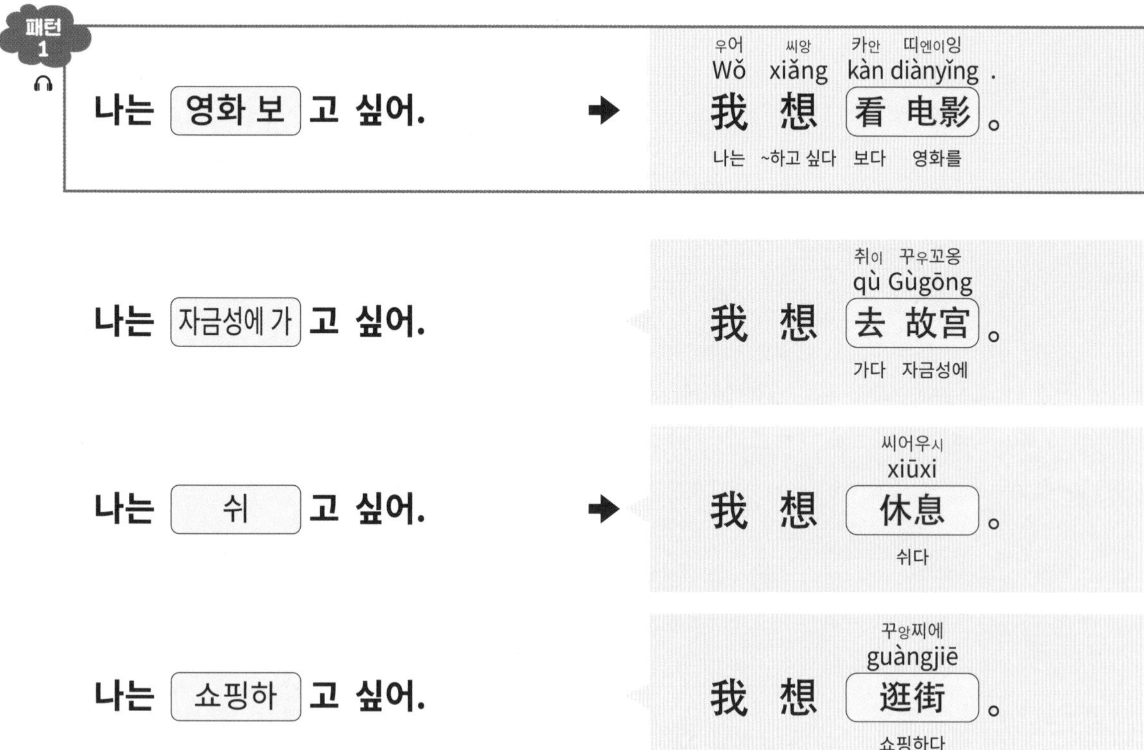
패턴 1
나는 영화 보 고 싶어.
우어 씨앙 카안 띠엔이잉
Wǒ xiǎng kàn diànyǐng.
我想看电影。
나는 ~하고 싶다 보다 영화를
나는 자금성에 가 고 싶어.
취이 꾸우꼬옹
qù Gùgōng
我想去故宫。
가다 자금성에
나는 쉬 고 싶어.
씨어우시
xiūxi
我想休息。
쉬다
나는 쇼핑하 고 싶어.
꾸앙찌에
guàngjiē
我想逛街。
쇼핑하다

패턴 파헤치기

1. '나는 영화 보고 싶어.', '나는 자금성에 가고 싶어.'와 같은 말처럼, '나는 ~(을/를) ~하고 싶어.'라고 자신의 소망이나 바람을 말하고 싶을 때에는 '我想+동사(+명사)'(Wǒ xiǎng)의 패턴으로 말하면 돼요. 여기서 想(xiǎng)은 동사 술어 앞에 쓰인 조동사로, 동사의 의미에 '하고 싶다'라는 의미를 더해줘요. 여기서 동사 뒤의 명사는 상황에 따라 생략 가능해요.

+플러스포인트 想을 '그리워하다'라는 뜻의 동사로 사용한 '我想+명사' 패턴과 구분해서 알아두세요.

예 Wǒ xiǎng kàn diànyǐng.
我想看电影。(我 想:조동사 看:동사 电影:명사) 나는 영화 보고 싶어. / Wǒ xiǎng nǐ.
我想你。(想:동사 你:대사) 나는 네가 그리워.

2. 다양한 대명사를 주어로 사용하여 부정문, 吗(ma) 의문문, 정반의문문, 吧(ba)를 사용한 추측 문장으로 말할 수 있어요.

예 Tā bù xiǎng kàn diànyǐng.
他不想看电影。 그는 영화 보고 싶어 하지 않아.

Tā xiǎng kàn diànyǐng ma?
她想看电影吗? 그녀는 영화 보고 싶어해?

Nǐ xiǎng bu xiǎng kàn diànyǐng?
你想不想看电影? 너는 영화 보고 싶어 안 보고 싶어?

Nǐmen xiǎng kàn diànyǐng ba?
你们想看电影吧? 너희는 영화 보고 싶지?

나는 [퇴근] 할 수 있어. ➜ 우어 Wǒ 我 (나는) 느엉 néng 能 (~할 수 있다) 씨아빠안 xiàbān [下班] (퇴근하다)。

我 能 빠앙마앙 bāngmáng [帮忙] (돕다)。

나는 [술을 마] 실 수 있어. ➜ 我 能 흐어 hē 찌어우 jiǔ [喝 酒] (마시다 술을)。

나는 [고수를 먹] 을 수 있어. ➜ 我 能 츠으 chī 씨앙차이 xiāngcài [吃 香菜] (먹다 고수를)。

패턴 파헤치기

1. '나는 퇴근할 수 있어.', '나는 도와줄 수 있어.' 와 같은 말처럼, '나는 ~(을/를) ~할 수 있어.'라고 말하고 싶을 때에는 '我能(Wǒ néng)+동사(+명사)'의 패턴으로 말하면 돼요. 이때 能(néng)은 동사 술어 앞에 쓰인 조동사로, 동사의 의미에 '할 수 있다'라는 의미를 더해줘요. 여기서 동사 뒤의 명사는 상황에 따라 생략 가능해요.

조동사 能(néng)은 상황적으로 가능해서 할 수 있거나, 자신이 본래 가지고 있는 능력으로서 할 수 있음을 나타내요.

예 Wǒ néng xiàbān.
我能下班。 나는 퇴근할 수 있어. (→ 상황적으로 퇴근이 가능하다는 의미)

Wǒ néng hē jiǔ.
我能喝酒。 나는 술을 마실 수 있어. (→ 상황적으로 술을 마실 수 있거나 본래 술을 마실 수 있다라는 의미로 모두 사용 가능)

2. 다양한 대명사를 주어로 사용하여 부정문, 吗(ma) 의문문, 정반의문문, 吧(ba)를 사용한 추측 문장으로 말할 수 있어요.

예 Wǒmen bù néng xiàbān.
我们不能下班。 우리는 퇴근할 수 없어.

Nǐ néng bu néng xiàbān?
你能不能下班? 너는 퇴근할 수 있어 없어?

Tā néng xiàbān ma?
她能下班吗? 그녀는 퇴근할 수 있어?

Nǐmen néng xiàbān ba?
你们能下班吧? 너희는 퇴근할 수 있지?

+플러스포인트 조동사 能의 부정형인 不能은 상황적으로 불가능해서 할 수 없음을 나타내요.

패턴으로 말문트기

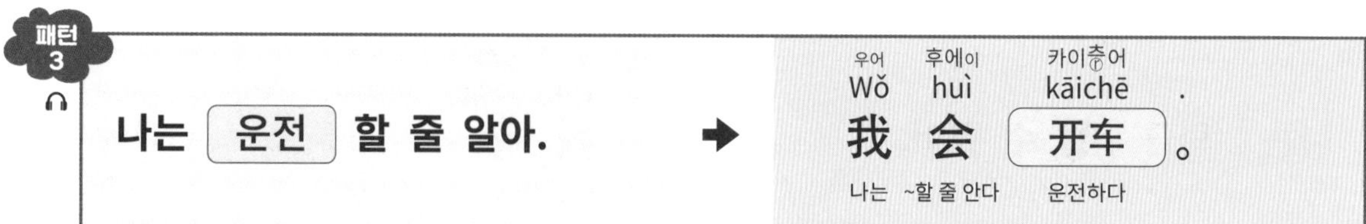

패턴 3
나는 운전 할 줄 알아.
우어 Wǒ 후에이 huì 카이츠ㅏ어 kāichē
我 会 开车。
나는 ~할 줄 안다 운전하다

나는 수영 할 줄 알아. → 我会 游泳 。

이어우이옹 yóuyǒng (游泳: 수영하다)

나는 중국어 말 할 줄 알아. → 我会 说汉语 。

쑤어 shuō (说: 말하다) 하안위이 Hànyǔ (汉语: 중국어를)

나는 축구 할 줄 알아. → 我会 踢足球 。

티이 tī (踢: 차다) 쭈우치어우 zúqiú (足球: 축구를)

패턴 파헤치기

1. '나는 운전할 줄 알아.', '나는 수영할 줄 알아.'와 같은 말처럼, '나는 ~(을/를) ~할 줄 알아.'를 말하고 싶을 때에는 '我会(Wǒ huì)+동사(+명사)'의 패턴으로 말하면 돼요. 이때 会(huì)는 동사 술어 앞에 쓰인 조동사로, 동사의 의미에 '할 줄 안다'라는 의미를 더해주는 역할을 해요. 여기서 동사 뒤의 명사는 상황에 따라 생략 가능해요.

   조동사 会(huì)는 배우고 익힌 결과 할 수 있게 된 능력을 나타내요.

2. 다양한 대명사를 주어로 사용하여 부정문, 吗(ma) 의문문, 정반의문문, 吧(ba)를 사용한 추측 문장으로 말할 수 있어요.

   예 Tā bú huì kāichē.
   他不会开车。 그는 운전할 줄 몰라.

   Tāmen huì kāichē ma?
   她们会开车吗？ 그녀들은 운전할 줄 알아?

   Nǐmen huì bu huì kāichē?
   你们会不会开车？ 너희는 운전할 줄 알아 몰라?

   Nǐ huì kāichē ba?
   你会开车吧？ 너는 운전할 줄 알지?

+플러스포인트 不会는 배우고 익힌 적이 없기 때문에 할 수 없음을 나타내요. 앞에서 배운 不能(bù néng)과 구별해서 알아 둬요.

예 Wǒ bú huì kāichē.
我不会开车。 나는 운전할 줄 몰라. (→ 운전 자체를 배운 적이 없어서 할 줄 모름을 나타냄)

Wǒ bù néng kāichē.
我不能开车。 나는 운전할 수 없어. (→ 운전을 할 줄은 알지만 음주 등 상황적으로 불가함을 나타냄)

나 [환불하]려고. → 우어 Wǒ 我 (나는) 이아오 yào 要 (~하려 한다) 투에이 쿠안 tuì kuǎn 退款 (환불하다)。

나 [늦잠 자]려고. → 我 要 쑤에이 라안찌아오 shuì lǎnjiào 睡 懒觉 (자다 늦잠을)。

나 [나가]려고. → 我 要 추우취 chūqu 出去 (나가다)。

나 [진료 받으]려고. → 我 要 카안 이이쓩엉 kàn yīshēng 看 医生 (보다 진료를)。

패턴 파헤치기

1. '나 환불하려고.', 나 늦잠 자려고.'와 같은 말처럼, 하고자 하는 의지를 담아 '나 ~하려고.'라는 말을 하고 싶을 때에는 '我要(Wǒ yào)+동사(+명사)'의 패턴으로 말하면 돼요. 이때 要(yào)는 동사 술어 앞에 쓰인 조동사로, 동사의 의미에 '하려고 한다'라는 의미를 더해줘요. 여기서 동사 뒤의 명사는 상황에 따라 생략 가능해요.

조동사 要(yào)는 동사 앞에 쓰여 주어의 의지를 나타내요. 의지를 강조하기 때문에 要를 사용하면 실제로 그 동작을 행할 가능성이 높아요. 따라서 가까운 미래에 하려고 하는 동작을 말할 때 자주 사용돼요.

+플러스포인트

1. 의지를 나타내는 조동사 要(yào)의 부정은 不 想(bù xiǎng)(~하고 싶지 않다)을 써요. 不要(bú yào)라고 하면 '~하지 마라'는 금지를 나타내요.

예 Wǒ bù xiǎng chūqu.
我不想出去。 나는 나가고 싶지 않아. (→ 의지를 나타내는 要의 부정)

Nǐ bú yào chūqu.
你不要出去。 너는 나가지 마. (→ 금지를 나타냄)

2. 조동사 要(yào)는 '~해야 한다'라는 뜻으로도 쓰여요. 이때의 반대말은 不用(búyòng, ~할 필요가 없다)이에요.

예 Nǐ yào qù xuéxiào.
你要去学校。 너는 학교에 가야 해.

Nǐ búyòng qù xuéxiào.
你不用去学校。 너는 학교에 갈 필요 없어.

실생활 회화 자동발사!

먼저 mp3를 들으며 대화의 분위기를 느껴보세요. 그 다음 따라 말해보세요.

1 퇴근하려다 쟈메이의 전화를 받은 수빈

쟈메이
우에이 씨어우삐인 니이 찌인우안 이어우 메이이어우 위에 우어먼 카안 띠엔이잉 바
Wéi, Xiùbīn, nǐ jīnwǎn yǒu méiyǒu yuē? Wǒmen kàn diànyǐng ba.
喂，秀彬，你今晚有没有约？我们看电影吧。

수빈
하오 우어 메이이어우 위에 우어 이에 씨앙 카안 띠엔이잉
Hǎo, wǒ méiyǒu yuē. Wǒ yě xiǎng kàn diànyǐng.
好，我没有约。我也想看电影。

쟈메이
니이 씨엔짜이 느엉 씨아빠안 마
Nǐ xiànzài néng xiàbān ma?
你现在能下班吗？

수빈
으엉 우어 씨엔짜이 이아오 씨아빠안
Èng. Wǒ xiànzài yào xiàbān.
嗯。我现在要下班。

쟈메이
나아 이이훠얼 찌엔
Nà yíhuìr jiàn.
那一会儿见。

→ 회화에서 흔히 쓰이는 표현이니 꼭 알아두세요.

실생활 회화 끊어 보기 p.219

1 쟈메이: 여보세요, 수빈아, 너 오늘 저녁에 약속 있어 없어? 우리 영화 보자.
수빈: 좋아, 나 약속 없어. 나도 영화 보고 싶어.
쟈메이: 너 지금 퇴근할 수 있어?
수빈: 응. 나 지금 퇴근할 거야.
쟈메이: 그럼 좀 이따 봐.

단어

喂 wéi 감 여보세요 **今晚** jīnwǎn 오늘 저녁
有 yǒu 동 있다 **没有** méiyǒu 동 없다 **看** kàn 동 보다
电影 diànyǐng 명 영화 **好** hǎo 형 좋다 **也** yě 부 ~도
想 xiǎng 조동 ~하고 싶다 **现在** xiànzài 명 지금
能 néng 조동 ~할 수 있다 **下班** xiàbān 동 퇴근하다
嗯 èng 감 응 **那** nà 접 그럼 **一会儿** yíhuìr 이따, 잠시
见 jiàn 동 보다

2 상하이에 출장 온 수빈, 샤오밍과 함께 외근을 나가려 한다.

수빈

씨아오미잉 우어 씨엔짜이 이아오 추우취 니이 느엉 이이치이 취이 마
Xiǎomíng, wǒ xiànzài yào chūqu, nǐ néng yìqǐ qù ma?
晓明，我现在要出去，你能一起去吗？

샤오밍

쓰으 더 우어 느엉 취이
Shì de, wǒ néng qù.
是的，我能去。

수빈

니이 후에이 카이츠어 마
Nǐ huì kāichē ma?
你会开车吗？

샤오밍

따앙르안 우어 느엉 카이츠어
Dāngrán, wǒ néng kāichē.
当然，我能开车。

수빈

하오 더
Hǎo de.
好的。

실생활 회화 끊어 보기 p.219

2 수빈: 샤오밍씨, 저 지금 나가려는데, 같이 갈 수 있어요?
샤오밍: 네, 갈 수 있어요.
수빈: 운전할 줄 알아요?
샤오밍: 물론이죠. 저 운전 할 수 있어요.
수빈: 좋아요.

단어
现在 xiànzài 명 지금 **出去** chūqu 동 나가다
能 néng 조동 ~할 수 있다 **一起** yìqǐ 부 같이
去 qù 동 가다 **会** huì 조동 ~할 줄 알다
开车 kāichē 동 운전하다
当然 dāngrán 부 당연히, 물론 **好的** hǎo de 좋다

연습문제로 실력 확인하기

mp3 바로 듣기

01
듣기 실력 향상

음성을 들으며 제시된 단어의 병음과 뜻을 써 보세요.

	병음	뜻
① 能		
② 会		
③ 想		
④ 要		
⑤ 下班		

02
HSK 듣기 유형

들려주는 음성의 내용이 사진과 일치하면 O, 불일치하면 X에 체크해 보세요.

①

O ☐ X ☐

②

O ☐ X ☐

03

HSK 독해 유형

빈칸에 들어갈 알맞은 단어를 보기에서 골라 써 보세요.

[보기]	xiǎng 想	yào 要	néng 能

① Tā bù 他不 (　　　) xiūxi. 休息。 그는 쉬고 싶지 않아.

② Wǒmen 我们 (　　　) xiàbān. 下班。 우리는 퇴근할 수 있어.

04

HSK 쓰기 유형

나열된 단어로 우리말 뜻에 맞는 중국어 문장을 완성해 보세요.

① shuì lǎnjiào 睡懒觉　wǒ 我　yào 要

______________________ 나 늦잠 자려고.

② huì bu huì 会不会　shuō Hànyǔ 说汉语　nǐmen 你们

______________________ 너희는 중국어 말할 줄 알아 몰라?

연습문제 정답 p.230

Day 14

우리 스타벅스 가서 커피 마시자.

우어먼 취이 씨잉빠아크어 흐어 카아ⓕ에이 바
Wǒmen qù Xīngbākè hē kāfēi ba.

我们去星巴克喝咖啡吧。

우리 스타벅스 가서 커피 마시자.
우어먼 취이 씨잉빠아크어 흐어 카아ⓕ에이 바
Wǒmen qù Xīngbākè hē kāfēi ba.
我们去星巴克喝咖啡吧。

COFFEE

좋아.
나 1+1 쿠폰 있어.

이런 말을 할 수 있어요.

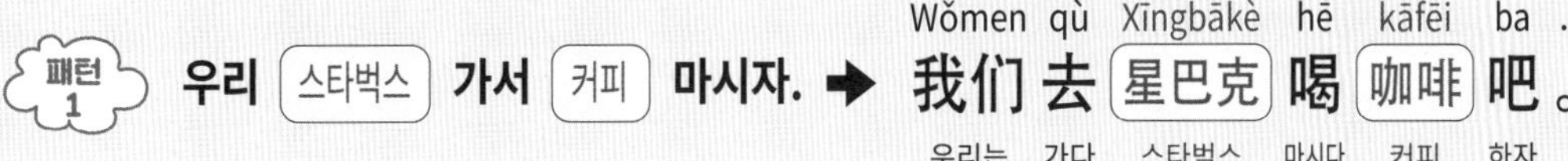

패턴 1 우리 스타벅스 가서 커피 마시자. ➡ 我们去星巴克喝咖啡吧。

우어먼 취이 씨잉빠아크어 흐어 카아ⓕ에이 바
Wǒmen qù Xīngbākè hē kāfēi ba.
우리는 가다 스타벅스 마시다 커피 하자

패턴 2 나 다이어트하는 중이야. ➡ 我正在减肥。

우어 쯔ⓡ엉짜이 찌엔ⓕ에이
Wǒ zhèngzài jiǎnféi.
나는 ~하는 중이다 다이어트하다

패턴 3 나는 자주 게임 해. ➡ 我常常玩游戏。

우어 츠ⓡ앙츠ⓡ앙 우안 이어우씨이
Wǒ chángcháng wán yóuxì.
나는 자주 하다 게임

패턴 4 나는 가끔 서점에 가. ➡ 我偶尔去书店。

우어 어우으얼 취이 쓔ⓡ우띠엔
Wǒ ǒu'ěr qù shūdiàn.
나는 가끔 가다 서점에

이번 Day에서는 '~하고 나서 ~한다', '~하는 중이다', '자주 ~한다', '가끔 ~한다'와 같은 문장을 말할 때 쓰이는 패턴을 배워볼 거예요. 오늘 학습을 마치면, 연속적으로 발생하는 두 개의 동작을 한 문장으로 쉽게 말할 수 있게 되고, 지금 하고 있는 동작이나 특정 동작을 얼마나 자주 하는지를 쉽게 전달할 수 있게 돼요.

패턴으로 말문트기

우리 [스타벅스] 가서 [커피] 마시자. → 우어먼 Wǒmen 我们 우리는 / 취이 qù 去 가다 / 씨잉빠아크어 Xīngbākè [星巴克] 스타벅스 / 흐어 hē 喝 마시다 / 카아ⓕ에이 kāfēi [咖啡] 커피 / 바 ba 吧。하자

우리 [주점] 가서 [맥주] 마시자. → 我们去 [酒吧](찌어우빠아 jiǔbā 주점) 喝 [啤酒](피이찌어우 píjiǔ 맥주) 吧。

우리 [카페] 가서 [차] 마시자. → 我们去 [咖啡厅](카아ⓕ에이티잉 kāfēitīng 카페) 喝 [茶](츠아 chá 차) 吧。

우리 [편의점] 가서 [얼음물] 사자. → 我们去 [便利店](삐엔리이띠엔 biànlìdiàn 편의점) 买(마이 mǎi 사다) [冰水](삐잉 쑤에이 bīng shuǐ 얼음물) 吧。

패턴 파헤치기

1. '우리 스타벅스 가서 커피 마시자.', '우리 주점 가서 맥주 마시자.'와 같은 말처럼, '우리 ~(에) 가서 ~(을/를) 마시자.'라고 말하고 싶을 때에는 '我们去(Wǒmen qù)+장소명사+喝(hē)+명사(마실 것)+吧(ba)'의 패턴으로 말하면 돼요. 동사 喝(hē) 대신 买(mǎi)를 써서 '우리 ~(에) 가서 ~(을/를) 사자.'라는 뜻의 문장으로도 말할 수 있어요.

이 패턴처럼 연속적으로 이어지는 동작을 순서대로 쓴 문장을 연동문이라고 해요. 연동문에서 동사의 순서는 동작의 발생 순서를 나타내요.

예 Wǒmen qù Xīngbākè hē kāfēi ba.
我们(우리) 去星巴克(스타벅스 가서) 喝咖啡(커피 마시) 吧(자)。 → 가는(去) 동작이 먼저 발생하고 그 다음 마시는(喝) 동작이 발생한다.

+플러스포인트

1. 연동문에서는 뒤에 쓰인 동사가 앞에 쓰인 동사의 목적을 나타내기도 해요.

예 Wǒmen qù Xīngbākè hē kāfēi ba.
我们(우리) 去星巴克(스타벅스에 가다) 喝咖啡(커피를 마시다) 吧(하자)。 우리 커피 마시러 스타벅스에 가자.

2. 연동문에서는 앞에 쓰인 동사가 수단이나 방법을 나타내기도 해요.

예 Wǒmen zuò huǒchē qù Yúnnán ba.
我们(우리) 坐火车(기차 타다) 去云南(윈난에 가다) 吧(하자)。 우리 기차 타고 윈난에 가자.

패턴 2

나 (다이어트하는) 중이야. → 우어 Wǒ 쯩엉짜이 zhèngzài 찌엔f에이 jiǎnféi.
我 正在 减肥。
나는 ~하는 중이다 다이어트하다

나 (운전하는) 중이야. 카이츠f어 kāichē
我 正在 开车。
운전하다

나 (운동하는) 중이야. → 위인또옹 yùndòng
我 正在 运动。
운동하다

나 (일자리를 찾는) 중이야. 쨔f오 꼬옹쭈어 zhǎo gōngzuò
我 正在 找工作。
일자리를 찾다

DAY 14

해커스 중국어 첫걸음

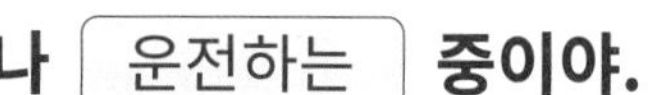

패턴 파헤치기

1. '나 다이어트하는 중이야.', '나 운전하는 중이야.'와 같은 말처럼, '나는 ~하는 중이야.'라고 말하고 싶을 때에는 '我正在(Wǒzhèngzài)+진행 중인 동작' 패턴으로 말하면 돼요. 正在(zhèngzài)는 '마침 ~하는 중이다'라는 뜻의 부사이며 동사 술어 앞에 쓰여 동작이 진행되고 있음을 나타내요.

+플러스포인트 중국어로 동작의 진행을 나타내는 방법은 아래와 같이 다양해요.

예 나는 다이어트하는 중이야.

Wǒ zhèngzài jiǎnféi.
我正在减肥。 → 동사 앞에 正在를 써요.

Wǒ zhèngzài jiǎnféi ne.
我正在减肥呢。 → 동사 앞에 正在를 쓰고 문장 끝에 呢를 붙여요.

Wǒ zhèng jiǎnféi ne.
我正减肥呢。 → 동사 앞에 正만 쓰고 문장 끝에 呢를 붙여요.

Wǒ zài jiǎnféi.
我在减肥。 → 동사 앞에 在를 써요.

Wǒ jiǎnféi ne.
我减肥呢。 → 문장 끝에 呢를 붙여요.

패턴으로 말문트기

나는 자주 게임 해. → 우어 Wǒ 我 나는 / 창창 chángcháng 常常 자주 / 우안 wán 玩 하다 / 이어우씨이 yóuxì 游戏 게임을.

나는 자주 햄버거를 먹어. → 我 常常 츠으 chī 吃 먹다 / 하안빠오빠오 hànbǎobāo 汉堡包 햄버거를。

나는 자주 피씨방에 가. → 我 常常 취이 qù 去 가다 / 우앙빠아 wǎngbā 网吧 피씨방에。

나는 자주 낮잠을 자. → 我 常常 쑤에이 shuì 睡 자다 / 우우찌아오 wǔjiào 午觉 낮잠을。

패턴 파헤치기

1. '나는 자주 게임 해.', '나는 자주 햄버거를 먹어.'와 같은 말처럼, '나는 자주 ~(을/를) ~해.'라고 말하고 싶을 때에는 '我 常常(Wǒ chángcháng) + 자주 하는 동작' 패턴으로 말하면 돼요. 常常(chángcháng)은 '자주'라는 뜻의 부사로 동사 앞에 쓰여요.

2. 다양한 대명사를 주어로 사용하여 부정문, 吗(ma) 의문문, 吧(ba)를 사용한 추측 문장으로 말할 수 있어요. 참고로 부정문은 不常常(bù chángcháng)이 아닌 不常(bù cháng)으로 말하고, 부사 常常(chángcháng)을 포함한 문장은 정반의문문으로 잘 사용되지 않아요.

예 Tā bù cháng wán yóuxì.
他不常玩游戏。 그는 게임을 자주 하지 않아.

Nǐmen chángcháng wán yóuxì ma?
你们常常玩游戏吗? 너희 자주 게임 해?

Nǐ chángcháng wán yóuxì ba?
你常常玩游戏吧? 너는 자주 게임 하지?

+플러스포인트 '자주 ~하지 않는다'라고 부정문으로 말하고 싶을 때에는 **不常常**(bùchángcháng)이 아닌 **不常**(bùcháng)을 자주 써요.

예 Wǒ bù cháng wán yóuxì.
我不常玩游戏。 나는 게임을 자주 하지 않아.

패턴 4

나는 가끔 [서점에 가].

→ Wǒ ǒu'ěr qù shūdiàn.
我偶尔[去 书店]。
나는 가끔 가다 서점에

나는 가끔 [늦어].

chídào
我偶尔[迟到]。
늦다

나는 가끔 [소설을 읽어].

→ dú xiǎoshuō
我偶尔[读 小说]。
읽다 소설을

나는 가끔 [배달음식을 시켜].

diǎn wàimài
我偶尔[点 外卖]。
시키다 배달음식을

패턴 파헤치기

1. '나는 가끔 서점에 가.', '나는 가끔 늦어.'와 같은 말처럼, '나는 가끔 ~(을/를) ~해.'라고 말하고 싶을 때에는 '我(Wǒ) 偶尔(ǒu'ěr)+가끔 하는 동작' 패턴으로 말하면 돼요. 偶尔(ǒu'ěr)은 '가끔'이라는 뜻의 부사로 동사 앞에 쓰여요.

2. 다양한 대명사를 주어로 사용하여 吗(ma) 의문문, 吧(ba)를 사용한 추측 문장으로 말할 수 있어요. 참고로 부사 偶尔(ǒu'ěr)을 포함한 문장은 不(bù)를 사용한 부정문이나 정반의문문으로는 잘 사용되지 않아요.

예 Nǐ ǒu'ěr qù shūdiàn ma?
你偶尔去书店吗? 너는 가끔 서점에 가?

Tā ǒu'ěr qù shūdiàn ba?
她偶尔去书店吧? 그녀는 가끔 서점에 가지?

+플러스포인트 偶尔(ǒu'ěr, 가끔)의 반대말은 常常(chángcháng, 자주)이나 经常(jīngcháng, 늘)이에요.

예 Wǒ chángcháng qù shūdiàn.
我常常去书店。 나는 자주 서점에 가.

Wǒ jīngcháng qù shūdiàn.
我经常去书店。 나는 늘 서점에 가.

실생활 회화 자동발사!

먼저 mp3를 들으며 대화의 분위기를 느껴보세요. 그 다음 따라 말해보세요.

1 북경에서 오랜만에 만나 같이 식사 중인 수빈과 샤오밍

샤오밍

씨어우삐인 니이 뿌우 츠ⓡ으 러 마
Xiùbīn, nǐ bù chī le ma?
秀彬，你不吃了吗？

'그만 먹는거야?', '더 안 먹어?'라는 뜻으로 회화에서 자주 쓰여요.

수빈

우어 쯔ⓡ엉짜이 찌엔ⓕ에이
Wǒ zhèngzài jiǎnféi.
我正在减肥。

샤오밍

쯔ⓡ언 더 마
Zhēn de ma?
真的吗？

수빈

으엉 우어 메이 티엔 위인또옹 으얼치에 우어 뿌우 츠ⓡ으 우안ⓕ아안
Èng, wǒ měi tiān yùndòng. Érqiě wǒ bù chī wǎnfàn.
嗯，我每天运动。而且我不吃晚饭。

샤오밍

니이 뿌우 으어 마
Nǐ bú è ma?
你不饿吗？

수빈

우어 흐언 으어 따안쓰ⓡ으 이아오 르ⓡ언쭈ⓡ우
Wǒ hěn è, dànshì yào rěnzhù.
我很饿，但是要忍住。

실생활 회화 끊어 보기 p.220

1 샤오밍: 수빈씨, 더 안 드세요?
수빈: 저 다이어트하는 중이에요.
샤오밍: 정말요?
수빈: 네, 저 매일 운동해요. 게다가 저녁을 안 먹어요.
샤오밍: 배고프지 않아요?
수빈: 배고파요, 하지만 참아야 해요.

단어

正在 zhèngzài 부 ~하는 중이다
减肥 jiǎnféi 동 다이어트하다 **真的** zhēn de 정말
每天 měi tiān 매일 **运动** yùndòng 동 운동하다
而且 érqiě 접 게다가 **吃** chī 동 먹다
晚饭 wǎnfàn 명 저녁(밥) **饿** è 형 배고프다
要 yào 동 ~해야 한다 **但是** dànshì 접 하지만
忍住 rěnzhù 참다

2 더운 여름날 함께 길을 걷고 있는 쟈메이와 밍허

쟈메이

아 우어 타이 르ⓡ어 러
A, wǒ tài rè le.
啊，我太热了。

밍허

우어 타이 크어 러 우어 씨앙 흐어 삐잉 쓔ⓡ에이
Wǒ tài kě le. Wǒ xiǎng hē bīng shuǐ.
我太渴了。我想喝冰水。

쟈메이

우어먼 취이 씨잉빠아크어 흐어 삐잉 메이쓰ⓡ으 바
Wǒmen qù Xīngbākè hē bīng měishì ba.
我们去星巴克喝冰美式吧。

밍허

씨잉빠아크어 타이 위엔 러 우어먼 씨엔 취이 삐엔리이띠엔 마이 삐잉 쓔ⓡ에이 바
Xīngbākè tài yuǎn le. Wǒmen xiān qù biànlìdiàn mǎi bīng shuǐ ba.
星巴克太远了。我们先去便利店买冰水吧。

쟈메이

하오 더 하오 더
Hǎo de hǎo de.
好的好的。

실생활 회화 끊어 보기 p.220

2 쟈메이: 아, 너무 덥다.
밍허: 나는 목이 너무 말라. 얼음물 마시고 싶어.
쟈메이: 우리 스타벅스 가서 아이스 아메리카노 마시자.
밍허: 스타벅스는 너무 멀어. 우리 먼저 편의점 가서 얼음물 사자.
쟈메이: 그래그래.

단어
啊 a 감 아[감탄을 나타내는 말] 太…了 tài…le 너무 ~하다
热 rè 형 덥다 渴 kě 형 목마르다 喝 hē 동 마시다
冰水 bīng shuǐ 명 얼음물 星巴克 Xīngbākè 고유 스타벅스
冰美式 bīng měishì 명 아이스 아메리카노
远 yuǎn 형 멀다 先 xiān 부 먼저
便利店 biànlìdiàn 명 편의점 买 mǎi 동 사다

연습문제로 실력 확인하기

mp3 바로 듣기

01

듣기 실력 향상

음성을 들으며 제시된 단어의 병음과 뜻을 써 보세요.

	병음	뜻
① 运动		
② 开车		
③ 啤酒		
④ 便利店		
⑤ 咖啡厅		

02

HSK 듣기 유형

들려주는 음성의 내용이 사진과 일치하면 O, 불일치하면 X에 체크해 보세요.

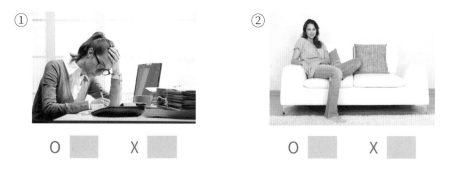

①

O X

②

O X

03

HSK 독해 유형

빈칸에 들어갈 알맞은 단어를 보기에서 골라 써 보세요.

[보기]	zhèngzài 正在	ǒu'ěr 偶尔	bù cháng 不常

① Wǒ 我 (　　　) zhǎo gōngzuò. 找工作。 나 일자리를 찾는 중이야.

② Nǐ 你 (　　　) qù shūdiàn ba? 去书店吧? 너는 가끔 서점에 가지?

HSK 쓰기 유형

나열된 단어로 우리말 뜻에 맞는 중국어 문장을 완성해 보세요.

① diǎn wàimài 点外卖　chángcháng 常常　wǒ 我

________________________ 나는 자주 배달음식을 시켜.

② zuò huǒchē 坐火车　qù Yúnnán ba 去云南吧　wǒmen 我们

________________________ 우리 기차 타고 윈난에 가자.

연습문제 정답 p.230

Day 15

기다려 보세요.

니이 뜨엉 이이씨아
Nǐ děng yíxià.

한 번에 학습하기

기다려 보세요.
니이 뜨엉 이이씨아
Nǐ děng yíxià.
你等一下。

새싹이 언제 나올까요?

이런 말을 할 수 있어요.

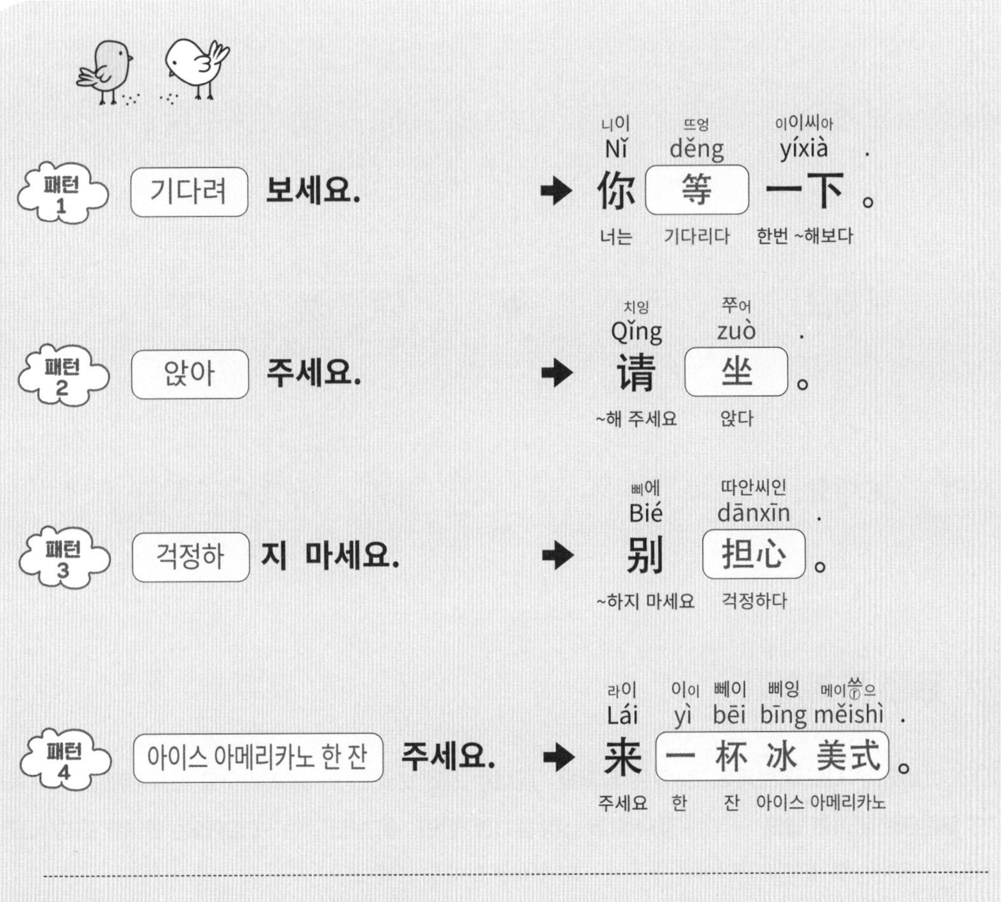

패턴 1
기다려 보세요.
니이 뜨엉 이이씨아
Nǐ děng yíxià.
你 等 一下。
너는 기다리다 한번 ~해보다
패턴 2
앉아 주세요.
치잉 쭈어
Qǐng zuò.
请 坐。
~해 주세요 앉다
패턴 3
걱정하 지 마세요.
삐에 따안씨인
Bié dānxīn.
别 担心。
~하지 마세요 걱정하다
패턴 4
아이스 아메리카노 한 잔 주세요.
라이 이이 뻬이 삐잉 메이쓰으
Lái yì bēi bīng měishì.
来 一 杯 冰 美式。
주세요 한 잔 아이스 아메리카노

이번 Day에서는 일상 회화에서 정말 흔하게 사용하는 쉽고 간단한 문장 패턴을 배워 볼 거예요. 오늘 학습을 마치면, '~해 보세요', '~해 주세요', '~하지 마세요', '(메뉴 명) 주세요'와 같은 말을 쉽게 할 수 있게 돼요.

패턴으로 말문트기

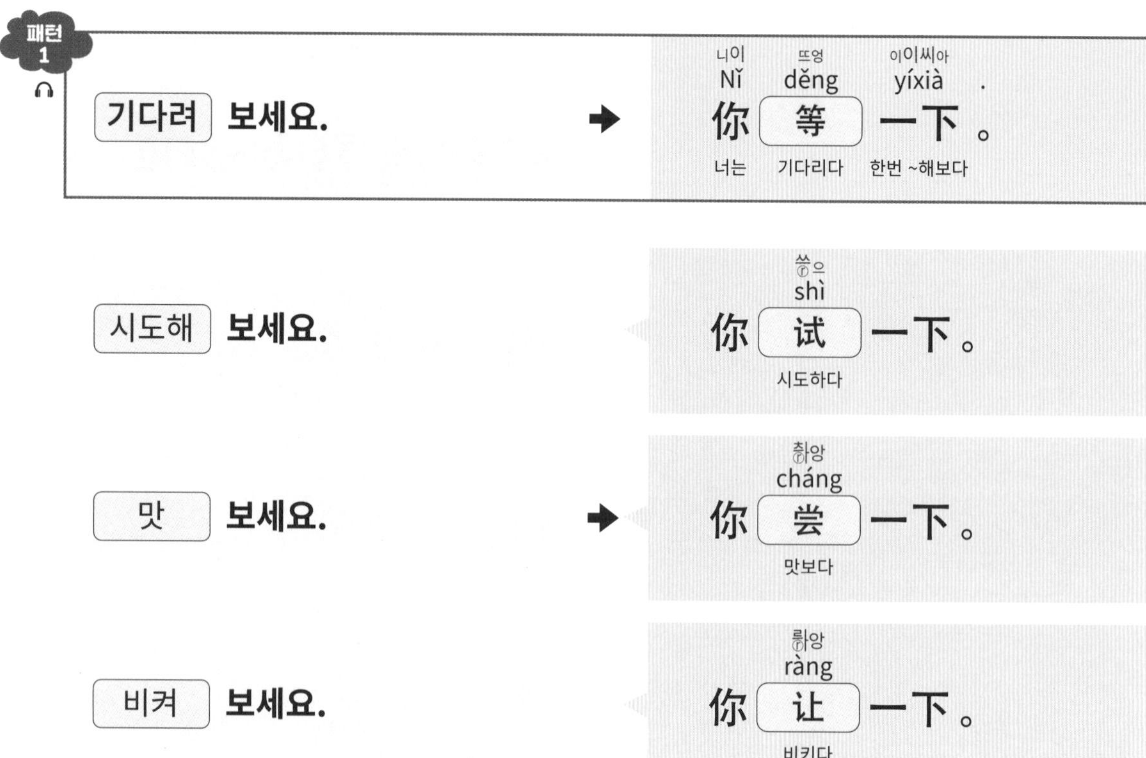

패턴 1
기다려 보세요.
Nǐ děng yíxià.
你 等 一下。
너는 기다리다 한번 ~해보다
시도해 보세요.
shì
你 试 一下。
시도하다
맛 보세요.
cháng
你 尝 一下。
맛보다
비켜 보세요.
ràng
你 让 一下。
비키다

패턴 파헤치기

1. '기다려 보세요.', '시도해 보세요.'와 같은 말처럼, '(한번) ~ 해 보세요.'와 같이 말하고 싶을 때에는 '你(Nǐ)+동사+一下(yíxià)' 패턴으로 말하면 돼요. 一下(yíxià)는 동사 뒤에 쓰여 동사에 '한번 ~해 보다', '좀 ~하다'라는 의미를 더해 줘요.

회화에서는 동사 앞의 주어를 생략하여 '동사+一下' 형태로도 자주 쓰여요.

예 Děng yíxià.
等一下。 기다려 보세요.

Shì yíxià.
试一下。 시도해 보세요.

Cháng yíxià.
尝一下。 맛보세요.

Ràng yíxià.
让一下。 비켜 보세요.

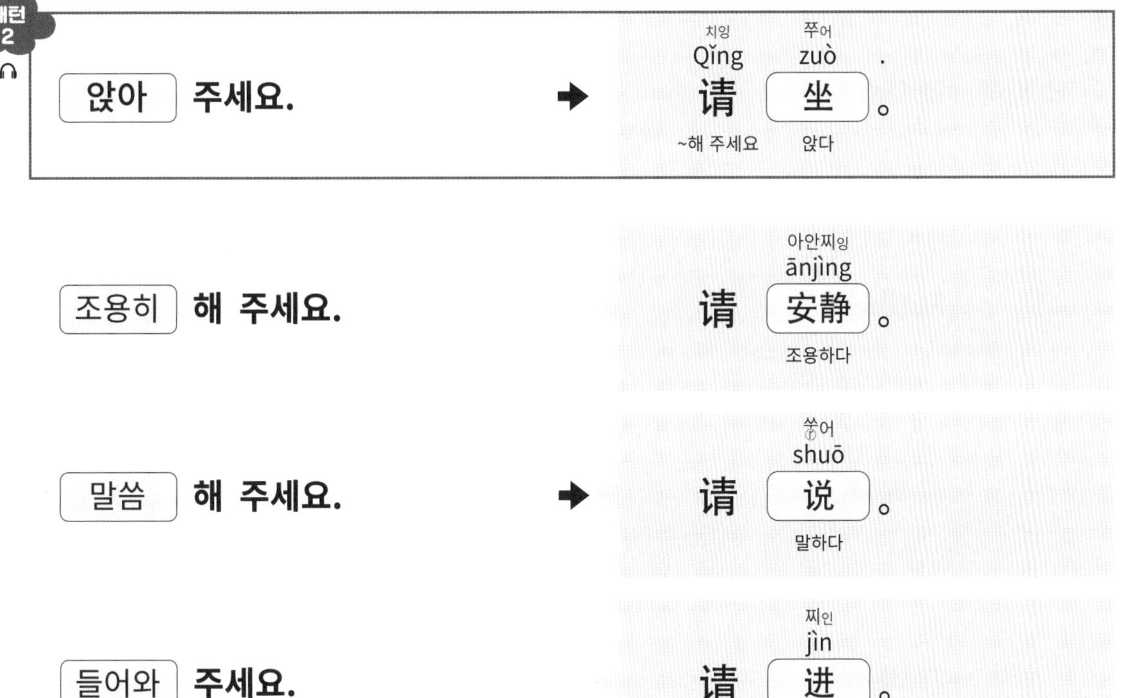

패턴 2
앉아 주세요.
치잉 Qǐng 请 ~해 주세요
쭈어 zuò 坐 앉다
조용히 해 주세요.
아안찌잉 ānjìng 请 安静。 조용하다
말씀 해 주세요.
쑤어 shuō 请 说。 말하다
들어와 주세요.
찌인 jìn 请 进。 들어오다

DAY 15

해커스 중국어 첫걸음

패턴 파헤치기

1. **'앉아 주세요.', '조용히 해 주세요.'와 같은 말처럼, 상대에게 공손하게 어떤 일을 부탁하거나 요청할 때에는 '请(Qǐng)+동사' 패턴으로 말하면 돼요.**

+플러스포인트 请(qǐng)으로 시작하는 대표적인 회화 표현에는 请问(qǐng wèn)이 있어요. 직역하면 '묻게 해주세요.'인데, '말씀 좀 물을게요.'라는 의미로 사용돼요.

Qǐng wèn.
请问。 말씀 좀 물을게요.

패턴으로 말문트기

패턴 3

[걱정하] 지 마세요.	→	삐에 Bié 别 ~하지 마세요 / 따안씨인 dānxīn [担心] 걱정하다 。
[가] 지 마세요.		别 / 쩌우 zǒu [走] 가다 。
[잊] 지 마세요.	→	别 / 우앙찌이 wàngjì [忘记] 잊다 。
[말하] 지 마세요.		别 / 쑤어후아 shuōhuà [说话] 말하다 。

패턴 파헤치기

1. **'걱정하지 마세요.', '가지 마세요.'와 같은 말처럼, '~ 하지 마세요.'와 같이 말하고 싶을 때에는 '别(Bié)+동사' 패턴으로 말하면 돼요.**

   别(bié)는 '~하지 마라'라는 뜻으로, 别 다음에 바로 동사를 붙이면 상대방에게 특정 동작을 하지 말아달라고 요청하는 말로 사용할 수 있어요.

+플러스포인트 别(bié) 다음에 바로 형용사를 쓰면 상대방에게 특정 상태가 되지 않도록 당부하는 뉘앙스를 전달할 수 있어요.

예 Bié jǐnzhāng.
别紧张。 긴장하지 마세요.
(紧张 ↓ 형용사)

Bié zháojí.
别着急。 서두르지 마세요.
(着急 ↓ 형용사)

아이스 아메리카노 한 잔 **주세요.** ➔ 라이 Lái 来 이이 yì 一 뻬이 bēi 杯 삥잉 bīng 冰 메이쓰ⓡ으 měishì 美式。
주세요 한 잔 아이스 아메리카노

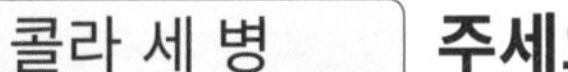

주세요.

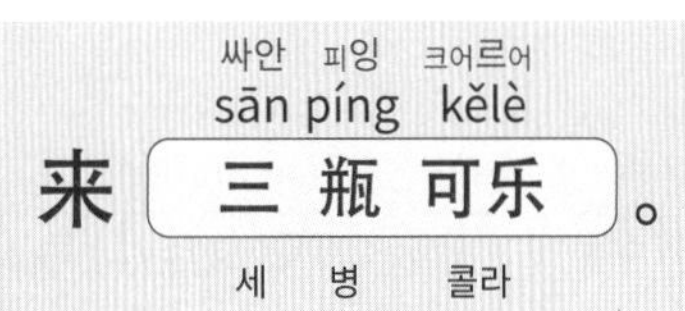

싸안 피잉 크어르어
sān píng kělè
来 三 瓶 可乐。
세 병 콜라

피자 한 판 **주세요.** ➔

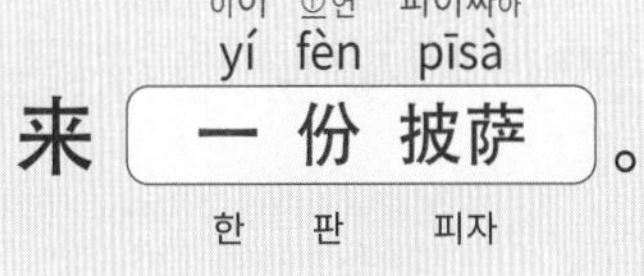

이이 ⓕ언 피이싸아
yí fèn pīsà
来 一 份 披萨。
한 판 피자

계란 후라이 두 개 **주세요.**

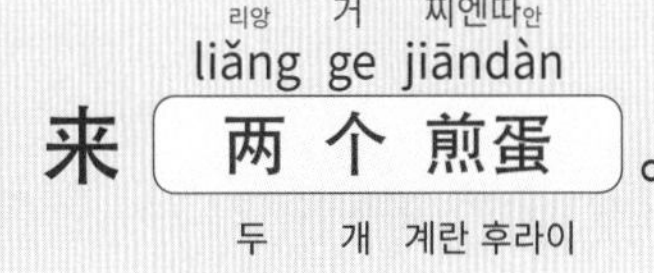

리앙 거 찌엔따안
liǎng ge jiāndàn
来 两 个 煎蛋。
두 개 계란 후라이

패턴 파헤치기

1. '아이스 아메리카노 한 잔 주세요.', '콜라 세 병 주세요.'와 같은 말처럼, 식당에서 음식을 주문할 때에는 '来(Lái)+숫자+세는 단위+명사(음식)' 패턴으로 말하면 돼요. 여기서 来(lái)는 '~ 주세요'라는 뜻으로 식당에서 음식을 주문할 때 쓰이는 구어적 표현이에요.

+플러스포인트

1. 우리 말 '한 잔'의 '잔', '한 병'의 '병', '한 판'의 '판', '한 개'의 '개'처럼, 명사의 종류에 따라 세는 단위가 다르듯이 중국어도 명사에 따라 세는 단위가 달라요. 이러한 단위 표현을 양사라고 해요.

yì bēi **一杯** 한 잔 yì píng **一瓶** 한 병 yí fèn **一份** 한 판 yí ge **一个** 한 개

2. 우리말은 '아이스 아메리카노 한 잔'과 같이 '명사+수사+양사'의 순서로 말하지만, 중국어는 '한 잔 아이스 아메리카노'와 같이 '수사+양사+명사'의 순서로 말한다는 점을 알아두세요. 숫자 말하는 법과 개수를 말하는 법은 부록(p.236~238)에서 학습할 수 있어요.

예
한국어 아이스 아메리카노(↓ 명사) 한(↓ 수사) 잔(↓ 양사)

중국어 yì 一(한 ↓ 수사) bēi 杯(잔 ↓ 양사) bīng měishì. 冰美式。(아이스 아메리카노 ↓ 명사)

실생활 회화 자동발사!

먼저 mp3를 들으며 대화의 분위기를 느껴보세요. 그 다음 따라 말해보세요.

1 북경의 관광안내소에서 문의 중인 수빈

수빈
치잉우언 티엔아안ㅁ언 쯔언머 쩌우
Qǐng wèn. Tiān'ānmén zěnme zǒu?
请问。天安门怎么走？

직원
니이 뜨엉 이이씨아 티엔아안ㅁ언 마
Nǐ děng yíxià. Tiān'ānmén ma?
你等一下。天安门吗？

수빈
쓰ⓡ으 더 우어 이야오 쭈어 띠이티에 마
Shì de, wǒ yào zuò dìtiě ma?
是的，我要坐地铁吗？

직원
쓰ⓡ으 더 띠이티에 흐언 ⓕ아앙삐엔
Shì de, dìtiě hěn fāngbiàn.
是的，地铁很方便。

수빈
띠이티에쫘ⓡ안 짜이 나알
Dìtiězhàn zài nǎr?
地铁站在哪儿？

직원
띠이티에쫘ⓡ안 짜이 이어우비엔
Dìtiězhàn zài yòubian.
地铁站在右边。

실생활 회화 끊어 보기 p.221

1 수빈: 말씀 좀 물을게요. 천안문 어떻게 가요?
직원: 기다려 보세요. 천안문이요?
수빈: 네, 지하철 타야 할까요?
직원: 네, 지하철이 편해요.
수빈: 지하철역은 어디에 있어요?
직원: 지하철역은 우측에 있어요.

단어

请问 qǐng wèn 동 말씀 좀 물을게요
天安门 Tiān'ānmén 고유 천안문 **怎么** zěnme 대 어떻게
走 zǒu 동 가다 **等** děng 동 기다리다
要 yào 조동 ~해야 한다 **坐** zuò 동 타다
地铁 dìtiě 명 지하철 **方便** fāngbiàn 형 편하다
地铁站 dìtiězhàn 명 지하철역 **哪儿** nǎr 대 어디
右边 yòubian 명 우측

2 이탈리안 식당에 간 쟈메이와 수빈

수빈

니이 씨앙 츠으 쓴언머
Nǐ xiǎng chī shénme?
你想吃什么?

쟈메이

우어 씨앙 츠으 피이싸아
Wǒ xiǎng chī pīsà.
我想吃披萨。

수빈

우어 이에 쓰으 이인리아오 너
Wǒ yě shì. Yǐnliào ne?
我也是。饮料呢?

쟈메이

우어 씨앙 흐어 크어르어
Wǒ xiǎng hē kělè.
我想喝可乐。

수빈

우우우우위엔 라이 이이 으언 피이싸아 흐어 이이 피잉 크어르어
Fúwùyuán, lái yí fèn pīsà hé yì píng kělè.
服务员，来一份披萨和一瓶可乐。

→ 중국의 식당에서는 식당 직원을 부를 때 "종업원~!"이라고 불러요.

실생활 회화 끊어 보기 p.221

2 수빈: 너 뭐 먹고 싶어?
쟈메이: 나는 피자 먹고 싶어.
수빈: 나도. 음료는?
쟈메이: 나는 콜라 마시고 싶어.
수빈: 여기요, 피자 한 판이랑 콜라 한 병 주세요.

단어

想 xiǎng 조동 ~하고 싶다 **吃** chī 동 먹다
什么 shénme 대 무엇 **披萨** pīsà 명 피자 **也** yě 부 ~도
饮料 yǐnliào 명 음료 **喝** hē 동 마시다 **可乐** kělè 명 콜라
服务员 fúwùyuán 명 종업원 **份** fèn 양 판, 개
瓶 píng 양 병

연습문제로 실력 확인하기

mp3 바로 듣기

01

듣기 실력 향상

음성을 들으며 제시된 단어의 병음과 뜻을 써 보세요.

	병음	뜻
① 试		
② 担心		
③ 安静		
④ 说话		
⑤ 冰美式		

02

HSK 듣기 유형

들려주는 음성의 내용이 사진과 일치하면 O, 불일치하면 X에 체크해 보세요.

①

O ☐ X ☐

②

O ☐ X ☐

HSK 독해 유형

빈칸에 들어갈 알맞은 단어를 보기에서 골라 써 보세요.

[보기] bié 别 děng 等 ràng 让

① Nǐ 你 (　　　) yíxià. 一下。 비켜 보세요.

② (　　　) zháojí. 着急。 서두르지 마세요.

HSK 쓰기 유형

나열된 단어로 우리말 뜻에 맞는 중국어 문장을 완성해 보세요.

① cháng 尝 yíxià 一下 nǐ 你

________________ 맛보세요.

② pīsà 披萨 lái 来 yí fèn 一份

________________ 피자 한 판 주세요.

연습문제 정답 p.230

Day 16

오늘은 월요일이야.

찌인티엔　　씨잉치이이이

Jīntiān　　xīngqīyī.

今天星期一。

한 번에 학습하기

오늘은 월요일이야.

찌인티엔　씨잉치이이이

Jīntiān　xīngqīyī.

今天星期一。

오늘 일요일 아니야?

이런 말을 할 수 있어요.

오늘은 [월요일] 이야. ➜ 今天星期一。
(찌인티엔 Jīntiān 오늘은 / 씨잉치이이이 xīngqīyī 월요일)

오늘은 [화요일] 이 아니야. ➜ 今天不是星期二。
(찌인티엔 Jīntiān 오늘은 / 뿌우 쓰으 bú shì ~이 아니다 / 씨잉치이으얼 xīngqī'èr 화요일)

오늘은 [수요일] 이야? ➜ 今天星期三吗?
(찌인티엔 Jīntiān 오늘은 / 씨잉치이싸안 xīngqīsān 수요일 / 마 ma? 니?)

오늘은 [목요일] 이 아니야? ➜ 今天不是星期四吗?
(찌인티엔 Jīntiān 오늘은 / 뿌우 쓰으 bú shì ~이 아니다 / 씨잉치이쓰으 xīngqīsì 목요일 / 마 ma? 니?)

이번 Day에서는 요일을 나타내는 표현을 사용하여, '오늘은 월요일이다.', '오늘은 월요일이 아니다.', '오늘이 월요일이야?', '오늘 월요일이 아니야?'와 같은 말을 할 수 있는 문장 패턴을 배워볼 거예요. 오늘 학습을 마치면, 요일과 관련된 여러 문장들을 쉽게 말할 수 있어요.

패턴으로 말문트기

mp3 바로 듣기

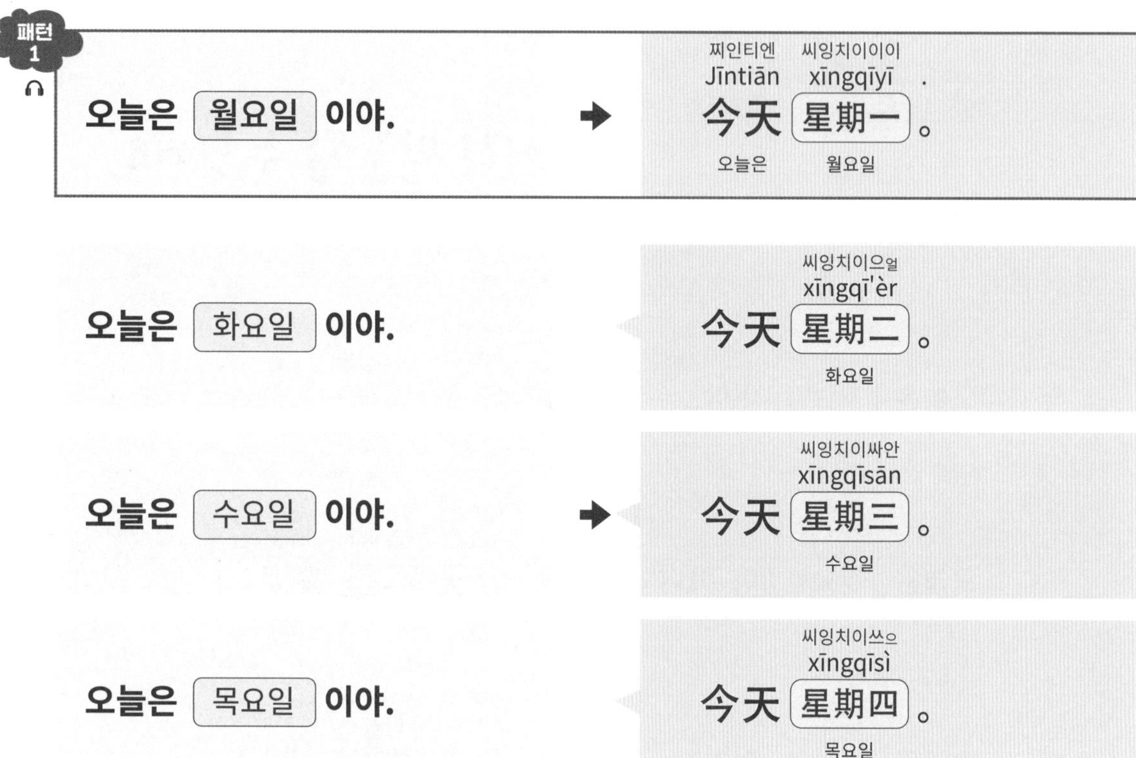

패턴 1
오늘은 월요일 이야.
찌인티엔 씨잉치이이이
Jīntiān xīngqīyī.
今天 星期一。
오늘은 월요일
오늘은 화요일 이야.
씨잉치이으얼
xīngqī'èr
今天 星期二。
화요일
오늘은 수요일 이야.
씨잉치이싸안
xīngqīsān
今天 星期三。
수요일
오늘은 목요일 이야.
씨잉치이쓰으
xīngqīsì
今天 星期四。
목요일

패턴 파헤치기

1. '오늘은 월요일이야.', '오늘은 화요일이야.'와 같은 말처럼, 오늘이 무슨 요일인지 말하고 싶을 때에는 '今天星期(Jīntiān xīngqī)+숫자' 패턴으로 말하면 돼요. 今天(jīntiān)은 '오늘', 星期(xīngqī)는 '요일'이라는 뜻이고, 맨 끝에 각 요일에 해당하는 숫자를 넣어서 말하면 돼요. 요일 말하는 법은 부록(p.241)에서 학습할 수 있어요.

2. 이 패턴은 요일을 나타내는 명사가 문장의 술어로 쓰인 명사 술어문이에요. 중국어에서는 동사나 형용사가 아닌 명사(구)도 술어로 쓰일 수 있어요. 주로 숫자를 사용하는 요일, 날짜, 시간, 나이, 키 등을 나타내는 명사(구)가 명사 술어문으로 쓰여요. '~이다'라고 해석되지만 동사 是(shì)을 잘 사용하지 않아요.

예 Jīntiān xīngqīyī.
今天 星期一。 오늘은 월요일이야.
↓ 주어 ↓ 술어(명사) ➡ 명사 술어문

+플러스포인트 星期(xīngqī, 요일) 뒤에 의문사 几(jǐ, 몇)를 붙여 말하면 요일을 묻는 의문문이 돼요.

예 Jīntiān xīngqī jǐ
A: 今天星期几? 오늘은 무슨 요일이야?

Jīntiān xīngqīyī.
B: 今天星期一。 오늘은 월요일이야.

오늘은 화요일 이 아니야. → 今天 不是 星期二。
찌인티엔 Jīntiān 今天 오늘은 / 뿌우 쓸 bú shì 不是 ~이 아니다 / 씨잉치이으얼 xīngqī'èr 星期二 화요일

오늘은 수요일 이 아니야. → 今天 不是 星期三。
씨잉치이싸안 xīngqīsān 星期三 수요일

오늘은 목요일 이 아니야. → 今天 不是 星期四。
씨잉치이쓰으 xīngqīsì 星期四 목요일

오늘은 금요일 이 아니야. → 今天 不是 星期五。
씨잉치이우우 xīngqīwǔ 星期五 금요일

DAY 16

해커스 중국어 첫걸음

패턴 파헤치기

1. **'오늘은 화요일이 아니야.', '오늘은 수요일이 아니야.'와 같은 말처럼, 오늘은 특정 요일이 아니라고 말하고 싶을 때에는 '今天不是星期+숫자'(Jīntiān bú shì xīngqī) 패턴으로 말하면 돼요. 명사 술어문의 부정문이에요.**

   앞서 익힌 '**今天星期**+숫자' 패턴에서 요일을 나타내는 명사 '**星期**+숫자' 앞에 **不是**(bú shì, ~이 아니다)을 붙이면 부정문이 돼요. 참고로, 이 문장은 동사 **是**이 술어로 쓰인 동사 술어문이에요.

   예 Jīntiān xīngqī'èr. 今天星期二。 오늘은 화요일이야. → Jīntiān **bú shì** xīngqī'èr. 今天**不是**星期二。 오늘은 화요일**이 아니야**.

패턴으로 말문트기

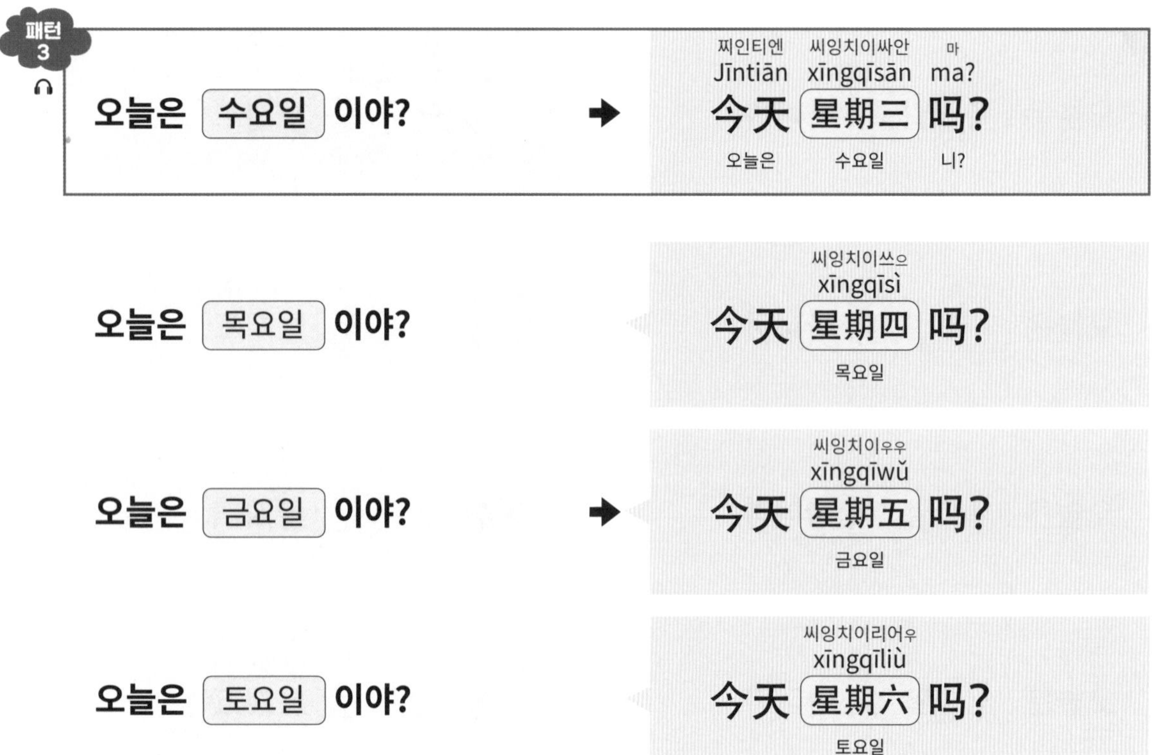

패턴 3

오늘은 수요일 이야? → 今天星期三吗?
(찌인티엔 씨잉치이싸안 마 / Jīntiān xīngqīsān ma? / 오늘은 수요일 니?)

오늘은 목요일 이야? → 今天星期四吗?
(씨잉치이쓰으 / xīngqīsì / 목요일)

오늘은 금요일 이야? → 今天星期五吗?
(씨잉치이우우 / xīngqīwǔ / 금요일)

오늘은 토요일 이야? → 今天星期六吗?
(씨잉치이리어우 / xīngqīliù / 토요일)

패턴 파헤치기

1. **'오늘은 수요일이야?', '오늘은 목요일이야?'와 같은 말처럼, 오늘이 특정 요일이냐고 물어보고 싶을 때에는 '今天(Jīntiān) 星期(xīngqī)+숫자+吗(ma)?' 패턴으로 말하면 돼요.**

명사 술어문을 吗 의문문으로 만들 때에는 문장 끝에 吗?(ma)만 붙여주면 돼요.

예 Jīntiān xīngqīsān.
今天星期三。 오늘은 수요일이야. → Jīntiān xīngqīsān ma? 今天星期三吗? 오늘이 수요일이야?

오늘은 [목요일] 이 아니야? →
찌인티엔 뿌우 쓰으 씨잉치이쓰으 마
Jīntiān bú shì xīngqīsì ma?
今天 不是 [星期四] 吗?
오늘은 ~이 아니다 목요일 니?

오늘은 [금요일] 이 아니야?
씨잉치이우우
xīngqīwǔ
今天 不是 [星期五] 吗?
금요일

오늘은 [토요일] 이 아니야? →
씨잉치이리어우
xīngqīliù
今天 不是 [星期六] 吗?
토요일

오늘은 [일요일] 이 아니야?
씨잉치이티엔
xīngqītiān
今天 不是 [星期天] 吗?
일요일

DAY 16

해커스 중국어 첫걸음

패턴 파헤치기

1. **'오늘은 목요일이 아니야?', '오늘은 금요일이 아니야?'와 같은 말처럼, 오늘이 특정 요일이 아니냐고 물어보고 싶을 때에는 '今天不是星期+숫자+吗?' 패턴으로 말하면 돼요.** (Jīntiān bú shì xīngqī ... ma)

명사 술어문의 명사(구) 앞에 **不是**(bú shì, ~이 아니다)을 붙이고 문장 끝에 **吗?**(ma)를 붙여주면 '~은 ~이 아니야?' 하고 반문하는 문장을 만들 수 있어요.

예 Jīntiān xīngqīsì.
今天星期四。 오늘은 목요일이야. → Jīntiān bú shì xīngqīsì ma? 今天不是星期四吗? 오늘 목요일이 아니야?

+플러스포인트 정반의문문(**是不是**~?)의 형태로도 물을 수도 있어요. 정반의문문이므로 문장 끝에 **吗**를 쓰지 않아요.

예 Jīntiān shì bu shì xīngqīwǔ?
今天是不是星期五? 오늘이 금요일이야 아니야?

실생활 회화 자동발사!

먼저 mp3를 들으며 대화의 분위기를 느껴보세요. 그 다음 따라 말해보세요.

1 어느 목요일 이른 아침 셰어 하우스에서 쟈메이와 밍허

밍허

찌인티엔 씨잉치이 찌이
Jīntiān xīngqī jǐ?
今天星期几?

쟈메이

찌인티엔 씨잉치이쓰으
Jīntiān xīngqīsì.
今天星期四。

밍허

찌인티엔 뿌우 쓰ⓡ으 씨잉치이싸안 마 추ⓡ우 따아쓰ⓡ으 러
Jīntiān bú shì xīngqīsān ma? Chū dàshì le.
今天不是星期三吗? 出大事了。

쟈메이

쓰ⓡ언머 쓰ⓡ으
Shénme shì?
什么事?

밍허

찌인티엔 쓰ⓡ으 씨어우삐인 더 쓰ⓡ엉르ⓡ으
Jīntiān shì Xiùbīn de shēngrì!!!
今天是秀彬的生日!!!

쟈메이

쭈ⓡ언 더 마 미잉흐어 니이 까안찌인 쭈어 짜오ⓕ안 우어 취이 마이 쓰ⓡ엉르ⓡ으 따안까오
Zhēn de ma? Mínghé, nǐ gǎnjǐn zuò zǎofàn. Wǒ qù mǎi shēngrì dàngāo.
真的吗? 明河, 你赶紧做早饭。我去买生日蛋糕。

실생활 회화 끊어 보기 p.222

1 밍허: 오늘 무슨 요일이지?
쟈메이: 오늘은 목요일이야.
밍허: 오늘 수요일 아니야? 큰일 났다.
쟈메이: 무슨 일인데?
밍허: 오늘 수빈이 생일이야!!!
쟈메이: 정말? 밍허, 너는 빨리 아침밥 만들어.
나는 생일 케이크 사러 갈게.

단어

今天 jīntiān 명 오늘 **星期** xīngqī 명 요일
几 jǐ 대 무슨, 몇 **出大事** chū dàshì 큰일 나다
生日 shēngrì 명 생일 **真的** zhēn de 정말
赶紧 gǎnjǐn 부 빨리 **早饭** zǎofàn 명 아침밥
买 mǎi 동 사다 **蛋糕** dàngāo 명 케이크

2 금요일 퇴근무렵 수빈과 인턴 카이쥔

수빈

찐인티엔 씨잉치이우우 니이 쪼우모어 쭈어 쓴언머

Jīntiān xīngqīwǔ. Nǐ zhōumò zuò shénme?

今天星期五。你周末做什么?

카이쥔

우어 쪼우리어우 흐어 프엉요먼 따아 라안치어우 니이 너

Wǒ zhōuliù hé péngyoumen dǎ lánqiú. Nǐ ne?

我周六和朋友们打篮球。你呢?

수빈

미잉티엔 우어 이야오 쑤에이 라안찌아오 씨잉치이티엔 우어 씨앙 취이 카안 띠엔이잉

Míngtiān wǒ yào shuì lǎnjiào. Xīngqītiān wǒ xiǎng qù kàn diànyǐng.

明天我要睡懒觉。星期天我想去看电影。

카이쥔

쯘언 하오

Zhēn hǎo.

真好。

수빈

쓰으 아 쪼우모어 위이쿠아이 씨잉치이이이 찌엔 바

Shì a. Zhōumò yúkuài, xīngqīyī jiàn ba.

是啊。周末愉快, 星期一见吧。

실생활 회화 끊어 보기 p.222

2 수빈: 오늘 금요일이네요. 카이쥔씨는 주말에 뭐해요?
카이쥔: 저는 토요일에 친구들과 농구를 해요. 수빈씨는요?
수빈: 내일은 늦잠 잘 거예요. 일요일에는 영화 보러 가고 싶네요.
카이쥔: 좋네요.
수빈: 그러게요. 주말 잘 보내고, 월요일에 봐요.

단어

周末 zhōumò 명 주말 **什么** shénme 대 무엇
周六 zhōuliù 명 토요일 **朋友** péngyou 명 친구
打篮球 dǎ lánqiú 농구를 하다 **明天** míngtiān 명 내일
要 yào 조동 ~하려 한다 **睡懒觉** shuì lǎnjiào 늦잠을 자다
想 xiǎng 조동 ~하고 싶다 **电影** diànyǐng 명 영화
周末愉快 zhōumò yúkuài 주말 잘 보내요

연습문제로 실력 확인하기

01

듣기 실력 향상

음성을 들으며 제시된 단어의 병음과 뜻을 써 보세요.

	병음	뜻
① 星期三		
② 明天		
③ 星期一		
④ 今天		
⑤ 生日		

02

HSK 듣기 유형

들려주는 음성의 내용이 사진과 일치하면 O, 불일치하면 X에 체크해 보세요.

①

O ☐ X ☐

②

O ☐ X ☐

03
HSK 독해 유형

빈칸에 들어갈 알맞은 단어를 보기에서 골라 써 보세요.

[보기]	xīngqī'èr 星期二	jīntiān 今天	xīngqīsì 星期四

① Jīntiān
今天 (　　　)。　　오늘은 화요일이야.

② Jīntiān shì　　　　ma?
今天是 (　　　) 吗?　　오늘이 목요일이야?

HSK 쓰기 유형

나열된 단어로 우리말 뜻에 맞는 중국어 문장을 완성해 보세요.

① jǐ　jīntiān　xīngqī
几　今天　星期

____________________________________　오늘은 무슨 요일이야?

② jīntiān　èr　xīngqī　búshì
今天　二　星期　不是

____________________________________　오늘은 화요일이 아니야.

연습문제 정답 p.231

오늘은 1월 1일이야.

찌인티엔 이이 위에 이이 하오

Jīntiān yī yuè yī hào.

한 번에 학습하기

오늘은 1월 1일이야.

찌인티엔 이이 위에 이이 하오

Jīntiān yī yuè yī hào.

今天一月一号。

이제 우리 128살이네!

2123

JANUARY

1

이런 말을 할 수 있어요.

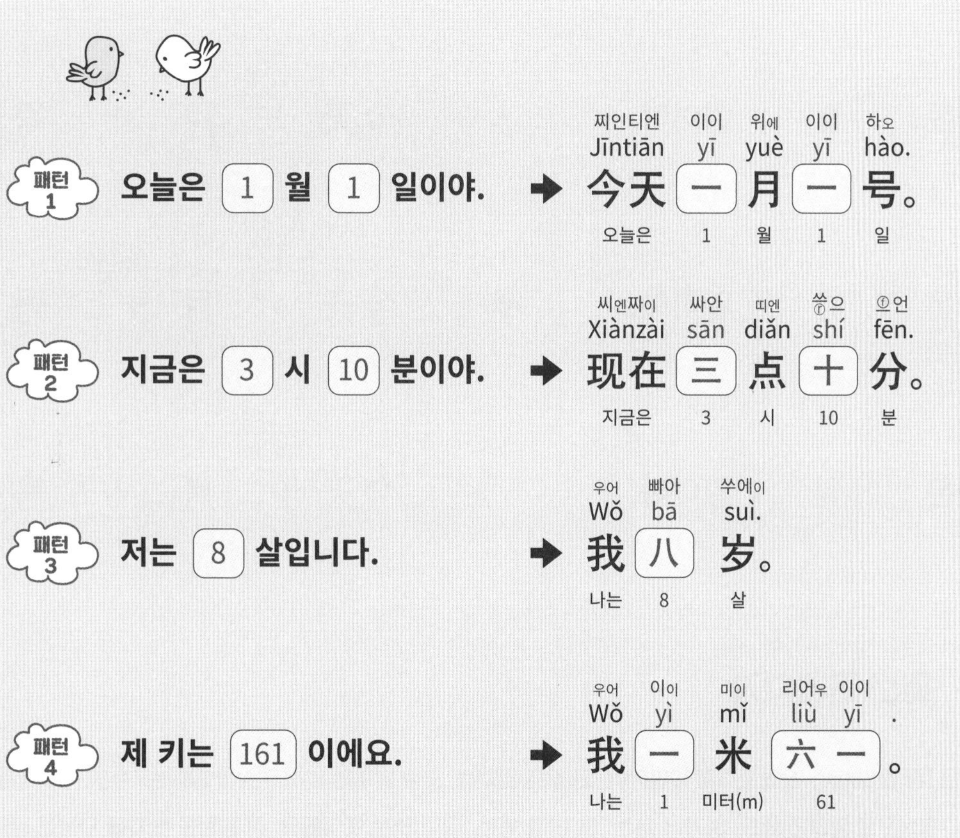

패턴 1
오늘은 1 월 1 일이야.
찌인티엔 이이 위에 이이 하오
Jīntiān yī yuè yī hào.
今天一月一号。
오늘은 1 월 1 일
패턴 2
지금은 3 시 10 분이야.
씨엔짜이 싸안 띠엔 쓰으 ⓕ언
Xiànzài sān diǎn shí fēn.
现在三点十分。
지금은 3 시 10 분
패턴 3
저는 8 살입니다.
우어 빠아 쑤에이
Wǒ bā suì.
我八岁。
나는 8 살
패턴 4
제 키는 161 이에요.
우어 이이 미이 리어우 이이
Wǒ yì mǐ liù yī.
我一米六一。
나는 1 미터(m) 61

이번 Day에서는 숫자를 사용하여 오늘 날짜, 지금 시간, 나이, 그리고 키를 말할 때 쓰이는 패턴을 배워볼 거예요. 오늘 학습을 마치면, 날짜, 시간, 나이, 키를 나타내는 문장을 쉽게 말할 수 있을 뿐만 아니라, 중국어로 여러 숫자를 더욱 쉽게 말할 수 있게 될 거예요.

패턴으로 말문트기

패턴 1

오늘은 1 월 1 일이야. ➡ 今天一月一号。

찌인티엔 Jīntiān 今天 오늘은	이이 yī 一 1	위에 yuè 月 월	이이 yī 一 1	하오 hào. 号。 일

오늘은 3 월 10 일이야. — 今天 三(싸안 sān, 3) 月 十(쓰ⓡ으 shí, 10) 号。

오늘은 6 월 17 일이야. ➡ 今天 六(리어우 liù, 6) 月 十七(쓰ⓡ으치이 shíqī, 17) 号。

오늘은 12 월 25 일이야. — 今天 十二(쓰ⓡ으으얼 shí'èr, 12) 月 二十五(으얼쓰ⓡ으우우 èrshíwǔ, 25) 号。

패턴 파헤치기

1. '오늘은 1월 1일이야.', '오늘은 3월 10일이야.'와 같은 말처럼, 오늘 날짜를 말하고 싶을 때에는 '今天(Jīntiān)+숫자+月(yuè)+숫자+号(hào)' 패턴으로 말하면 돼요. 여기서 月(yuè)는 '월'이고 号(hào)는 '일'이라는 뜻이에요. 이 패턴도 숫자를 사용한 날짜 표현이 술어로 사용된 명사 술어문이에요. 날짜를 말하는 법은 부록(p.241)에서 학습할 수 있어요.

예 Jīntiān yī yuè yī hào.
今天 一月一号。 오늘은 1월 1일이야.
今天 ↓ 주어 / 一月一号 ↓ 술어(명사구) ➡ 명사 술어문

+플러스포인트

1. 号(hào) 대신 日(rì, 일)을 써도 돼요.
   예 Jīntiān sān yuè shí rì.
   今天三月十日。 오늘은 3월 10일이야.

2. 月(yuè, 월)와 号(hào, 일) 앞에 각각 의문사 几(jǐ, 몇)를 넣어서 말하면 날짜를 묻는 의문문이 돼요.
   예 Jīntiān jǐ yuè jǐ hào?
   A: 今天几月几号? 오늘은 몇 월 며칠이야?
   Jīntiān liù yuè shíqī hào.
   B: 今天六月十七号。 오늘은 6월 17일이야.

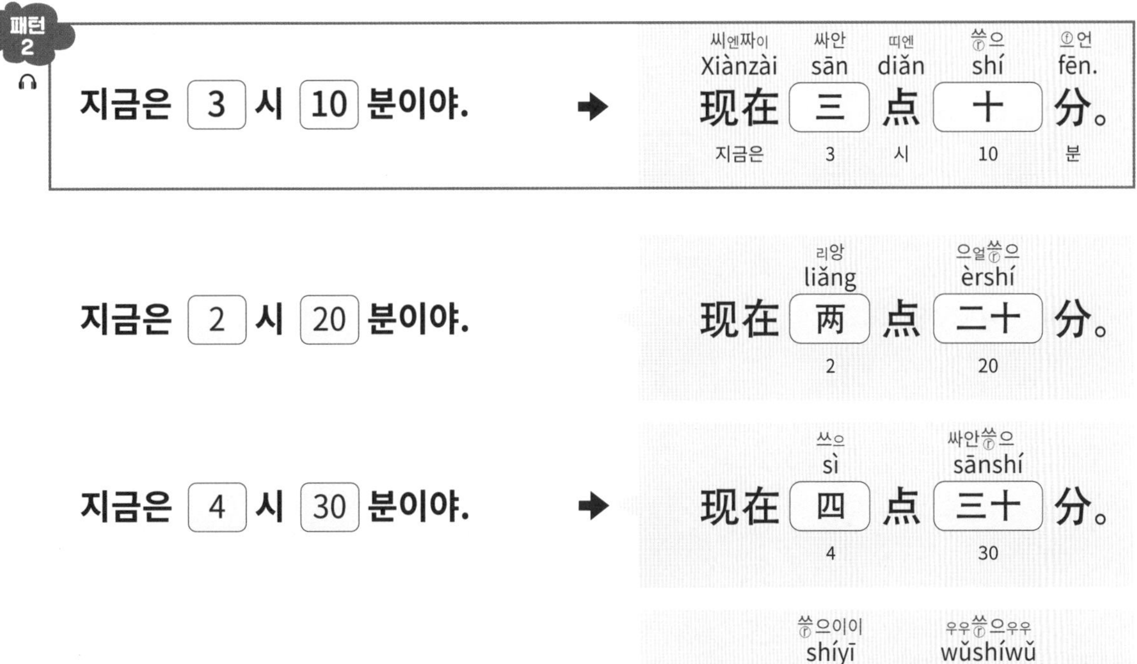

패턴 2

지금은 [3] 시 [10] 분이야. ➡ 现在 [三] 点 [十] 分。

씨엔짜이 Xiànzài (지금은) 싸안 sān (3) 띠엔 diǎn (시) 쓰으 shí (10) f언 fēn. (분)

지금은 [2] 시 [20] 분이야. ➡ 现在 [两] 点 [二十] 分。

리앙 liǎng (2) 으얼쓰으 èrshí (20)

지금은 [4] 시 [30] 분이야. ➡ 现在 [四] 点 [三十] 分。

쓰으 sì (4) 싸안쓰으 sānshí (30)

지금은 [11] 시 [55] 분이야. ➡ 现在 [十一] 点 [五十五] 分。

쓰으이이 shíyī (11) 우우쓰으우우 wǔshíwǔ (55)

패턴 파헤치기

1. '지금은 3시 10분이야.', '지금은 2시 20분이야.'와 같은 말처럼, 현재 시간을 말하고 싶을 때에는 '现在(Xiànzài)+숫자+点(diǎn)+숫자+分(fēn)' 패턴으로 말하면 돼요. 여기서 点(diǎn)은 '시'이고 分(fēn)은 '분'이라는 뜻이에요. 이 패턴도 숫자를 사용한 시간 표현이 술어로 사용된 명사 술어문이에요. 시간을 말하는 법은 부록(p.240)에서 학습할 수 있어요.

   예 Xiànzài sān diǎn shí fēn.
   现在 三点十分。 지금은 3시 10분이야.
   现在 ↓ 주어 / 三点十分 ↓ 술어(명사구) ➡ 명사 술어문

2. 分(fēn, 분)을 생략하고 말해도 돼요. 이때 10 미만의 숫자는 앞에 零(0)을 붙여야 해요.

   예 Xiànzài shí'èr diǎn língjiǔ.
   现在十二点零九。 지금은 12시 9분이야.

+플러스포인트 点(diǎn, 시) 앞에 의문사 几(jǐ, 몇)를 붙여 말하면 시간을 묻는 의문문이 돼요.

예 Xiànzài jǐ diǎn?
A: 现在几点? 지금 몇 시야?

Xiànzài liǎng diǎn èrshí fēn.
B: 现在两点二十分。 지금은 2시 20분이야.

패턴으로 말문트기

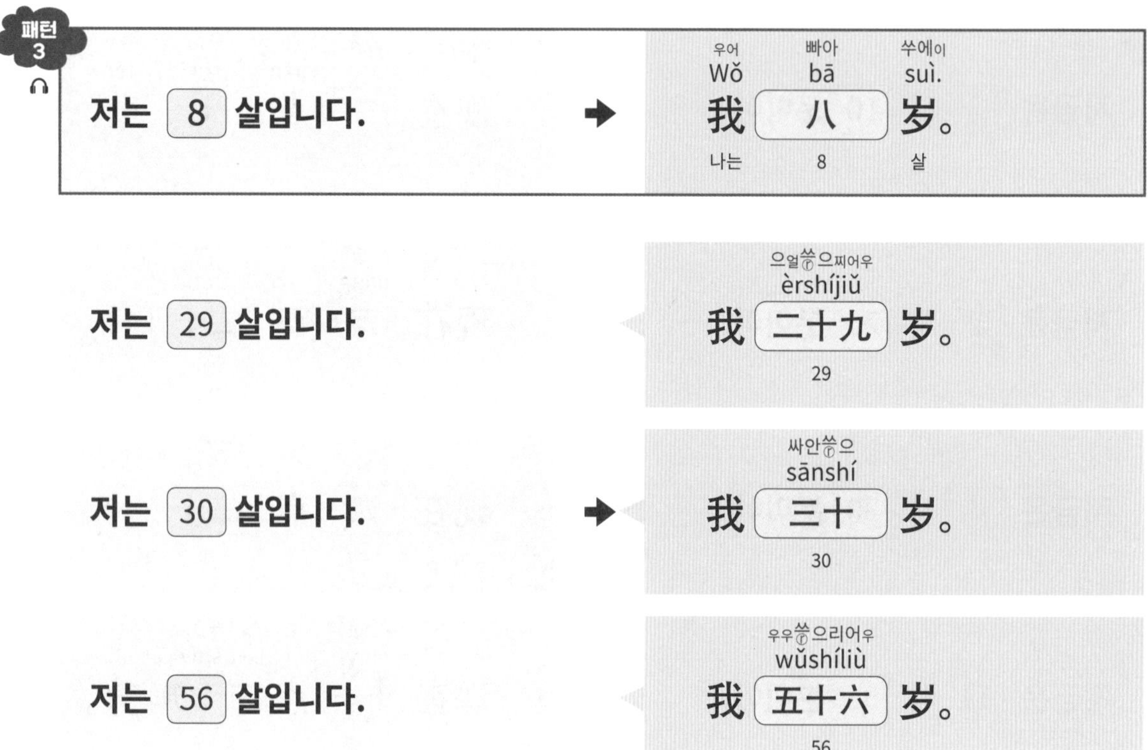

패턴 3
저는 8 살입니다.
우어 Wǒ 빠아 bā 쑤에이 suì.
我 八 岁。
나는 8 살
저는 29 살입니다.
èrshíjiǔ
我 二十九 岁。
29
저는 30 살입니다.
sānshí
我 三十 岁。
30
저는 56 살입니다.
wǔshíliù
我 五十六 岁。
56

패턴 파헤치기

1. '저는 8살입니다.', '저는 29살입니다.'와 같은 말처럼, 자신의 나이를 말하고 싶을 때에는 '我(Wǒ)+숫자+岁(suì)'의 패턴으로 말하면 돼요. 여기서 岁(suì)는 '살, 세'라는 뜻이에요. 이 패턴은 숫자를 사용하는 나이 표현이 술어로 사용된 명사 술어문이에요.

예 Wǒ bā suì.
我 八岁。 저는 8살입니다.
↓ 주어 ↓ 술어(명사) ➡ 명사 술어문

+플러스포인트 우리말과 마찬가지로 중국어도 상대의 연령대에 따라 나이를 묻는 방법이 달라요.

10세 미만의 아이에게 나이를 물을 때에는 의문사 几(jǐ, 몇)를 써요.

예 Nǐ jǐ suì?
A: 你几岁? 너는 몇 살이니?
Wǒ bā suì.
B: 我八岁。 저는 8살입니다.

나이가 비슷하거나 더 어린 사람에게 나이를 물을 때에는 의문사 多(duō, 얼마나) 뒤에 형용사 大(dà, 나이가 많다)를 붙여 말해요.

예 Nǐ duō dà?
A: 你多大? 당신은 나이가 어떻게 되세요? (당신은 얼마나 나이가 많아요?)
Wǒ èrshíjiǔ suì.
B: 我二十九岁。 저는 29살입니다.

패턴 4

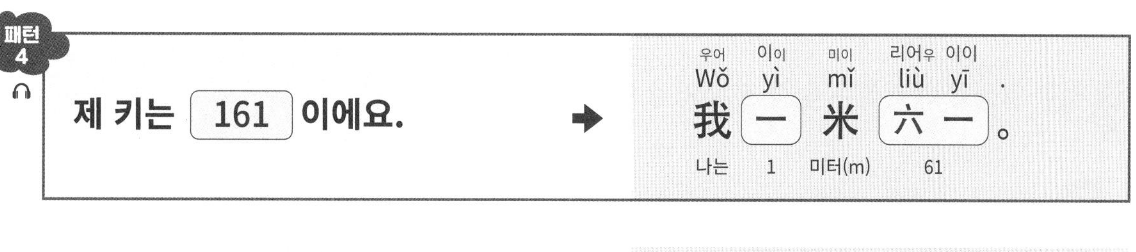

제 키는 161 이에요. → Wǒ yì mǐ liù yī. 我 一 米 六 一。(우어 이이 미이 리어우 이이 / 나는 1 미터(m) 61)

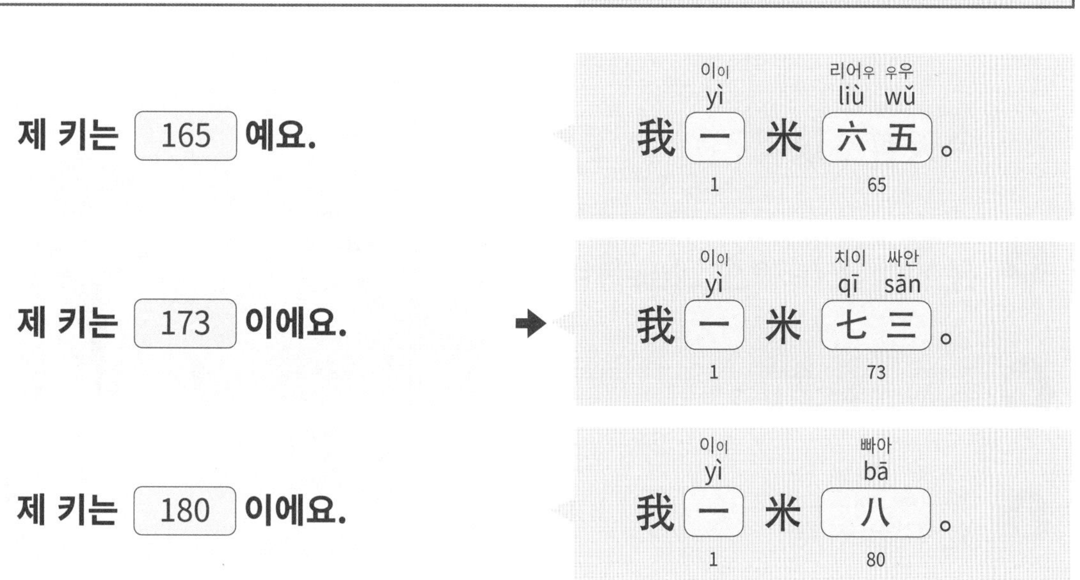

제 키는 165 예요. → 我 一 米 六 五。 yì (이이) 1, liù wǔ (리어우 우우) 65

제 키는 173 이에요. → 我 一 米 七 三。 yì (이이) 1, qī sān (치이 싸안) 73

제 키는 180 이에요. → 我 一 米 八。 yì (이이) 1, bā (빠아) 80

패턴 파헤치기

1. '제 키는 161이에요.', '제 키는 165예요.'와 같은 말처럼, 자신의 키를 말하고 싶을 때에는 '我(Wǒ)+숫자+米(mǐ)+숫자'의 패턴으로 말하면 돼요. 여기서 米(mǐ)는 '미터(m)'라는 뜻이에요. 이 패턴은 숫자를 사용하는 키 표현이 술어로 사용된 명사 술어문이에요. 키를 말하는 방법은 부록(p.239)에서 학습할 수 있어요.

중국 사람들을 키를 얘기할 때 보통 cm가 아닌 m를 사용해요. 예를 들어 161cm를 우리는 '백 육십 일 센치'라고 보통 말하지만, 중국 사람들은 '일 미터 육 일'이라고 말해요. 미터 뒤의 숫자를 한 자리씩 끊어 읽는 것이 특징이에요.

예 Wǒ yì mǐ liù yī.
我 一米六一。 제 키는 161이에요.
我 ↓ 주어 / 一米六一 ↓ 술어(명사구) ➡ 명사 술어문

+플러스포인트 의문사 多(duō, 얼마나) 뒤에 형용사 高(gāo, 키가 크다)를 붙여 말하면 상대방의 키를 묻는 의문문이 돼요.

예 Nǐ duō gāo?
A: 你多高? 당신은 키가 어떻게 되세요? (당신은 얼마나 키카 커요?)

Wǒ yì mǐ qī sān.
B: 我一米七三。 제 키는 173이에요.

실생활 회화 자동발사!

먼저 mp3를 들으며 대화의 분위기를 느껴보세요. 그 다음 따라 말해보세요.

1 업무 일정을 얘기하는 팀장 쯔웨와 수빈

쯔웨

찌인티엔 싸안 위에 쓰ⓡ으 하오
Jīntiān sān yuè shí hào.
今天三月十号。

찌인티엔 이어우 후에이이이 마
Jīntiān yǒu huìyì ma?
今天有会议吗？

수빈

쓰ⓡ으 더 쌍ⓡ앙우우 흐어 치이후아뿌우 이어우 후에이이이
Shì de, shàngwǔ hé qǐhuàbù yǒu huìyì.
是的，上午和企划部有会议。

쯔웨

후에이이이 찌이 띠엔 카이쓰ⓡ으
Huìyì jǐ diǎn kāishǐ?
会议几点开始？

수빈

쌍ⓡ앙우우 쓰ⓡ으이이 띠엔
Shàngwǔ shíyī diǎn.
上午十一点。

쯔웨

씨엔짜이 찌어우 띠엔 우우쓰ⓡ으 ⓕ언 하이 이어우 띠엔 쓰ⓡ으찌엔 아
Xiànzài jiǔ diǎn wǔshí fēn, hái yǒu diǎn shíjiān a.
现在九点五十分，还有点时间啊。

실생활 회화 끊어 보기 p.223

1 쯔웨: 오늘은 3월 10일이네요.
오늘 회의 있나요?
수빈: 네, 오전에 기획팀과 회의 있습니다.
쯔웨: 회의는 몇 시에 시작하나요?
수빈: 오전 11시입니다.
쯔웨: 지금이 9시 50분이니까, 아직 조금 여유 있네요.

단어

今天 jīntiān 명 오늘 **会议** huìyì 명 회의
上午 shàngwǔ 명 오전 **企划部** qǐhuàbù 명 기획팀
开始 kāishǐ 동 시작하다 **现在** xiànzài 명 지금
还 hái 부 아직 **(一)点** (yì)diǎn 조금 **时间** shíjiān 명 시간

2 셰어 하우스 거실에서 TV를 보고 있는 수빈과 쟈메이

쟈메이

쯔어 뿌우 띠엔쓰으쮜이 타이 이어우이이스 러
Zhè bù diànshìjù tài yǒuyìsi le.
这部电视剧太有意思了。

수빈

나안 쯔우쮜에 타이 쑤아이 러
Nán zhǔjué tài shuài le.
男主角太帅了。

쟈메이

타아 싸안쓰으우우 쑤에이 바 타아 뚜어 까오
Tā sānshíwǔ suì ba? Tā duō gāo?
他三十五岁吧？他多高？

수빈

으엉 타아 싸안쓰으우우 쑤에이 타아 이이 미이 치이싸안
Èng, tā sānshíwǔ suì. Tā yì mǐ qīsān.
嗯，他三十五岁。他一米七三。

쟈메이

타아 뿌우 타이 까오 따안 타아 타이 쑤아이 러
Tā bú tài gāo. Dàn tā tài shuài le.
他不太高。但他太帅了。

실생활 회화 끊어 보기 p.223

2 쟈메이: 이 드라마 너무 재미있다.
수빈: 남자 주인공이 정말 멋져.
쟈메이: 그는 35살이지? 키가 어떻게 돼?
수빈: 응, 35살이야. 키는 173이고.
쟈메이: 키는 그리 안 크구나. 그래도 그는 너무 멋져.

단어
电视剧 diànshìjù 명 드라마 **太…了** tài…le 너무 ~하다
有意思 yǒuyìsi 재미있다
男主角 nán zhǔjué 명 남자 주인공
帅 shuài 형 멋지다 **高** gāo 형 키가 크다

연습문제로 실력 확인하기

mp3 바로 듣기

01

듣기 실력 향상

음성을 들으며 제시된 단어의 병음과 뜻을 써 보세요.

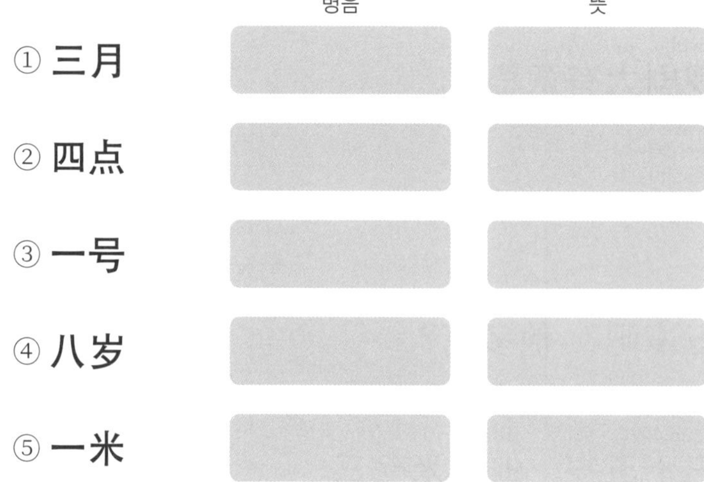

	병음	뜻
① 三月		
② 四点		
③ 一号		
④ 八岁		
⑤ 一米		

02

HSK 듣기 유형

들려주는 음성의 내용이 사진과 일치하면 O, 불일치하면 X에 체크해 보세요.

①

O X

②

O X

HSK 독해 유형

빈칸에 들어갈 알맞은 단어를 보기에서 골라 써 보세요.

[보기]	yuè 月	gāo 高	fēn 分

① Nǐ duō ( ) ?
你多 ( ) ? 당신은 키가 어떻게 되세요?

② Jīntiān liù ( ) shíqī hào.
今天六 ( ) 十七号。 오늘은 6월 17일이야.

HSK 쓰기 유형

나열된 단어로 우리말 뜻에 맞는 중국어 문장을 완성해 보세요.

① qīsān 七三 yì mǐ 一米 wǒ 我

______________________ 제 키는 173이에요.

② jǐ hào 几号 jǐ yuè 几月 jīntiān 今天

______________________ 오늘은 몇 월 며칠이야?

DAY 17

해커스 중국어 첫걸음

연습문제 정답 p.231

Day 18

나 옷 샀어.

우어 마이러 이이Ⓕ우
Wǒ mǎile yīfu.

我买了衣服。

한 번에 학습하기

나 옷 샀어.

우어 마이러 이이Ⓕ우
Wǒ mǎile yīfu.

我买了衣服。

100년은 젊어 보여!!

이런 말을 할 수 있어요.

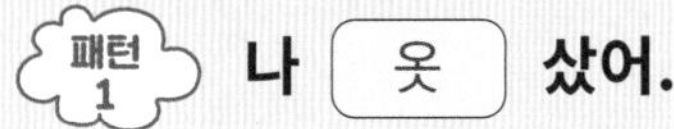

패턴 1 나 옷 샀어. →

우어 마이 러 이이우
Wǒ mǎi le yīfu .
我买了衣服。
나는 사다 ~했다 옷

패턴 2 나 빵 안 샀어. →

우어 메이 마이 미엔빠오
Wǒ méi mǎi miànbāo .
我没买面包。
나는 안~했다 사다 빵

패턴 3 너 치약 샀어? →

니이 마이 러 이아까오 마
Nǐ mǎi le yágāo ma?
你买了牙膏吗?
너는 사다 ~했다 치약 니?

패턴 4 너 티켓 샀어 안 샀어? →

니이 이어우 메이 이어우 마이 피아오
Nǐ yǒu méiyǒu mǎi piào ?
你有没有买票?
너는 ~했다 안했다 사다 티켓

이번 Day에서는 동사 买(mǎi, 사다)를 사용하여, '샀다', '안 샀다', '샀어?', '샀어 안 샀어?'와 같이 이미 완료된 동작을 말하는 패턴을 배워볼 거예요. 이 패턴을 통해 중국어로 과거를 말할 때 중요하게 사용되는 了(le)를 처음으로 익히게 될 거예요. 오늘의 학습을 마치면 이미 완료된 동작을 나타내는 긍정문, 부정문, 의문문을 쉽게 말할 수 있어요.

패턴으로 말문트기

패턴 1

나 [옷] 샀어. → 我买了[衣服]。

Wǒ mǎi le yīfu.
(우어 마이 러 이이우)
나는 사다 ~했다 옷

나 [운동화] 샀어. → 我买了[运动鞋]。
yùndòngxié (위인또옹씨에) 운동화

나 [모자] 샀어. → 我买了[帽子]。
màozi (마오즈) 모자

나 [립스틱] 샀어. → 我买了[口红]。
kǒuhóng (커우호옹) 립스틱

패턴 파헤치기

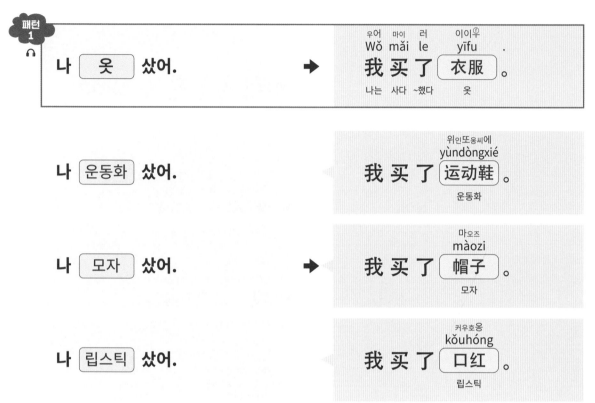

1. **'나 옷 샀어.', '나 운동화 샀어.'와 같은 말처럼, 자신이 이미 어떤 물건을 샀다고 말하고 싶을 때에는 '我买了(Wǒ mǎile)+명사' 패턴으로 말하면 돼요. 여기서 了(le)는 동사 买(mǎi)(사다) 바로 뒤에 사용되어, 사는 동작이 완료되었음을 나타내는 역할을 해요.**

   了(le)처럼 동사 바로 뒤에 붙어서 동작의 완료와 같은 의미를 더해주는 것을 '동태조사'라고 해요. 了(le)는 중국어에서 가장 자주 사용되는 동태조사예요. 참고로, 동태조사 了는 경성으로 발음해요.

+플러스포인트

중국어에서 현재, 과거, 미래, 진행을 말할 때에는 동사 앞이나 뒤에 특정 의미를 지닌 어휘를 붙여요. '현재/과거/미래 시제'와 같은 문법 용어로 시제를 설명하지 않아요.

예 Wǒ mǎi yīfu.
我买衣服。 나는 옷 사. → 현재

Wǒ mǎile yīfu.
我买了衣服。 나 옷 샀어. → 동사 뒤에 동태조사 了를 써서 사는 동작이 완료되었음을 표현해요.

Wǒ yào mǎi yīfu.
我要买衣服。 나 옷 사려고. → 동사 앞에 조동사 要(~하려고 하다)를 써서 미래를 표현해요.

Wǒ zhèngzài mǎi yīfu.
我正在买衣服。 나 지금 옷 사고 있어. → 동사 앞에 부사 正在(지금 ~하고 있다)를 써서 동작이 진행 중임을 표현해요.

패턴 2

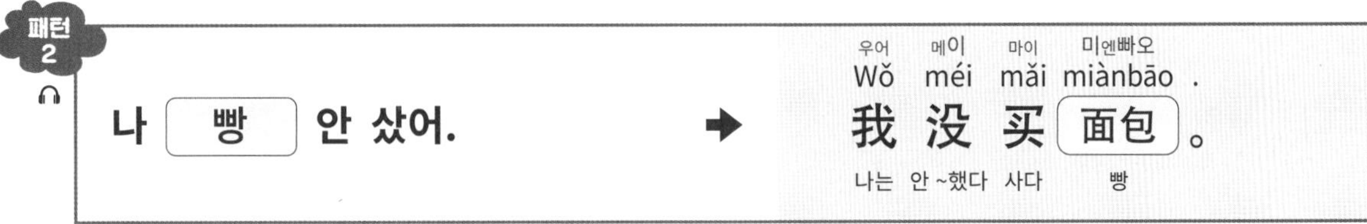

나 빵 안 샀어.
우어 메이 마이 미엔빠오
Wǒ méi mǎi miànbāo.
我没买面包。
나는 안 ~했다 사다 빵

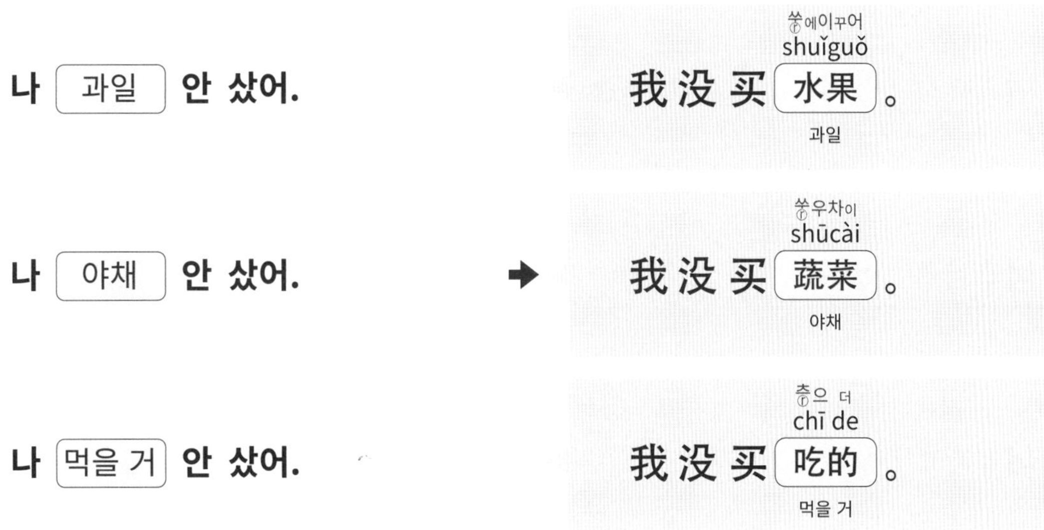

나 과일 안 샀어.
쑤에이꾸어
shuǐguǒ
我没买水果。
과일
나 야채 안 샀어.
쑤우차이
shūcài
我没买蔬菜。
야채
나 먹을 거 안 샀어.
츠으 더
chī de
我没买吃的。
먹을 거

패턴 파헤치기

1. **'나 빵 안 샀어.', '나 과일 안 샀어.'와 같은 말처럼, '나(는) ~(을/를) 안 샀어.'라고 말하고 싶을 때는 '我没买(Wǒ méi mǎi)+명사' 패턴으로 말하면 돼요. 여기서 没(méi)는 과거의 일을 부정하는 역할을 해줘요.**

   앞에서 배운 不(bù)는 현재 또는 미래의 일을 부정할 때 쓰이고, 没(méi)는 과거의 일을 부정할 때 쓰여요. 원래는 没有(méiyǒu)인데 有를 자주 생략해서 말해요. 没를 쓸 때에는 동태조사 了(le)를 빼야 해요.

   예
   (현재) Wǒ mǎi miànbāo. 我买面包。 나 빵 사. → Wǒ bù mǎi miànbāo. 我不买面包。 나 빵 안 사.
   (과거) Wǒ mǎile miànbāo. 我买了面包。 나 빵 샀어. → Wǒ méi mǎi miànbāo. 我没买面包。 나 빵 안 샀어.
   我没买了面包。(X)

+플러스포인트 没(méi) 앞에 还(hái, 아직)를 넣어 말하면 '아직 ~ 안 했다'라는 뜻을 나타낼 수 있어요.

예 Wǒ hái méi mǎi chī de.
我还没买吃的。 나 아직 먹을 거 안 샀어.

DAY 18

해커스 중국어 첫걸음

패턴으로 말문트기

패턴 3

너 [치약] 샀어? → 你买了[牙膏]吗?

니이 Nǐ 你 너는 / 마이 mǎi 买 사다 / 러 le 了 ~했다 / 이아까오 yágāo 牙膏 치약 / 마 ma? 吗? 니?

너 [휴지] 샀어? → 你买了[纸巾]吗?

쯔으찌인 zhǐjīn 纸巾 휴지

너 [샴푸] 샀어? → 你买了[洗发水]吗?

씨이f아쑤에이 xǐfàshuǐ 洗发水 샴푸

너 [세제] 샀어? → 你买了[洗涤剂]吗?

씨이띠이찌이 xǐdíjì 洗涤剂 세제

패턴 파헤치기

1. '너 치약 샀어?', '너 휴지 샀어?'와 같은 말처럼, '너 ~(을/를) 샀어?'라고 묻고 싶을 때에는 '你买了(Nǐ mǎile)+명사+吗(ma)?'의 패턴으로 말하면 돼요. 앞서 배운 '吗(ma) 의문문'처럼 문장 끝에 吗(ma)만 붙이면 의문문이 돼요.

2. 주어 자리에 你(nǐ)(너) 대신 다른 말을 사용하여 더 다양한 문장을 말할 수 있어요.

예 Tā mǎile yágāo ma?
他买了牙膏吗? 그는 치약 샀어?

Wǒmen mǎile yágāo ma?
我们买了牙膏吗? 우리 치약 샀어?

너 [티켓] 샀어 안 샀어? →
니이 이어우 메이 이어우 마이 피아오
Nǐ yǒu méiyǒu mǎi piào ?
你有没有买 [票] ?
너는 ~했다 안했다 사다 티켓

너 [선물] 샀어 안 샀어?
리이우우
lǐwù
你有没有买 [礼物] ?
선물

너 [다른 거] 샀어 안 샀어? →
삐에 더
bié de
你有没有买 [别的] ?
다른 거

너 [기념품] 샀어 안 샀어?
찌이니엔피인
jìniànpǐn
你有没有买 [纪念品] ?
기념품

패턴 파헤치기

1. **'너 티켓 샀어 안 샀어?', '너 선물 샀어 안 샀어?'와 같은 말처럼, 상대방에게 '너 ~샀어 안 샀어?'와 같이 묻고 싶을 때에는 '你有没有买(Nǐ yǒu méiyǒu mǎi)+명사?'의 패턴으로 말하면 돼요. 여기서 有没有(yǒu méiyǒu)는 앞에서 배운 정반의문문이에요.**

   정반의문문 **有没有**(yǒu méiyǒu)는 과거의 일을 부정할 때 사용하는 **没有**를 긍정 형태인 **有**와 나란히 쓴 형태예요.

2. **주어 자리에 你(nǐ)(너) 대신 다른 말을 사용하여 더 다양한 문장을 말할 수 있어요.**

   예 Tāmen yǒu méiyǒu mǎi piào?
   他们有没有买票? 그들은 티켓 샀어 안 샀어?

   Tā yǒu méiyǒu mǎi piào?
   她有没有买票? 그녀는 티켓 샀어 안 샀어?

+플러스포인트 중국어에서 과거의 일을 묻는 의문문은 아래와 같은 형태가 있어요.

예 Nǐ mǎile piào ma?
你买了票吗? 너 티켓 샀어?

Nǐ méi mǎi piào ma?
你没买票吗? 너 티켓 안 샀어?

Nǐ yǒu méiyǒu mǎi piào?
你有没有买票? 너 티켓 샀어 안 샀어?

실생활 회화 자동발사!

먼저 mp3를 들으며 대화의 분위기를 느껴보세요. 그 다음 따라 말해보세요.

1 집 근처에서 마주친 쟈메이와 밍허

밍허

니이 마이러 쓰ⓡ언머
Nǐ mǎile shénme?
你买了什么?

쟈메이

우어 마이러 위인또옹씨에 피아오량 바
Wǒ mǎile yùndòngxié. Piàoliang ba?
我买了运动鞋。漂亮吧?

밍허

쯔ⓡ언 피아오량 니이 이어우 메이이어우 마이 삐에 더
Zhēn piàoliang. Nǐ yǒu méiyǒu mǎi bié de?
真漂亮。你有没有买别的?

쟈메이

우어 메이 마이 삐에 더
Wǒ méi mǎi bié de.
我没买别的。

니이 쒸이이아오 마이 쓰ⓡ언머 마
Nǐ xūyào mǎi shénme ma?
你需要买什么吗?

밍허

우어먼 짜이 취이 이이씨아 챠ⓡ오쓰ⓡ으 바 하이 이아오 마이 츠ⓡ으 더 너
Wǒmen zài qù yíxià chāoshì ba, hái yào mǎi chī de ne.
我们再去一下超市吧，还要买吃的呢。

→ '먹을 것'이라는 뜻으로 회화에 자주 사용돼요.

실생활 회화 끊어 보기 p.224

1 밍허: 너 뭐 샀어?
쟈메이: 나 운동화 샀어. 예쁘지?
밍허: 정말 예쁘네. 너 다른 거 샀어 안 샀어?
쟈메이: 나 다른 거 안 샀어.
너 뭐 사야 해?
밍허: 우리 마트에 다시 한번 가자. 먹을 거도 사야 돼.

단어

买 mǎi (동) 사다 **什么** shénme (대) 무엇
运动鞋 yùndòngxié (명) 운동화 **漂亮** piàoliang (형) 예쁘다
真 zhēn (부) 정말 **别的** bié de 다른 거
需要 xūyào (동) ~해야 한다, 필요하다 **再** zài (부) 다시
一下 yíxià 한번 ~하다 **超市** chāoshì (명) 마트

2 외근 중 길을 걷고 있는 샤오밍과 수빈

샤오밍

니이 마이 피아오 러 마
Nǐ mǎi piào le ma?
你买票了吗?

→ 이 了는 상태의 변화를 나타내는 어기조사예요. Day 20에서 배울거예요.

수빈

쓴언머 피아오
Shénme piào?
什么票?

샤오밍

우어먼 미잉티엔 이아오 취이 카안 빠앙치어우 삐이싸이 뿌우 쓰으 마
Wǒmen míngtiān yào qù kàn bàngqiú bǐsài, bú shì ma?
我们明天要去看棒球比赛，不是吗?

수빈

아이이아 우어 메이 마이 니이 너
Āiyā, wǒ méi mǎi. Nǐ ne?
哎呀，我没买。你呢?

샤오밍

우어 이이찌잉 마이 러
Wǒ yǐjīng mǎile.
我已经买了。

니이 씨엔짜이 크어이이 짜이 우앙쌍 마이
Nǐ xiànzài kěyǐ zài wǎngshàng mǎi.
你现在可以在网上买。

수빈

하오 우어 마아쌍 마이
Hǎo, wǒ mǎshàng mǎi.
好，我马上买。

실생활 회화 끊어 보기 p.224

2 샤오밍: 수빈씨 티켓 샀어요? (티켓을 산 상태가 되었어요?)
수빈: 무슨 티켓요?
샤오밍: 우리 내일 야구 시합 보러 가기로 했잖아요. 아니에요?
수빈: 앗, 저 안 샀어요. 샤오밍씨는요?
샤오밍: 저는 이미 샀어요. 지금 인터넷으로 살 수 있어요.
수빈: 좋아요, 바로 살게요.

단어

买 mǎi 동 사다 **票** piào 명 티켓 **什么** shénme 대 무슨
明天 míngtiān 명 내일 **去** qù 동 가다 **看** kàn 동 보다
棒球 bàngqiú 명 야구 **比赛** bǐsài 명 시합
哎呀 āiyā 감 앗[놀라움을 나타냄] **已经** yǐjīng 부 이미
现在 xiànzài 명 지금 **可以** kěyǐ 조동 ~할 수 있다
网上 wǎngshàng 명 인터넷 **马上** mǎshàng 부 바로

연습문제로 실력 확인하기

01

듣기 실력 향상

음성을 들으며 제시된 단어의 병음과 뜻을 써 보세요.

	병음	뜻
① 礼物		
② 纸巾		
③ 水果		
④ 面包		
⑤ 票		

02

HSK 듣기 유형

들려주는 음성의 내용이 사진과 일치하면 O, 불일치하면 X에 체크해 보세요.

①

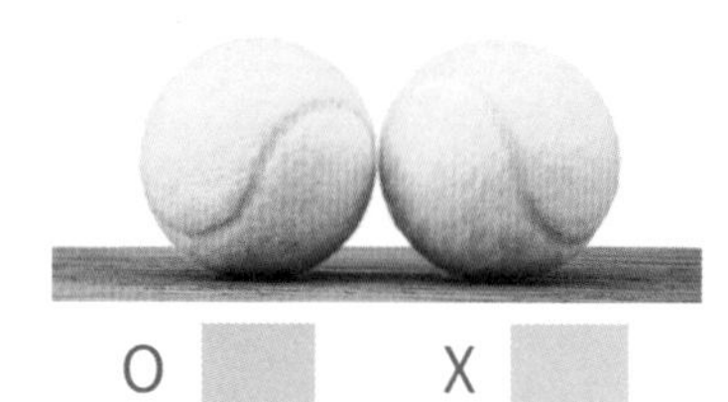

O ☐ X ☐

②

O ☐ X ☐

HSK 독해 유형

빈칸에 들어갈 알맞은 단어를 보기에서 골라 써 보세요.

[보기] méi 没　bù 不　mǎi 买

① Wǒmen 我们 (　　　) le yágāo ma? 了牙膏吗?　우리 치약 샀어?

② Wǒ hái 我还 (　　　) mǎi chī de. 买吃的。　나 아직 먹을 거 안 샀어.

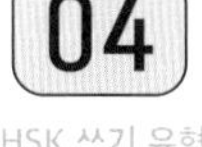

HSK 쓰기 유형

나열된 단어로 우리말 뜻에 맞는 중국어 문장을 완성해 보세요.

① méi mǎi 没买　nǐ 你　miànbāo 面包　ma 吗

________________________　너 빵 안 샀어?

② jìniànpǐn 纪念品　mǎi 买　tā 她　yǒu méiyǒu 有没有

________________________　그녀는 기념품 샀어 안 샀어?

연습문제 정답 p.231

우리는 아침 먹었어.

우어먼 　 츠ⓡ으러 　 짜오ⓕ아안
Wǒmen chīle zǎofàn.

我们吃了早饭。

한 번에 학습하기

우어먼 　 츠ⓡ으러 　 짜오ⓕ아안
Wǒmen chīle zǎofàn.
我们吃了早饭。

이런 말을 할 수 있어요.

패턴 1 우리는 [아침] 먹었어. → 我们吃了[早饭]。

우어먼 츠ⓡ으 러 짜오ⓡ f아안
Wǒmen chī le zǎofàn .
우리는 먹다 ~했다 아침

패턴 2 그는 [학교] 갔어. → 他去了[学校]。

타아 취이 러 쒸에씨아오
Tā qù le xuéxiào .
그는 가다 ~했다 학교

패턴 3 나는 [케이크] 만든 적 있어. → 我做过[蛋糕]。

우어 쭈어 궈 따안까오
Wǒ zuò guo dàngāo .
나는 하다(만들다) ~해본 적 있다 케이크

패턴 4 나 그 [프로그램] 본 적 있어. → 我看过那个[节目]。

우어 카안 궈 나아거 찌에무우
Wǒ kàn guo nàge jiémù .
나는 보다 ~해본 적 있다 그 프로그램

이번 Day에서는 동사 吃(chī, 먹다)와 去(qù, 가다)를 了(le)와 함께 사용하여 완료된 동작을 말하는 패턴을 배워볼 거예요. 또한 做(zuò, 하다)와 看(kàn, 보다)을 사용하여 '해본 적 있다'와 '본 적 있다'와 같이 과거의 경험을 나타내는 패턴도 배워볼 거예요. 오늘의 학습을 마치면 이미 완료된 동작이나 과거의 경험을 수월하게 말할 수 있어요.

패턴으로 말문트기

우리는 [아침] 먹었어. →
우어먼 츠으 러 짜오f아안
Wǒmen chī le zǎofàn.
我们吃了[早饭]。
우리는 먹다 ~했다 아침

우리는 [점심] 먹었어.
우우f아안
wǔfàn
我们吃了[午饭]。
점심

우리는 [저녁] 먹었어. →
우안f아안
wǎnfàn
我们吃了[晚饭]。
저녁

우리는 [간식] 먹었어.
띠엔신
diǎnxin
我们吃了[点心]。
간식

패턴 파헤치기

1. '우리는 아침 먹었어.', '우리는 점심 먹었어.'와 같은 말처럼, '우리는 ~(을/를) 먹었어.'와 같은 말을 하고 싶을 때에는 '我们吃了(Wǒmen chīle)+명사(먹을 것)' 패턴으로 말하면 돼요. 동태조사 了(le)(~했다)가 동사 吃(chī)(먹다) 바로 뒤에 쓰여 먹는 동작이 완료되었음을 나타내고 있어요.

2. 다양한 대명사를 주어로 사용하여 부정문, 吗(ma) 의문문, 정반의문문, 吧(ba)를 사용한 추측 문장으로 말할 수 있어요.

예 Tā méi chī zǎofàn.
他没吃早饭。 그는 아침 안 먹었어.

Nǐmen chīle wǔfàn ma?
你们吃了午饭吗? 너희 점심 먹었어?

Tā yǒu méiyǒu chī wǎnfàn?
她有没有吃晚饭? 그녀는 저녁 먹었어 안 먹었어?

Nǐ chīle diǎnxin ba?
你吃了点心吧? 너 간식 먹었지?

그는 학교 갔어. → 타아 취이 러 쒸에씨아오
Tā qù le xuéxiào.
他去了学校。
그는 가다 ~했다 학교

그는 은행 갔어. 이인하앙
yínháng
他去了银行。
은행

그는 약국 갔어. → 이아오띠엔
yàodiàn
他去了药店。
약국

그는 병원 갔어. 이이위엔
yīyuàn
他去了医院。
병원

패턴 파헤치기

1. '그는 학교 갔어.', '그는 은행 갔어.'와 같은 말처럼, '그는 ~(에) 갔어.'라고 말하고 싶을 때에는 '他去了+명사(Tā qùle)' 패턴으로 말하면 돼요. 동태조사 了(le)(~했다)가 동사 去(qù)(가다) 바로 뒤에 쓰여 가는 동작이 완료되었음을 나타내고 있어요.

2. 다양한 대명사를 주어로 사용하여 부정문, 吗(ma) 의문문, 정반의문문, 吧(ba)를 사용한 추측 문장으로 말할 수 있어요.

예 Wǒ méi qù xuéxiào.
我没去学校。 나는 학교 안 갔어.

Nǐ qùle yínháng ma?
你去了银行吗? 너는 은행 갔어?

Tā yǒu méiyǒu qù yàodiàn?
她有没有去药店? 그녀는 약국 갔어 안 갔어?

Tā qùle yīyuàn ba?
他去了医院吧? 그는 병원 갔지?

패턴으로 말문트기

패턴 3
나는 케이크 만든 적 있어. →
우어 Wǒ 我 나는
쭈어 zuò 做 하다(만들다)
궈 guo 过 ~해본 적 있다
따안까오 dàngāo 蛋糕 케이크 。

나는 중국 요리 만든 적 있어.

나는 아르바이트 해본 적 있어. →

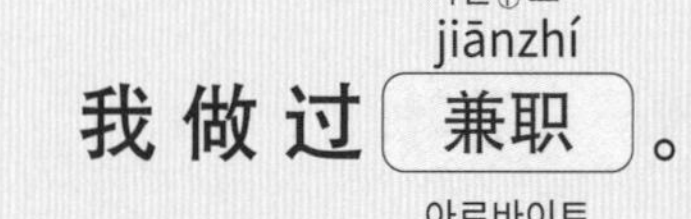

찌엔쯔으
jiānzhí
我做过 兼职 。
아르바이트

나는 요가 해본 적 있어.

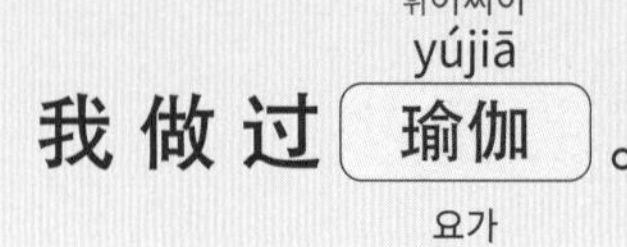

패턴 파헤치기

1. **'나는 케이크 만든 적 있어.', '나는 중국 요리 만든 적 있어.'와 같은 말처럼, '나는 ~(을/를) 해본 적 있어.'라고 말하고 싶을 때에는 '我做过(Wǒ zuòguo)+명사' 패턴으로 말하면 돼요. 여기서 过(guo)는 동사 做(zuò) 뒤에 사용되어, 동작을 해 본 경험이 있음을 나타내는 역할을 해요.**

   동사 뒤에 过(guo)를 쓰면 과거의 경험을 나타내기 때문에 동작이 완료되었음을 나타내는 了(le)를 사용하지 않아요. 过도 동태조사 了처럼 동사 바로 뒤에서 동작의 상태를 나타내는 동태조사예요.

2. **동태조사 过(guo)를 포함한 문장을 부정문으로 만들 때에는, 동사 앞에 没(méi) 또는 没有(méiyǒu)를 붙이면 돼요.**

   예 Wǒ méi zuòguo dàngāo.
   我没做过蛋糕。 나는 케이크를 만든 적 없어.

   Wǒ méiyǒu zuòguo jiānzhí.
   我没有做过兼职。 나는 아르바이트를 해본 적 없어.

나 그 [프로그램] 본 적 있어. → 我看过那个[节目]。

Wǒ kàn guo nàge jiémù.
우어 카안 궈 나아거 찌에무우
나는 보다 ~해본 적 있다 그 프로그램

나 그 [사진] 본 적 있어. 我看过那个[照片]。
zhàopiàn 짜(r)오피엔
사진

나 그 [동영상] 본 적 있어. → 我看过那个[视频]。
shìpín 쓰(r)으피인
동영상

나 그 [드라마] 본 적 있어. 我看过那个[电视剧]。
diànshìjù 띠엔쓰(r)으쮜이
드라마

패턴 파헤치기

1. '나 그 프로그램 본 적 있어.', '나 그 사진 본 적 있어.'와 같은 말처럼, '나 그 ~(을/를) 본 적 있어.'라고 말하고 싶을 때에는 '我看过那个(Wǒ kànguo nàge)+명사' 패턴으로 말하면 돼요.

2. 다양한 대명사를 주어로 사용하여 부정문, 吗(ma) 의문문, 정반의문문, 吧(ba)를 사용한 추측 문장으로 말할 수 있어요.

예 Wǒmen méi kànguo nàge jiémù.
我们没看过那个节目。 우리는 그 프로그램 본 적 없어.

Nǐ kànguo nàge zhàopiàn ma?
你看过那个照片吗? 너 그 사진 본 적 있어?

Tā yǒu méiyǒu kànguo nàge shìpín?
他有没有看过那个视频? 그는 그 동영상 본 적 있어 없어?

Nǐmen kànguo nàge diànshìjù ba?
你们看过那个电视剧吧? 너희 그 드라마 본 적 있지?

실생활 회화 자동발사!

먼저 mp3를 들으며 대화의 분위기를 느껴보세요. 그 다음 따라 말해보세요.

1 점심 식사 후 탕비실에서 팀장 쯔웨와 수빈

쯔웨

씨어우삐인 니이 츠으러 우우f안 마
Xiùbīn, nǐ chīle wǔfàn ma?
秀彬，你吃了午饭吗？

수빈

쓰으 더 우어 흐어 카이쮜인 이이치이 츠으 러 니이 너
Shì de, wǒ hé Kāijùn yìqǐ chī le. Nǐ ne?
是的，我和开俊一起吃了。你呢？

쯔웨

우어 이에 츠으 러 카이쮜인 짜이 나알
Wǒ yě chī le. Kāijùn zài nǎr?
我也吃了。开俊在哪儿？

수빈

타아 취이러 이아오띠엔
Tā qùle yàodiàn.
他去了药店。

쯔웨

타아 나아리 뿌우 쑤우f우 마
Tā nǎli bù shūfu ma?
他哪里不舒服吗？

수빈

티잉쑤어 타아 터우 토옹
Tīngshuō tā tóu tòng.
听说他头痛。

쯔웨

아이이아
Āiyā.
哎呀。

놀람, 유감, 원망을 나타내는 감탄사예요.
'1성+1성'이지만 상황에 따라 자연스럽게 발음하면 돼요.

실생활 회화 끊어 보기 p.225

1 쯔웨: 수빈씨, 점심 먹었어요?
수빈: 네, 카이쥔씨와 함께 먹었어요. 팀장님은요?
쯔웨: 저도 먹었어요. 카이쥔씨는 어디 있어요?
수빈: 그는 약국에 갔어요.
쯔웨: 그는 어디 아파요?
수빈: 두통이 있대요.
쯔웨: 저런.

단어

吃 chī 동 먹다 **午饭** wǔfàn 명 점심 **一起** yìqǐ 부 함께
也 yě 부 ~도 **哪儿** nǎr 대 어디 **去** qù 동 가다
药店 yàodiàn 명 약국 **哪里** nǎli 대 어디
不舒服 bù shūfu 아프다, 불편하다
听说 tīngshuō 동 듣자 하니 **头痛** tóu tòng 형 두통이 왔다
哎呀 āiyā 저런[안타까움을 나타냄]

2 함께 길을 걷고 있는 수빈과 샤오밍

샤오밍
니이 이어우 아이하오 마
Nǐ yǒu àihào ma?
你有爱好吗?

수빈
우어 씨이환 위이찌아
Wǒ xǐhuan yújiā.
我喜欢瑜伽。

샤오밍
쓰으 마 쒸에러 뚜어 창앙 쓰으찌엔
Shì ma? Xuéle duō cháng shíjiān?
是吗? 学了多长时间?

수빈
이이 니엔 쭈어이어우 바 니이 쭈어궈 위이찌아 마
Yì nián zuǒyòu ba. Nǐ zuòguo yújiā ma?
一年左右吧。你做过瑜伽吗?

샤오밍
메이이어우 우어 메이 쭈어궈 위이찌아
Méiyǒu, wǒ méi zuòguo yújiā.
没有, 我没做过瑜伽。

수빈
나아 니이 더 아이하오 쓰으 쓰언머
Nà nǐ de àihào shì shénme?
那你的爱好是什么?

샤오밍
우어 씨이환 우안 이어우씨이
Wǒ xǐhuan wán yóuxì.
我喜欢玩游戏。

→ 동사 喜欢은 '동사+명사'를 목적어로 취해서 '~하는 것을 좋아하다'라는 뜻으로도 쓰여요.

실생활 회화 끊어 보기 p.225

2 샤오밍: 수빈씨는 취미 있어요?
수빈: 저는 요가 좋아해요.
샤오밍: 그래요? 얼마나 배웠어요?
수빈: 1년 정도요. 요가 해본 적 있어요?
샤오밍: 아뇨, 저는 요가 해본 적 없어요.
수빈: 그럼 샤오밍씨의 취미는 뭐예요?
샤오밍: 저는 게임 하는 것을 좋아해요.

단어
爱好 àihào 명 취미 喜欢 xǐhuan 동 좋아하다
瑜伽 yújiā 명 요가 学 xué 동 배우다
时间 shíjiān 명 시간 左右 zuǒyòu 명 정도
那 nà 접 그럼 什么 shénme 대 무엇
玩游戏 wán yóuxì 게임을 하다

연습문제로 실력 확인하기

mp3 바로 듣기

01

듣기 실력 향상

음성을 들으며 제시된 단어의 병음과 뜻을 써 보세요.

	병음	뜻
① 中国菜		
② 点心		
③ 银行		
④ 节目		
⑤ 照片		

02

HSK 듣기 유형

들려주는 음성의 내용이 사진과 일치하면 O, 불일치하면 X에 체크해 보세요.

①

O　　X

②

O　　X

03

HSK 독해 유형

빈칸에 들어갈 알맞은 단어를 보기에서 골라 써 보세요.

[보기] le 了　bù 不　guo 过

① Tā qù (　　) yàodiàn.
他去 (　　) 药店。　그는 약국 갔어.

② Wǒ kàn (　　) nàge shìpín.
我看 (　　) 那个视频。　나는 그 동영상 본 적 있어.

04

HSK 쓰기 유형

나열된 단어로 우리말 뜻에 맞는 중국어 문장을 완성해 보세요.

① chīle 吃了　ma 吗　wǔfàn 午饭　nǐmen 你们

________________________　너희 점심 먹었어?

② méiyǒu 没有　jiānzhí 兼职　wǒ 我　zuòguo 做过

________________________　나는 아르바이트를 해본 적 없어.

연습문제 정답 p.232

Day 20

봄이 왔어.

춘ⓡ언티엔 라이 러
Chūntiān lái le.

春天来了。

한 번에 학습하기

봄이 왔어.
춘ⓡ언티엔 라이 러
Chūntiān lái le.
春天来了。
날이 너무 좋아.

이런 말을 할 수 있어요.

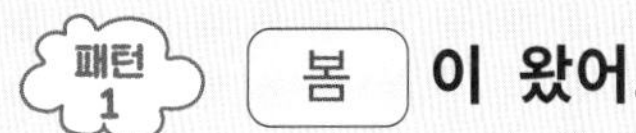
패턴 1 봄 이 왔어.

춘언티엔 라이 러
Chūntiān lái le .
春天 来 了。
봄이 오다 ~되었다

패턴 2 나 올해 20 살 됐어.

우어 찐인니엔 으얼쓰으 쑤에이 러
Wǒ jīnnián èrshí suì le .
我 今年 二十 岁 了。
나는 올해 20 살 ~되었다

패턴 3 밖에 비 와 .

우아이멘 씨아위이 러
Wàimian xiàyǔ le .
外面 下雨 了。
밖에 비가 내리다 ~되었다

패턴 4 나 프사 바꿨어.

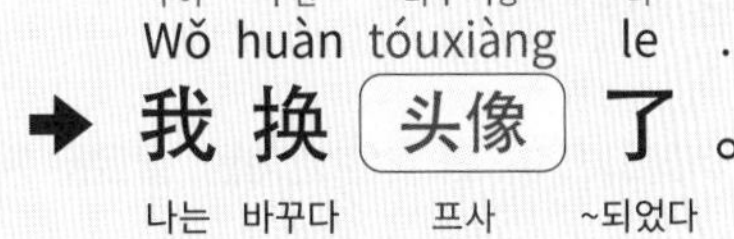
우어 후안 터우씨앙 러
Wǒ huàn tóuxiàng le .
我 换 头像 了。
나는 바꾸다 프사 ~되었다

이번 Day에서는 어떤 상태나 상황이 이전과 다르게 변했음을 나타내는 패턴을 배워볼 거예요. 이 패턴에서는 문장의 끝에 사용되는 了(le)가 중요하게 사용되는데, 앞서 배운 동작의 완료를 나타내는 了와 역할이 다르니 구별해서 잘 알아 두어야 해요. 오늘의 학습을 마치면 계절의 변화, 나이의 변화, 날씨의 변화 등을 나타내는 말을 쉽게 할 수 있어요.

패턴으로 말문트기

패턴 1

봄이 왔어. → 춘언티엔 Chūntiān 라이 lái 러 le. 春天来了。 (봄 / 오다 / ~되었다)

여름이 왔어. → 씨아티엔 Xiàtiān 夏天来了。 (여름)

가을이 왔어. → 치어우티엔 Qiūtiān 秋天来了。 (가을)

겨울이 왔어. → 또옹티엔 Dōngtiān 冬天来了。 (겨울)

패턴 파헤치기

1. '봄이 왔어.', '여름이 왔어.'와 같은 말처럼, 새로운 계절이 왔다고 말하고 싶을 때에는 '명사(계절)+来了(lái le)' 패턴으로 말하면 돼요. 이때 了(le)는 문장 끝에서 지금의 상태/상황이 이전과 다르게 변했음을 나타내는 어기조사예요.

문장 끝에 了를 쓰면 상태나 상황이 이전과 변화했음을 나타낼 수 있어요. 이처럼 문장의 끝에서 문장 전체의 뉘앙스를 바꿔주는 了를 '어기조사 了'라고 해요. 앞서 배운 동사 바로 뒤에 쓰이는 동태조사 了가 동작의 완료를 나타낸 것과 구별해서 알아두세요.

예 Chūntiān lái le.
春天来了。 봄이 왔어. (→ 겨울인 상태에서 봄인 상태로 변화했음)

Xiàtiān lái le.
夏天来了。 여름이 왔어. (→ 봄인 상태에서 여름인 상태로 변화했음)

나 올해 20 살 됐어. ➜

우어 Wǒ 我 나는 / 찌인니엔 jīnnián 今年 올해 / 으얼쓰으 èrshí 二十 20 / 쑤에이 suì 岁 살 / 러 le 了。 ~되었다

나 올해 28 살 됐어.

我今年二十八岁了。 (으얼쓰으빠아 èrshíbā 28)

나 올해 30 살 됐어. ➜

我今年三十岁了。 (싸안쓰으 sānshí 30)

나 올해 42 살 됐어.

我今年四十二岁了。 (쓰으쓰으으으얼 sìshí'èr 42)

패턴 파헤치기

1. '나 올해 20살 됐어.', '나 올해 28살 됐어.'와 같은 말처럼, 해가 바뀌어 올해 자신의 나이가 '~살'이 되었다고 말하고 싶을 때에는 '我今年(Wǒ jīnnián)+숫자+岁了(suì le)' 패턴으로 말하면 돼요. 여기서도 어기조사 了(le)가 문장 끝에서 지금의 상태/상황이 이전과 다르게 변했음을 나타내는 어기조사로 쓰였어요.

예 Wǒ jīnnián èrshí suì le.
我今年二十岁了。 나 올해 20살 됐어. (→ 해가 바뀌어 19살인 상태에서 20살인 상태로 변했음)

패턴으로 말문트기

패턴 3

밖에 비 와. → 外面 下雨 了。
우아이멘 Wàimian 밖에 / 씨아위이 xiàyǔ 비가 내리다 / 러 le ~되었다

밖에 눈 와. → 外面 下雪 了。
씨아쒸에 xiàxuě 눈이 내리다

밖에 바람 불어. → 外面 刮风 了。
꾸아ⓕ엉 guāfēng 바람이 불다

밖에 천둥 쳐. → 外面 打雷 了。
따아레이 dǎléi 천둥이 치다

패턴 파헤치기

1. '밖에 비 와.', '밖에 눈 와.'와 같은 말처럼, 바깥의 날씨 변화를 말하고 싶을 때에는 '外面(Wàimian)+동사(날씨 표현)+了(le)' 패턴으로 말하면 돼요. 여기서의 了(le)도 문장 끝에서 지금의 날씨 상황이 이전과 다르게 변했음을 나타내는 어기조사로 쓰였어요.

   예 Wàimian xiàyǔ le.
   外面下雨了。 밖에 비 와. (→ 비가 오지 않던 상태에서 비가 오는 상태로 변화했음을 나타냄)

   Wàimian xiàxuě le.
   外面下雪了。 밖에 눈 와. (→ 눈이 오지 않던 상태에서 눈이 오는 상태로 변화했음을 나타냄)

2. 어기조사 了(le)를 사용한 문장도 부정문, 吗(ma) 의문문, 정반의문문으로 말할 수 있어요.

   예 Wàimian méi(yǒu) xiàxuě.
   外面没(有)下雪。 밖에 눈이 안 왔어. → 了를 빼고 동사 앞에 没(有)를 쓰면 부정문이 돼요.

   Wàimian xiàxuě le ma?
   外面下雪了吗? 밖에 눈 왔어? → 문장 끝에 吗?를 붙이면 의문문이 돼요.

   Wàimian xiàxuě le méi(yǒu)?
   外面下雪了没(有)? 밖에 눈 왔어 안 왔어? → 문장 끝에 没(有)를 붙이면 정반의문문이 돼요.

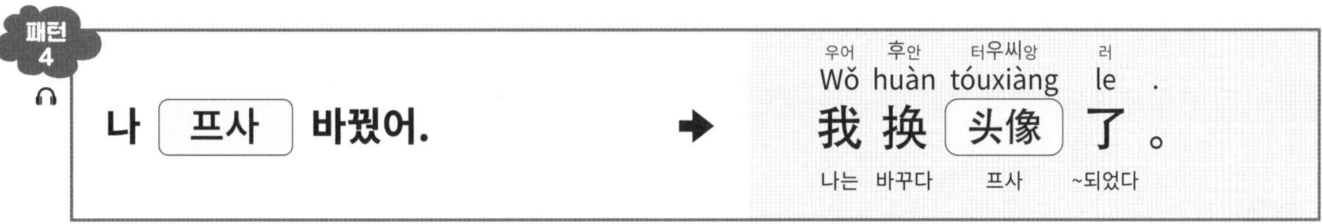
패턴 4
나 프사 바꿨어.
우어 후안 터우씨앙 러
Wǒ huàn tóuxiàng le .
我 换 头像 了。
나는 바꾸다 프사 ~되었다

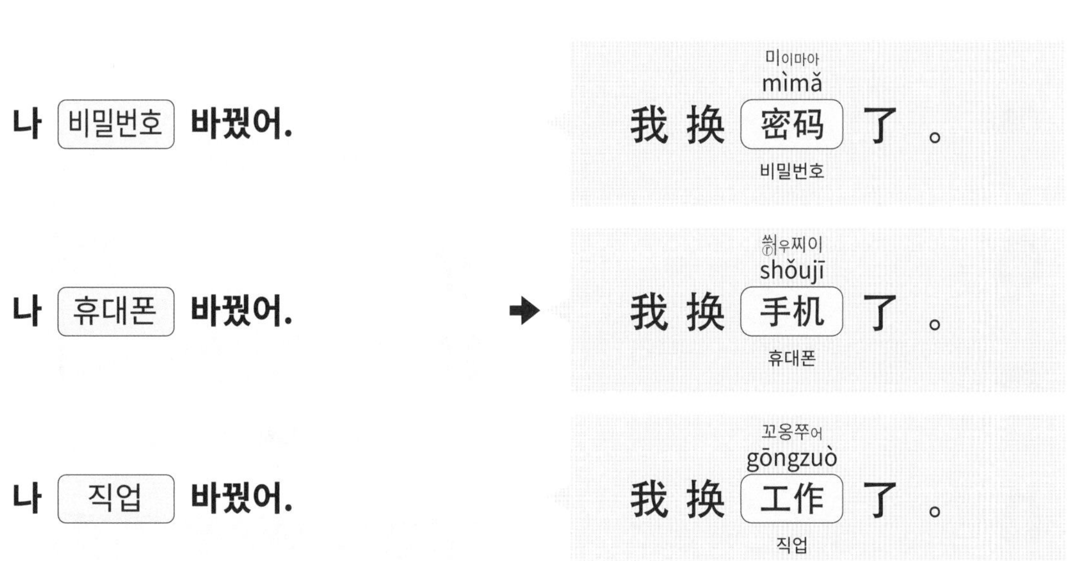
나 비밀번호 바꿨어.
미이마아
mìmǎ
我 换 密码 了。
비밀번호
나 휴대폰 바꿨어.
쏘우찌이
shǒujī
我 换 手机 了。
휴대폰
나 직업 바꿨어.
꼬옹쭈어
gōngzuò
我 换 工作 了。
직업

패턴 파헤치기

1. **'나 프사 바꿨어.', '나 비밀번호 바꿨어.'와 같은 말처럼, 무언가를 바꿔서 지금의 상태/상황이 이전과는 다르게 변했다고 말하고 싶을 때에는 '我换(Wǒ huàn)+명사+了(le)' 패턴으로 말하면 돼요. 여기서의 了(le)도 문장 끝에서 지금의 상태/상황이 이전과 다르게 변했음을 나타내는 어기조사로 쓰였어요.**

+플러스포인트 동태조사 了(le)는 동사 뒤에 쓰여 동작의 완료를 나타내고, 어기조사 了(le)는 문장 끝에 쓰여 상태/상황의 변화를 나타내요.

예
(동태조사 了) Wǒ huànle tóuxiàng.
我换了头像。 나 프사 바꿨어. (→ 프로필 사진 바꾸는 것을 완료했음을 나타냄)

(어기조사 了) Wǒ huàn tóuxiàng le.
我换头像了。 나 프사 바꿨어. (→ 프로필 사진이 바뀐 상태임을 나타냄)

※동태조사 了와 어기조사 了는 전달하는 뉘앙스에 차이가 있어요. 하지만 그 차이를 완벽히 구별하여 사용하기는 쉽지 않으므로 상황에 따라 자주 쓰이는 문장을 입에 붙이는 것이 중요해요.

실생활 회화 자동발사!

먼저 mp3를 들으며 대화의 분위기를 느껴보세요. 그 다음 따라 말해보세요.

1 샤오밍의 생일을 깜짝 축하해주는 수빈

수빈

씨아오미잉 쭈ⓡ우 니이 쓰ⓡ엉르ⓡ으 쿠아이르어 쯔ⓡ어 쓰ⓡ으 리이우우
Xiǎomíng, zhù nǐ shēngrì kuàilè. Zhè shì lǐwù.
晓明，祝你生日快乐。这是礼物。

샤오밍

오어 씨에셰
Ó, xièxie.
哦，谢谢。

수빈

나아 니이 찌인니엔 뚜어 따아 러
Nà nǐ jīnnián duō dà le?
那你今年多大了？

샤오밍

우어 찌인니엔 싸안쓰ⓡ으 쑤에이 러
Wǒ jīnnián sānshí suì le.
我今年三十岁了。

수빈

쓰ⓡ으 마 우어 이에 싸안쓰ⓡ으 쑤에이 러
Shì ma? Wǒ yě sānshí suì le.
是吗？我也三十岁了。

샤오밍

오어 우어먼 토옹쑤에이 아
Ó, wǒmen tóngsuì a!
哦，我们同岁啊！

수빈

하아 하아 하아 나아 우어먼 쭈어 프엉요 바
Hā hā hā, nà wǒmen zuò péngyou ba!
哈哈哈，那我们做朋友吧！

실생활 회화 끊어 보기 p.226

1 수빈: 샤오밍씨, 생일을 축하해요. 이거 선물이에요.
샤오밍: 엇, 감사합니다.
수빈: 그럼 올해 몇 살이에요?
샤오밍: 저 올해 30살이에요.
수빈: 그래요? 저도 30살이에요.
샤오밍: 오호라, 우리 동갑이군요!
수빈: 하하하, 그럼 우리 친구해요!

단어

生日快乐 shēngrì kuàilè 생일 축하합니다
礼物 lǐwù 명 선물 **那** nà 접 그럼 **今年** jīnnián 명 올해
也 yě 부 ~도 **同岁** tóngsuì 동 동갑이다
朋友 péngyou 명 친구

2 수빈에게 휴대폰 화면을 보여주는 샤오밍

샤오밍
우어 후안 터우씨앙 러
Wǒ huàn tóuxiàng le.
我换头像了。

수빈
오어 쪄어 쓰으 우어 쏘옹 더 쎵르으 리이우우 뚜에이 바
Ó, zhè shì wǒ sòng de shēngrì lǐwù, duì ba?
哦，这是我送的生日礼物，对吧？

'내가 준 생일선물'이라는 뜻으로 회화에서 흔히 쓰여요.

샤오밍
뚜에이 야 쪄어 쓰으 나아 쯔으 까앙삐이
Duì ya, zhè shì nà zhī gāngbǐ.
对呀，这是那支钢笔。

수빈
타이 하오 러
Tài hǎo le.
太好了。

샤오밍
니이 더 쎵르으 쓰으 쎤머 쓰으허우 너
Nǐ de shēngrì shì shénme shíhou ne?
你的生日是什么时候呢？

수빈
우어 더 쎵르으 쓰으 거 미이미이 하아 하아 하아
Wǒ de shēngrì shì ge mìmì. Hā hā hā.
我的生日是个秘密。哈哈哈。

个(ge, 개) 앞에 一(하나)가 생략되어 있어요. 중국어에서는 一个秘密(한 개의 비밀)과 같이 명사를 사용할 때 '수사+양사+명사'형태를 쓰는데, 여기서 '수사'가 一(하나)면 자주 생략돼요.

실생활 회화 끊어 보기 p.226

2 샤오밍: 저 프사 바꿨어요. (프사를 바꾼 상태예요.)
수빈: 엇, 이거 제가 준 생일선물 맞죠?
샤오밍: 맞아요. 이거 그 만년필이에요.
수빈: 너무 좋네요.
샤오밍: 수빈씨 생일은 언제예요?
수빈: 제 생일은 비밀이에요. 하하하.

단어

换 huàn 동 바꾸다　头像 tóuxiàng 명 프사
送 sòng 동 보내다　生日 shēngrì 명 생일
礼物 lǐwù 명 선물　支 zhī 양 자루[가늘고 긴 물건을 세는 단위]
钢笔 gāngbǐ 명 만년필　什么时候 shénme shíhou 언제
太…了 tài…le 너무 ~하다　个 ge 양 개
秘密 mìmì 명 비밀

연습문제로 실력 확인하기

mp3 바로 듣기

01 듣기 실력 향상

음성을 들으며 제시된 단어의 병음과 뜻을 써 보세요.

	병음	뜻
① 下雨		
② 工作		
③ 秋天		
④ 四十二岁		
⑤ 手机		

02 HSK 듣기 유형

들려주는 음성의 내용이 사진과 일치하면 O, 불일치하면 X에 체크해 보세요.

① O ☐ X ☐

② O ☐ X ☐

03

HSK 독해 유형

빈칸에 들어갈 알맞은 단어를 보기에서 골라 써 보세요.

[보기]	huàn 换	chūntiān 春天	tóngsuì 同岁

① Wǒ 我 (   ) le tóuxiàng. 了头像。 나 프사 바꿨어.

② (   ) lái le. 来了。 봄이 왔어.

HSK 쓰기 유형

나열된 단어로 우리말 뜻에 맞는 중국어 문장을 완성해 보세요.

① le 了　wàimian 外面　guāfēng 刮风

______________________ 밖에 바람 불어.

② jīnnián 今年　suì le 岁了　wǒ 我　sānshí 三十

______________________ 나 올해 30살 됐어.

연습문제 정답 p.232

실생활 회화 끊어 보기

Day 4

p.46

1 베이징 지사에서 오랜만에 만난 샤오밍과 수빈

수빈
Xiǎomíng, zuìjìn zěnmeyàng?
晓明, 最近 怎么样?
샤오밍 요즘 어때요?

샤오밍씨, 요즘 어때요?

샤오밍
Wǒ hěn hǎo.
我 很好。
나는 잘 지내요.

저는 잘 지내요.

Nǐ ne?
你 呢?
당신은 요?

수빈씨는요?

수빈
Wǒ yě hěn hǎo.
我 也 很好。
나 도 잘 지내요.

저도 잘 지내요.

Nǐ xiànzài máng ma?
你 现在 忙 吗?
당신은 지금 바쁘다 요?

샤오밍씨 지금 바빠요?

2 저녁 운동을 나간 수빈과 쟈메이

수빈
Kōngqì hěn hǎo!
空气 很好!
공기 좋다!

공기 좋다!

쟈메이
Shì de.
是的。
맞다.

그러게.

Éi, nǐ rè bu rè?
诶, 你 热 不 热?
어 너는 덥다 아니 덥다?

어, 너 더워 안 더워?

수빈
Háihǎo, wǒ bú rè.
还好, 我 不 热。
괜찮다. 나는 아니 덥다.

괜찮아. 난 안 더워.

Day 5

p.56

1 과일가게에 간 수빈

수빈
Lǎobǎn, zhège hěn guì!
老板，这个 很贵！
사장님 이거 비싸다!

사장님, 이거 비싸요!

과일가게 주인
Nàge hěn dà, érqiě hěn hǎochī.
那个 很大，而且 很好吃。
그것은 크다 게다가 맛있다.

그거 크잖아, 게다가 맛있어.

수빈
Éi? Zhēn de hěn hǎochī.
诶？真的 很好吃。
어? 진짜 맛있다.

어? 진짜 맛있네요.

Dàn háishi hěn guì.
但 还是 很贵。
하지만 그래도 비싸다.

그래도 역시 비싸요.

2 외근하다 잠깐 벤치에 앉아 쉬는 수빈과 샤오밍

샤오밍
Xiùbīn, nǐ lèi ma?
秀彬，你 累 吗？
수빈씨 당신은 피곤하다 요?

수빈씨 피곤해요?

수빈
Wǒ bú lèi.
我 不 累。
나는 아니 피곤하다.

저 안 피곤해요.

Zhèli hěn liángkuai.
这里 很凉快。
여기는 시원하다.

여기 시원하네요.

샤오밍
Shì a.
是啊。
그러네요.

그러네요.

Nàge bú zhòng ma?
那个 不 重 吗？
그것은 아니 무겁다 요?

그거 안 무거워요?

수빈
Bù, zhège hěn qīng.
不，这个 很轻。
아니. 이것은 가볍다.

아뇨, 이거 가벼워요.

샤오밍
Hǎo de.
好的。
네.

네.

실생활 회화 끊어 보기

Day 6

p.66

1 한가한 일요일 오후 셰어 하우스에서 수빈과 쟈메이

쟈메이
Xiùbīn, nǐ zài gàn shénme?
秀彬，你 在 干 什么？
수빈아 너는 ~하고 있다 하다 무엇
수빈아, 너 뭐해?

수빈
Wǒ kàn shū.
我 看 书。
나는 본다 책
나 책 봐.

Nǐ ne?
你 呢？
너 는?
너는?

쟈메이
Ó, wǒ kàn diànshìjù.
哦，我 看 电视剧。
어, 나는 본다 드라마.
어, 나는 드라마 봐.

Zhège fēicháng yǒuyìsi.
这个 非常 有意思。
이것은 매우 재미있다.
이거 되게 재밌어.

수빈
Shì ma?
是吗？
그래?
그래?

Nà wǒmen yìqǐ kàn ba.
那 我们 一起 看 吧。
그럼 우리 같이 보다 하자.
그럼 우리 같이 보자.

2 퇴근하는 수빈과 샤오밍

샤오밍
Xiùbīn, jīntiān xīnkǔ le.
秀彬，今天 辛苦了。
수빈씨 오늘 수고했다.
수빈씨, 오늘 수고했어요.

수빈
Nǐ yě xīnkǔ le.
你 也 辛苦了。
당신 도 수고했다.
샤오밍씨도 수고하셨습니다.

샤오밍
Nǐ kàn yīnyuèjù ma?
你 看 音乐剧 吗？
당신은 본다 뮤지컬 요?
수빈씨 뮤지컬 봐요?

수빈
Dāngrán, zěnmele?
当然，怎么了？
물론 왜요?
물론이죠. 왜요?

샤오밍
Nà wǒmen zhōumò yìqǐ kàn
那 我们 周末 一起 看
그럼 우리 주말에 같이 보다
yīnyuèjù ba, zěnmeyàng?
音乐剧 吧，怎么样？
뮤지컬 하자. 어때요?
그럼 우리 주말에 같이 뮤지컬 봐요. 어때요?

수빈
Zhēn de ma?
真的 吗？
진짜 요?
진짜요?

Tài hǎo le.
太好了。
너무 좋다.
너무 좋아요.

Day 7

p.76

1 동네 편의점 근처에서 마주친 하우스 메이트 밍허와 쟈메이

밍허
Jiāměi! Nǐ qù nǎr?
佳美！你 去 哪儿？
쟈메이! 너는 간다 어디?

쟈메이, 너 어디가?

쟈메이
Ó, Mínghé!
哦，明河！
오, 밍허!

오~ 밍허!

Wǒ qù biànlìdiàn, nǐ ne?
我 去 便利店，你 呢？
나는 간다 편의점, 너 는?

나 편의점 가. 너는?

밍허
Wǒ huíjiā ne. Xiùbīn ne?
我 回家 呢。秀彬 呢？
나는 집에 간다 ~하고 있다. 수빈이 는?

나는 집 가는 중이지. 수빈이는?

쟈메이
Tā chī fàn.
她 吃 饭。
그녀는 먹는다 밥을.

걔는 밥 먹어.

Nǐ hē shénme ne?
你 喝 什么 呢？
너는 마신다 무엇 ~하고 있다

너 뭐 마시고 있어?

밍허
Zhège? Bīng měishì.
这个？冰美式。
이거? 아이스 아메리카노.

이거? 아이스 아메리카노.

Wǒ xiān huíjiā.
我 先 回家。
나는 먼저 집에 간다.

나 먼저 집에 갈게.

2 셰어 하우스에 막 도착한 밍허

밍허
Wǒ huílai le.
我 回来了。
나는 돌아왔다.

나 돌아왔어.

수빈
Mínghé, jīntiān yě xīnkǔ le.
明河，今天 也 辛苦了。
밍허, 오늘 도 수고했다.

밍허, 오늘도 수고했어.

밍허
Nǐ chī shénme?
你 吃 什么？
너는 먹는다 무엇?

너 뭐 먹어?

수빈
Wǒ chī fāngbiànmiàn.
我 吃 方便面。
나는 먹는다 라면.

나 라면 먹어.

밍허
Wǒ tài è le,
我 太饿了，
나는 너무 배고프다.

나 너무 배고파.

wǒ yě yào chī.
我 也 要 吃。
나 도 하려 한다 먹다.

나도 먹을래.

수빈
Yìqǐ chī ba.
一起 吃 吧。
같이 먹다 하자.

같이 먹자.

실생활 회화 끊어 보기

Day 8

p.86

1 점심 식사 중인 수빈과 팀장 쯔웨

쯔웨
Wǒ zuìjìn xué Hányǔ.
我 最近 学 韩语。
나는 요즘 배운다 한국어.
나 요즘 한국어 배워요.

수빈
Zhēn de ma?
真的 吗?
정말 요?
정말요?

Hányǔ hěn nán ba?
韩语 很难 吧?
한국어는 어렵다 죠?
한국어 어렵죠?

쯔웨
Shì de, Hányǔ hěn nán.
是的, 韩语 很难。
네, 한국어는 어렵다.
네, 한국어 어려워요.

Dànshì hěn yǒuyìsi.
但是 很有意思。
하지만 재미있다.
하지만 재밌어요.

수빈
Zǔzhǎng, jiāyóu!
组长, 加油!
팀장님, 파이팅!
팀장님, 파이팅!

2 어느날 저녁 수빈이 방에서

쟈메이
Xiùbīn, nǐ máng ma?
秀彬, 你 忙 吗?
수빈아, 너는 바쁘다 니?
수빈아, 너 바빠?

Wǒmen chī zhájī hē píjiǔ ba.
我们 吃 炸鸡 喝 啤酒 吧。
우리 먹다 치킨 마시다 맥주 하자.
우리 치맥하자.

수빈
Wǒ tài máng le.
我 太忙了。
나는 너무 바쁘다.
나 너무 바빠.

쟈메이
Nǐ zài gàn shénme?
你 在 干 什么?
너는 ~하고 있다 하다 무엇?
너 뭐하는데?

수빈
Wǒ xiě bàogào.
我 写 报告。
나는 쓴다 보고서.
나 보고서 써.

쟈메이
Zhēn de ma?
真的 吗?
진짜 니?
진짜?

Jiāyóu.
加油。
파이팅.
파이팅.

Day 9

p.96

1 춘절을 일주일 앞두고 사무실에서 팀장 쯔웨와 인턴 카이쥔

카이쥔
Wǒ xià zhōu qù Yúnnán.
我 下周 去 云南。
나는 다음주에 간다 윈난.
저 다음주에 윈난에 갑니다.

쯔웨
Shì ma?
是 吗?
그렇다 요?
그래요?

Nǐ zěnme qù?
你 怎么 去?
당신은 어떻게 간다?
어떻게 가요?

카이쥔
Wǒ zuò huǒchē.
我 坐 火车。
나는 탄다 기차.
저는 기차를 탑니다.

Nǐ Chūnjié gàn shénme?
你 春节 干 什么?
당신은 춘절에 한다 무엇?
팀장님은 춘절에 뭐 하십니까?

Nǐ qù nǎr?
你 去 哪儿?
당신은 간다 어디?
어디 가십니까?

쯔웨
Wǒ qù Shànghǎi.
我 去 上海。
나는 간다 상하이.
저는 상하이에 가요.

Zhù nǐ yílù shùnfēng.
祝 你 一路顺风。
바란다 당신이 가는 길이 순조롭다.
잘 다녀와요.

2 집근처 편의점에서 쟈메이에게 전화를 건 수빈

수빈
Wéi, Jiāměi, nǐ zài nǎr?
喂, 佳美, 你 在 哪儿?
여보세요, 쟈메이, 너는 ~에 있다 어디?
여보세요, 쟈메이, 너 어디야?

Nǐ gàn shénme?
你 干 什么?
너는 한다 무엇?
뭐해?

쟈메이
Wǒ zài jiā kàn diànshì.
我 在 家 看 电视。
나는 ~에서 집 본다 TV.
나 집에서 TV 봐.

Nǐ ne?
你 呢?
너 는?
너는?

수빈
Wǒ zài biànlìdiàn. Mínghé ne?
我 在 便利店。明河 呢?
나는 ~에 있다 편의점. 밍허 는?
나는 편의점에 있어. 밍허는?

쟈메이
Tā zuò cài. Zěnmele?
他 做 菜。怎么了?
그는 한다 요리. 왜?
걔는 요리해. 왜?

수빈
Wǒ mǎi píjiǔ zěnmeyàng?
我 买 啤酒 怎么样?
나는 산다 맥주 어때?
내가 맥주 살까?

쟈메이
Hǎo a!
好啊!
좋다!
좋지!

실생활 회화 끊어 보기

Day 10

p.106

1 팀장 쯔웨와 왠지 힘이 없어 보이는 수빈

쯔웨

Xiùbīn,	wǒmen	chī	píngguǒ	ba.
秀彬，	我们	吃	苹果	吧。
수빈씨,	우리	먹다	사과	하자.

수빈씨, 우리 사과 먹어요.

수빈

Xièxie.	Wǒ	nǎinai	hěn xǐhuan	píngguǒ,
谢谢。	我	奶奶	很喜欢	苹果，
감사합니다.	나의	할머니가	좋아한다	사과,

감사합니다. 우리 할머니가 사과를 많이 좋아해요.

wǒ	xiǎng	tā.
我	想	她。
나는	그리워한다	그녀.

할머니가 그립네요.

쯔웨

Zhèyàng a.
这样啊。
그렇군요.

그렇군요.

Nǐ	yě	xǐhuan	píngguǒ	ba?
你	也	喜欢	苹果	吧?
당신	도	좋아한다	사과	죠?

수빈씨도 사과 좋아하지요?

수빈

Shì de.	Wǒ	xǐhuan	shuǐguǒ.
是的。	我	喜欢	水果。
네.	나는	좋아한다	과일.

네. 저 과일 좋아해요.

쯔웨

Hē	diǎnr	chá	ba.
喝	点儿	茶	吧。
마신다	조금	차	해요.

차 좀 마셔요.

수빈

Hǎo de,	xièxie	nǐ.
好的，	谢谢	你。
네,	감사하다	당신.

네, 감사해요.

2 어느 날 저녁 쟈메이와 쟈메이 남자친구를 만나게 된 수빈

레이

Nǐ hǎo.
你好。
안녕하세요.

안녕하세요.

Wǒ	jiào	Zhāng Lěi.
我	叫	张磊。
나는	~라고 부르다	장레이.

저는 장레이라고 합니다.

Wǒ	shì	Jiāměi	de	nánpéngyou.
我	是	佳美	的	男朋友。
나는	이다	쟈메이	의	남자친구.

저는 쟈메이의 남자친구입니다.

수빈

Wǒ	jiào	Lǐ Xiùbīn.
我	叫	李秀彬。
나는	~라고 부르다	이수빈.

저는 이수빈이라고 합니다.

Wǒ	shì	Jiāměi	de	shìyǒu.
我	是	佳美	的	室友。
나는	이다	쟈메이	의	하우스 메이트.

저는 쟈메이의 하우스 메이트예요.

쟈메이

Hǎo de,	nà	wǒmen	xiànzài	chī	fàn	ba.
好的，	那	我们	现在	吃	饭	吧。
좋다,	그럼	우리	지금	먹다	밥	하자.

좋아, 그럼 우리 이제 밥 먹자.

Nǐmen	xǐhuan	niúpái	ma?
你们	喜欢	牛排	吗?
너희는	좋아한다	스테이크	니?

너희 스테이크 좋아해?

수빈

Dāngrán le!!!
当然了！！！
당연하다!!!

당연하지!!!

Day 11

p.116

1 셰어 하우스에서 밍허의 책상에 놓인 사진을 보고 있는 쟈메이

쟈메이
Tā shì shéi?
他 是 谁?
그는 이다 누구?
이 남자는 누구야?

밍허
Tā shì wǒ de tóngshì.
他 是 我 的 同事。
그는 이다 나 의 직장 동료.
그는 나의 직장 동료야.

쟈메이
Tā jiào shénme míngzi?
他 叫 什么 名字?
그는 ~라고 부르다 무슨 이름?
그는 이름이 뭐야?

밍허
Tā jiào Mùcūn Dàhé.
他 叫 木村 大和。
그는 ~라고 부르다 기무라 야마토.
그는 기무라 야마토라고 해.

쟈메이
Tā shì Rìběnrén ma?
他 是 日本人 吗?
그는 이다 일본인 니?
그는 일본인이야?

밍허
Èng.
嗯。
응.
응.

Tā shì Rìběnrén, shì chúshī.
他 是 日本人, 是 厨师。
그는 이다 일본인, 이다 요리사.
그는 일본인이고, 요리사야.

2 사무실에서 수빈과 샤오밍

샤오밍
Zhè shì shénme?
这 是 什么?
이것은 이다 무엇?
이건 뭐예요?

수빈
Zhè shì xīn mǎi de shǒujī.
这 是 新买的 手机。
이것은 이다 새로 산 휴대폰.
이건 새로 산 휴대폰이에요.

Zhè shì zuì xīnkuǎn!
这 是 最新款!
이것은 이다 최신형!
최신형이에요!

샤오밍
Wā! Hěn piàoliang, zhège guì ma?
哇! 很漂亮, 这个 贵 吗?
와! 예쁘다. 이것은 비싸다 요?
와! 예쁘네요. 이거 비싸요?

수빈
Èng, yǒudiǎn guì.
嗯, 有点 贵。
네, 조금 비싸다.
네, 조금 비싸요.

Dànshì xiàngsù fēicháng hǎo.
但是 像素 非常 好。
하지만 카메라 화소 아주 좋다.
하지만 카메라 화소가 아주 좋아요.

샤오밍
Shì ma?
是吗?
그래요?
그래요?

Wǒmen pāizhào ba.
我们 拍照 吧。
우리 사진 찍다 하자.
우리 사진 찍어요.

실생활 회화 끊어 보기

Day 12

p.126

1 수빈에게 급한 일을 전하는 팀장 쯔웨

쯔웨
Xiùbīn, nǐ xiànzài yǒu méiyǒu shíjiān?
秀彬, 你 现在 有没有 时间?
수빈씨, 당신은 지금 있다 없다 시간?
수빈씨, 지금 시간 있어요 없어요?

Wǒmen yìqǐ qù Wángfǔjǐng fēndiàn ba.
我们 一起 去 王府井分店 吧。
우리 같이 가다 왕푸징 지점 하자.
우리 같이 왕푸징 지점에 갑시다.

수빈
Wǒ yǒu shíjiān.
我 有 时间。
나는 있다 시간.
저 시간 있습니다.

Nàli yǒu shénme shì ma?
那里 有 什么 事 吗?
거기 있다 무슨 일 요?
거기 무슨 일 있어요?

쯔웨
Tīngshuō xiànzài nàli tài máng le.
听说 现在 那里 太忙了。
듣자 하니 지금 거기 너무 바쁘다
듣자 하니 지금 그쪽이 너무 바쁘대요.

수빈
Shì ma?
是 吗?
그렇다 요?
그래요?

쯔웨
Wǒmen kuài zǒu ba.
我们 快 走 吧。
우리 빠르게 가다 하자.
우리 빨리 갑시다.

2 편의점 앞에 앉아 얘기 중인 쟈메이와 수빈

수빈
Jiāměi, nǐ yǒu xiōngdì jiěmèi ma?
佳美, 你 有 兄弟姐妹 吗?
쟈메이, 너는 있다 형제자매 니?
쟈메이, 너는 형제자매가 있어?

쟈메이
Èng, wǒ yǒu dìdi.
嗯, 我 有 弟弟。
응, 나는 있다 남동생.
응, 나는 남동생이 있어.

Tā shì dàxuéshēng. Nǐ ne?
他 是 大学生。你 呢?
그는 이다 대학생. 너 는?
그는 대학생이야. 너는?

수빈
Wǒ méiyǒu dìdi. Wǒ yǒu jiějie.
我 没有 弟弟。我 有 姐姐。
나는 없다 남동생. 나는 있다 언니.
나는 남동생이 없어. 나는 언니가 있어.

쟈메이
Nǐ jiějie zài Hánguó ma?
你 姐姐 在 韩国 吗?
너의 언니는 ~에 있다 한국 니?
너의 언니는 한국에 있어?

수빈
Bù, wǒ jiějie zài Měiguó.
不, 我 姐姐 在 美国。
아니, 나의 언니는 ~에 있다 미국.
아니, 우리 언니는 미국에 있어.

Nǐ dìdi zài Běijīng ma?
你 弟弟 在 北京 吗?
너의 남동생은 ~에 있다 베이징 니?
너의 남동생은 베이징에 있어?

쟈메이
Bù, tā zài Shànghǎi, zài Shànghǎi xuéxí.
不, 他 在 上海, 在 上海 学习。
아니, 그는 ~에 있다 상하이, ~에서 상하이 공부한다.
아니, 그는 상하이에 있고, 상하이에서 공부해.

Day 13

p.136

1 퇴근하려다 쟈메이의 전화를 받은 수빈

쟈메이
Wéi, Xiùbīn,
喂， 秀彬，
여보세요, 수빈아,

여보세요, 수빈아,

nǐ jīnwǎn yǒu méiyǒu yuē?
你 今晚 有没有 约?
너는 오늘 저녁 있다 없다 약속?

너 오늘 저녁에 약속 있어 없어?

Wǒmen kàn diànyǐng ba.
我们 看 电影 吧。
우리 보다 영화 하자.

우리 영화 보자.

수빈
Hǎo, wǒ méiyǒu yuē.
好，我 没有 约。
좋다. 나는 없다 약속.

좋아, 나 약속 없어.

Wǒ yě xiǎng kàn diànyǐng.
我 也 想 看 电影。
나 도 하고 싶다 보다 영화.

나도 영화 보고 싶어.

쟈메이
Nǐ xiànzài néng xiàbān ma?
你 现在 能 下班 吗?
너는 지금 할 수 있다 퇴근하다 니?

너 지금 퇴근할 수 있어?

수빈
Èng. Wǒ xiànzài yào xiàbān.
嗯。我 现在 要 下班。
응. 나는 지금 하려 한다 퇴근하다.

응. 나 지금 퇴근할 거야.

쟈메이
Nà yíhuìr jiàn.
那 一会儿 见。
그럼 이따 보다.

그럼 좀 이따 봐.

2 상하이에 출장 온 수빈, 샤오밍과 함께 외근을 나가려 한다.

수빈
Xiǎomíng, wǒ xiànzài yào chūqu,
晓明， 我 现在 要 出去，
샤오밍씨, 나는 지금 하려 한다 나가다,

샤오밍씨, 저 지금 나가려는데,

nǐ néng yìqǐ qù ma?
你 能 一起 去 吗?
당신은 할 수 있다 같이 가다 요?

같이 갈 수 있어요?

샤오밍
Shì de, wǒ néng qù.
是的，我 能 去。
네, 나는 할 수 있다 가다.

네, 갈 수 있어요.

수빈
Nǐ huì kāichē ma?
你 会 开车 吗?
당신은 할 줄 알다 운전하다 요?

운전할 줄 알아요?

샤오밍
Dāngrán, wǒ néng kāichē.
当然，我 能 开车。
물론 나는 할 수 있다 운전하다.

물론이죠. 저 운전 할 수 있어요.

수빈
Hǎo de.
好的。
좋다.

좋아요.

실생활 회화 끊어 보기

Day 14

p.146

1 북경에서 오랜만에 만나 같이 식사 중인 수빈과 샤오밍

샤오밍
Xiùbīn, nǐ bù chī le ma?
秀彬，你 不 吃了 吗？
수빈씨, 당신은 아니 먹은 상태가 된다 요?
수빈씨, 더 안 드세요?

수빈
Wǒ zhèngzài jiǎnféi.
我 正在 减肥。
나는 하는 중이다 다이어트하다.
저 다이어트하는 중이에요.

샤오밍
Zhēn de ma?
真的 吗？
정말 요?
정말요?

수빈
Èng, wǒ měi tiān yùndòng.
嗯，我 每天 运动。
네, 나는 매일 운동한다.
네, 저 매일 운동해요.

Érqiě wǒ bù chī wǎnfàn.
而且 我 不 吃 晚饭。
게다가 나는 아니 먹는다 저녁.
게다가 저녁을 안 먹어요.

샤오밍
Nǐ bú è ma?
你 不 饿 吗？
당신은 아니 배고프다 요?
배고프지 않아요?

수빈
Wǒ hěn è, dànshì yào rěnzhù.
我 很饿，但是 要 忍住。
나는 배고프다, 하지만 해야 한다 참다.
배고파요, 하지만 참아야 해요.

2 더운 여름날 함께 길을 걷고 있는 쟈메이와 밍허

쟈메이
A, wǒ tài rè le.
啊，我 太热了。
아, 나는 너무 덥다.
아, 너무 덥다.

밍허
Wǒ tài kě le.
我 太渴了。
나는 너무 목 마르다.
나는 목이 너무 말라.

Wǒ xiǎng hē bīng shuǐ.
我 想 喝 冰水。
나는 하고 싶다 마시다 얼음물.
얼음물 마시고 싶어.

쟈메이
Wǒmen qù Xīngbākè hē
我们 去 星巴克 喝
우리 가다 스타벅스 마시다

bīng měishì ba.
冰美式 吧。
아이스 아메리카노 하자.
우리 스타벅스 가서 아이스 아메리카노 마시자.

밍허
Xīngbākè tài yuǎn le.
星巴克 太远了。
스타벅스는 너무 멀다.
스타벅스는 너무 멀어.

Wǒmen xiān qù biànlìdiàn mǎi
我们 先 去 便利店 买
우리 먼저 가다 편의점 사다

bīng shuǐ ba.
冰水 吧。
얼음물 하자.
우리 먼저 편의점 가서 얼음물 사자.

쟈메이
Hǎo de hǎo de.
好的 好的。
그래 그래.
그래그래.

Day 15

p.156

1 북경의 관광안내소에서 문의 중인 수빈

수빈

Qǐng wèn.
请问。
말씀 좀 물을게요.

말씀 좀 물을게요.

Tiān'ānmén zěnme zǒu?
天安门 怎么 走?
천안문은 어떻게 가다?

천안문 어떻게 가요?

직원

Nǐ děng yíxià.
你 等 一下。
당신은 기다리다 해 보세요.

기다려 보세요.

Tiān'ānmén ma?
天安门 吗?
천안문 요?

천안문이요?

수빈

Shì de, wǒ yào zuò dìtiě ma?
是的, 我 要 坐 地铁 吗?
네, 나는 해야 한다 타다 지하철 요?

네, 지하철 타야 할까요?

직원

Shì de, dìtiě hěn fāngbiàn.
是的, 地铁 很方便。
네, 지하철이 편하다.

네, 지하철이 편해요.

수빈

Dìtiězhàn zài nǎr?
地铁站 在 哪儿?
지하철역은 ~에 있다 어디?

지하철역은 어디에 있어요?

직원

Dìtiězhàn zài yòubian.
地铁站 在 右边。
지하철역은 ~에 있다 우측.

지하철역은 우측에 있어요.

2 이탈리안 식당에 간 자메이와 수빈

수빈

Nǐ xiǎng chī shénme?
你 想 吃 什么?
너는 하고 싶다 먹다 무엇?

너 뭐 먹고 싶어?

쟈메이

Wǒ xiǎng chī pīsà.
我 想 吃 披萨。
나는 하고 싶다 먹다 피자.

나는 피자 먹고 싶어.

수빈

Wǒ yě shì.
我 也 是。
나 도 그렇다.

나도.

Yǐnliào ne?
饮料 呢?
음료 는?

음료는?

쟈메이

Wǒ xiǎng hē kělè.
我 想 喝 可乐。
나는 하고 싶다 마시다 콜라.

나는 콜라 마시고 싶어.

수빈

Fúwùyuán,
服务员,
종업원,

여기요,

lái yí fèn pīsà hé
来 一 份 披萨 和
주세요 한 판 피자 와/과

yì píng kělè.
一 瓶 可乐。
한 병 콜라.

피자 한 판이랑 콜라 한 병 주세요.

실생활 회화 끊어 보기

Day 16

p.166

1 어느 목요일 이른 아침 셰어 하우스에서 쟈메이와 밍허

밍허
Jīntiān xīngqī jǐ?
今天 星期 几?
오늘은 요일 무슨?

오늘 무슨 요일이지?

쟈메이
Jīntiān xīngqīsì.
今天 星期四。
오늘은 목요일이야.

오늘은 목요일이야.

밍허
Jīntiān bú shì xīngqīsān ma?
今天 不是 星期三 吗?
오늘은 아니다 수요일 니?

오늘 수요일 아니야?

Chū dàshì le.
出 大事 了。
나다 큰일 ~되었다.

큰일 났다.

쟈메이
Shénme shì?
什么 事?
무슨 일?

무슨 일인데?

밍허
Jīntiān shì Xiùbīn de shēngrì!!!
今天 是 秀彬 的 生日!!!
오늘은 이다 수빈 의 생일!!!

오늘 수빈이 생일이야!!!

쟈메이
Zhēn de ma? Mínghé, nǐ gǎnjǐn zuò zǎofàn. Wǒ qù mǎi shēngrì dàngāo.
真的 吗? 明河, 你 赶紧 做 早饭。 我 去 买 生日蛋糕。
정말 니? 밍허, 너는 빨리 만들다 아침밥. 나는 가다 사다 생일 케이크.

정말? 밍허, 너는 빨리 아침밥 만들어. 나는 생일 케이크 사러 갈게.

2 금요일 퇴근무렵 수빈과 인턴 카이쥔

수빈
Jīntiān xīngqīwǔ.
今天 星期五。
오늘은 금요일.

오늘 금요일이네요.

Nǐ zhōumò zuò shénme?
你 周末 做 什么?
당신은 주말에 한다 무엇?

카이쥔씨는 주말에 뭐해요?

카이쥔
Wǒ zhōuliù hé péngyoumen dǎ lánqiú.
我 周六 和 朋友们 打篮球。
나는 토요일에 와/과 친구들 농구한다

저는 토요일에 친구들과 농구를 해요.

Nǐ ne?
你 呢?
당신 은?

수빈씨는요?

수빈
Míngtiān wǒ yào shuì lǎnjiào.
明天 我 要 睡懒觉。
내일 나는 하려 한다 늦잠 자다.

내일은 늦잠 잘 거예요.

Xīngqītiān wǒ xiǎng qù kàn diànyǐng.
星期天 我 想 去 看 电影。
일요일에 나는 하고 싶다 가다 보다 영화.

일요일에는 영화 보러 가고 싶네요.

카이쥔
Zhēn hǎo.
真好。
좋다.

좋네요.

수빈
Shì a. Zhōumò yúkuài, xīngqīyī jiàn ba.
是啊。 周末愉快, 星期一 见 吧。
그러게요. 주말 잘 보내요, 월요일에 만나다 하자.

그러게요. 주말 잘 보내고, 월요일에 봐요.

Day 17

p.176

1 업무 일정을 얘기하는 팀장 쯔웨와 수빈

쯔웨
Jīntiān sān yuè shí hào.
今天 三月十号。
오늘은 3월 10일.

오늘은 3월 10일이네요.

Jīntiān yǒu huìyì ma?
今天 有 会议 吗?
오늘 있다 회의 요?

오늘 회의 있나요?

수빈
Shì de,
是的,
네,

네,

shàngwǔ hé qǐhuàbù yǒu huìyì.
上午 和 企划部 有 会议。
오전에 와/과 기획팀 있다 회의.

오전에 기획팀과 회의 있습니다.

쯔웨
Huìyì jǐ diǎn kāishǐ?
会议 几点 开始?
회의는 몇 시 시작한다?

회의는 몇 시에 시작하나요?

수빈
Shàngwǔ shíyī diǎn.
上午 十一点。
오전 11시.

오전 11시입니다.

쯔웨
Xiànzài jiǔ diǎn wǔshí fēn,
现在 九点五十分,
지금은 9시 50분,

지금이 9시 50분이니까,

hái yǒu diǎn shíjiān a.
还 有 点 时间 啊。
아직 있다 조금 시간 네.

아직 조금 여유 있네요.

2 셰어 하우스 거실에서 TV를 보고 있는 수빈과 쟈메이

쟈메이
Zhè bù diànshìjù tài yǒuyìsi le.
这 部 电视剧 太有意思了。
이 편 드라마 너무 재미있다.

이 드라마 너무 재미있다.

수빈
Nán zhǔjué tài shuài le.
男主角 太帅了。
남자 주인공이 정말 멋지다.

남자 주인공이 정말 멋져.

쟈메이
Tā sānshíwǔ suì ba?
他 三十五岁 吧?
그는 35살 지?

그는 35살이지?

Tā duō gāo?
他 多 高?
그는 얼마나 키가 크다?

키가 어떻게 돼?

수빈
Èng, tā sānshíwǔ suì.
嗯, 他 三十五岁。
응, 그는 35살.

응, 35살이야.

Tā yì mǐ qīsān.
他 一米 七三。
그는 1미터 73.

키는 173이고.

쟈메이
Tā bú tài gāo.
他 不 太 高。
그는 아니 매우 키가 크다.

키는 그리 안 크구나.

Dàn tā tài shuài le.
但 他 太帅了。
그래도 그는 너무 멋지다.

그래도 그는 너무 멋져.

실생활 회화 끊어 보기

Day 18

p.186

1 집 근처에서 마주친 쟈메이와 밍허

밍허

Nǐ	mǎile	shénme?
你	买了	什么?
너는	샀다	무엇?

너 뭐 샀어?

쟈메이

Wǒ	mǎile	yùndòngxié.	Piàoliang	ba?
我	买了	运动鞋。	漂亮	吧?
나는	샀다	운동화.	예쁘다	지?

나 운동화 샀어. 예쁘지?

밍허

Zhēn	piàoliang.
真	漂亮。
정말	예쁘다.

정말 예쁘네.

Nǐ	yǒu méiyǒu	mǎi	bié de?
你	有没有	买	别的?
너는	했다 안했다	사다	다른 거?

너 다른 거 샀어 안 샀어?

쟈메이

Wǒ	méi mǎi	bié de.
我	没买	别的。
나는	안 샀다	다른 거.

나 다른 거 안 샀어.

Nǐ	xūyào	mǎi	shénme	ma?
你	需要	买	什么	吗?
너는	해야 한다	사다	무엇	니?

너 뭐 사야 해?

밍허

Wǒmen	zài	qù	yíxià	chāoshì	ba,
我们	再	去	一下	超市	吧,
우리	다시	가다	한번 ~해 보다	마트	하자.

우리 마트에 다시 한번 가자.

hái	yào	mǎi	chī de	ne.
还	要	买	吃的	呢。
더	해야 한다	사다	먹을 거	네.

먹을 거도 사야 돼.

2 외근 중 길을 걷고 있는 샤오밍과 수빈

샤오밍

Nǐ	mǎi	piào	le	ma?
你	买	票	了	吗?
당신은	사다	티켓	~되었다	요?

수빈씨 티켓 샀어요? (티켓을 산 상태가 되었어요?)

수빈

Shénme	piào?
什么	票?
무슨	티켓?

무슨 티켓요?

샤오밍

Wǒmen	míngtiān	yào	qù	kàn
我们	明天	要	去	看
우리는	내일	하려 한다	가다	보다

bàngqiú bǐsài,	bú shì	ma?
棒球比赛,	不是	吗?
야구 시합,	아니다	요?

우리 내일 야구 시합 보러 가기로 했잖아요. 아니에요?

수빈

Āiyā,	wǒ	méi mǎi.	Nǐ	ne?
哎呀,	我	没买。	你	呢?
앗,	나는	안 샀다.	당신	은?

앗, 저 안 샀어요. 샤오밍씨는요?

샤오밍

Wǒ	yǐjīng	mǎile.
我	已经	买了。
나는	이미	샀다.

저는 이미 샀어요.

Nǐ	xiànzài	kěyǐ	zài wǎngshàng	mǎi.
你	现在	可以	在网上	买。
당신은	지금	할 수 있다	인터넷에서	사다.

지금 인터넷으로 살 수 있어요.

수빈

Hǎo,	wǒ	mǎshàng	mǎi.
好,	我	马上	买。
좋다,	나는	바로	사다.

좋아요, 바로 살게요.

Day 19

p.196

1 점심 식사 후 탕비실에서 팀장 쯔웨와 수빈

쯔웨
Xiùbīn, nǐ chīle wǔfàn ma?
秀彬，你 吃了 午饭 吗？
수빈씨, 당신은 먹었다 점심 요?
수빈씨, 점심 먹었어요?

수빈
Shì de, wǒ hé Kāijùn yìqǐ chī le.
是的，我 和 开俊 一起 吃了。
네, 나는 와/과 카이쥔 함께 먹었다.
네, 카이쥔씨와 함께 먹었어요.

Nǐ ne?
你 呢？
당신 은?
팀장님은요?

쯔웨
Wǒ yě chī le. Kāijùn zài nǎr?
我 也 吃了。开俊 在 哪儿？
나 도 먹었다. 카이쥔은 ~에 있다 어디?
저도 먹었어요. 카이쥔씨는 어디 있어요?

수빈
Tā qùle yàodiàn.
他 去了 药店。
그는 갔다 약국.
그는 약국에 갔어요.

쯔웨
Tā nǎli bù shūfu ma?
他 哪里 不舒服 吗？
그는 어디 아프다 요?
그는 어디 아파요?

수빈
Tīngshuō tā tóu tòng.
听说 他 头痛。
듣자 하니 그는 두통이 있다.
두통이 있대요.

쯔웨
Āiyā.
哎呀。
저런.
저런.

2 함께 길을 걷고 있는 수빈과 샤오밍

샤오밍
Nǐ yǒu àihào ma?
你 有 爱好 吗？
당신은 있다 취미 요?
수빈씨는 취미 있어요?

수빈
Wǒ xǐhuan yújiā.
我 喜欢 瑜伽。
나는 좋아한다 요가.
저는 요가 좋아해요.

샤오밍
Shì ma? Xuéle duō cháng shíjiān?
是 吗？学了 多长时间？
그렇다 요? 배웠다 얼마나 긴 시간?
그래요? 얼마나 배웠어요?

수빈
Yì nián zuǒyòu ba.
一年 左右 吧。
1년 정도 (가량)
1년 정도요.

Nǐ zuòguo yújiā ma?
你 做过 瑜伽 吗？
당신은 해본 적 있다 요가 요?
요가 해본 적 있어요?

샤오밍
Méiyǒu, wǒ méi zuòguo yújiā.
没有，我 没做过 瑜伽。
없다, 나는 해본 적 없다 요가.
아뇨, 저는 요가 해본 적 없어요.

수빈
Nà nǐ de àihào shì shénme?
那 你 的 爱好 是 什么？
그럼 당신 의 취미는 이다 무엇?
그럼 샤오밍씨의 취미는 뭐예요?

샤오밍
Wǒ xǐhuan wán yóuxì.
我 喜欢 玩 游戏。
나는 좋아한다 하다 게임을.
저는 게임 하는 것을 좋아해요.

실생활 회화 끊어 보기

Day 20

p.206

1 샤오밍의 생일을 깜짝 축하해주는 수빈

수빈
Xiǎomíng, zhù nǐ shēngrì kuàilè.
晓明，祝你生日快乐。
샤오밍씨, 생일을 축하합니다.

샤오밍씨, 생일을 축하해요.

Zhè shì lǐwù.
这 是 礼物。
이것은 이다 선물.

이거 선물이에요.

샤오밍
Ó, xièxie.
哦，谢谢。
엇, 감사합니다.

엇, 감사합니다.

수빈
Nà nǐ jīnnián duō dà le?
那 你 今年 多大 了？
그럼 당신은 올해 몇 살이다 ~되었다?

그럼 올해 몇 살이에요?

샤오밍
Wǒ jīnnián sānshí suì le.
我 今年 三十岁 了。
저는 올해 30살 ~되었다.

저 올해 30살이에요.

수빈
Shì ma? Wǒ yě sānshí suì le.
是 吗？我 也 三十岁 了。
그렇다 요? 나 도 30살 ~되었다.

그래요? 저도 30살이에요.

샤오밍
Ó, wǒmen tóngsuì a!
哦，我们 同岁 啊！
오호라, 우리는 동갑이다 네!

오호라, 우리 동갑이군요!

수빈
Hā hā hā, nà wǒmen zuò péngyou ba!
哈哈哈，那 我们 做 朋友 吧！
하하하, 그럼 우리 하다 친구 하죠!

하하하, 그럼 우리 친구해요!

2 수빈에게 휴대폰 화면을 보여주는 샤오밍

샤오밍
Wǒ huàn tóuxiàng le.
我 换 头像 了。
나는 바꾸다 프사 ~되었다.

저 프사 바꿨어요. (프사를 바꾼 상태예요.)

수빈
Ó, zhè shì wǒ sòng de shēngrì lǐwù,
哦，这 是 我 送的 生日礼物，
엇, 이것은 이다 내가 선물한 생일선물,

엇, 이거 제가 준 생일선물

duì ba?
对 吧？
맞다 죠?

맞죠?

샤오밍
Duì ya, zhè shì nà zhī gāngbǐ.
对呀，这 是 那支 钢笔。
맞아요. 이것은 이다 그 자루 만년필.

맞아요. 이거 그 만년필이에요.

수빈
Tài hǎo le.
太好了。
너무 좋다.

너무 좋네요.

샤오밍
Nǐ de shēngrì shì shénme shíhou ne?
你 的 生日 是 什么时候 呢？
당신 의 생일은 이다 언제 요?

수빈씨 생일은 언제예요?

수빈
Wǒ de shēngrì shì ge mìmì.
我 的 生日 是 个 秘密。
저 의 생일은 이다 개 비밀.

제 생일은 비밀이에요.

Hā hā hā.
哈哈哈。
하하하.

하하하.

연습문제 정답

Day 4

p.48

1
1) gāo 키가 크다
2) lèi 피곤하다
3) è 배고프다
4) gāoxìng 기쁘다
5) jǐnzhāng 긴장하다

2
1) X
Nǐ rè bu rè?
A: 你热不热? 너 더워 안 더워?
Wǒ bú rè.
B: 我不热。 나는 안 더워.

2) O
Nǐ kùn ma?
A: 你困吗? 너 졸려?
Wǒ hěn kùn.
B: 我很困。 나는 졸려.

3
1) 很 (hěn)
2) 不 (bu)

4
1) 我很幸福。
2) 你无聊吗?

Day 5

p.58

1
1) guì 비싸다
2) piàoliang 예쁘다
3) jìn 가깝다
4) nán 어렵다
5) piányi 저렴하다

2
1) X
Nàge bú zhòng ma?
A: 那个不重吗? 그거 안 무거워요?
Bù, zhège hěn qīng.
B: 不,这个很轻。 아뇨, 이거 가벼워요.

2) O
Zhèli chǎo bu chǎo?
A: 这里吵不吵? 여기 시끄러워 안 시끄러워?
Zhèli hěn chǎo.
B: 这里很吵。 여기 시끄러워.

3
1) 这个 (Zhège)
2) 那里 (Nàli)

4
1) 这里很安静。
2) 那个很方便。

Day 6

p.68

1
1) shū 책
2) zázhì 잡지
3) bǐsài 경기
4) diànyǐng 영화
5) yǎnchànghuì 콘서트

2
1) O
Nǐ zài gàn shénme?
A: 你在干什么? 너 뭐해?
Wǒ kàn shū.
B: 我看书。 나 책 봐.

2) O
Nǐ kàn diànshì ma?
A: 你看电视吗? 너 TV 봐?
Wǒ kàn diànshì.
B: 我看电视。 나 TV 봐.

3
1) 一起 (yìqǐ)
2) 不看 (bú kàn)

4
1) 我看动漫。
2) 你看不看电视剧?

연습문제 정답

Day 7

p.78

1
1) shuǐ 물
2) fàn 밥
3) xiézi 신발
4) chāoshì 마트
5) diànyǐngyuàn 영화관

2
1) O
Nǐ hē shénme?
A: 你喝什么？ 너 뭐 마셔?
Wǒ hē kāfēi.
B: 我喝咖啡。 나는 커피 마셔.

2) O
Nǐ mǎi shénme?
A: 你买什么？ 너 뭐 사?
Wǒ mǎi yīfu.
B: 我买衣服。 나는 옷 사.

3
1) 去 (qù) 2) 喝 (hē)

4
1) 她们去银行。 2) 我们吃炸鸡。

Day 8

p.88

1
1) xiě 쓰다
2) xué 배우다
3) tīng 듣다
4) dú 읽다
5) jiāyóu 파이팅

2
1) O
Nǐ zài gàn shénme?
A: 你在干什么？ 너 뭐 해?
Wǒ xiě bàogào.
B: 我写报告。 나는 보고서 써.

2) O
Wǒ zuìjìn xué wǔdǎo.
A: 我最近学舞蹈。 나 요즘 춤 배워.
Zhēn de ma?
B: 真的吗？ 정말?

3
1) 读 (dú) 2) 听 (tīng)

4
1) 你们听不听音乐？ 2) 韩语很有意思。

Day 9

p.98

1
1) zài ~에 있다
2) zuò ~을/를 타다
3) zuò ~을/를 하다
4) dǎ ~을/를 때리다, 치다
5) xuéxiào 학교

2
1) O
Tā gàn shénme?
A: 他干什么？ 그는 뭐 해?
Tā zuò cài.
B: 他做菜。 그는 요리 해.

2) X
Nǐ zěnme qù?
A: 你怎么去？ 너는 어떻게 가?
Wǒ zuò dìtiě.
B: 我坐地铁。 나는 지하철 타.

3
1) 打 (dǎ) 2) 坐 (zuò)

4
1) 我们打棒球吧。 2) 我在家看电视。

Day 10 p.108

1
1) jiào ~라고 부르다
2) ài ~을/를 사랑하다
3) xiǎng ~을/를 그리워하다
4) xǐhuan ~을/를 좋아하다
5) péngyou 친구

2
1) O
Wǒmen chī píngguǒ ba.
A: 我们吃苹果吧。 우리 사과 먹자.
Hǎo de, wǒ xǐhuan píngguǒ.
B: 好的，我喜欢苹果。 좋아, 나 사과 좋아해.

2) X
Wǒ xǐhuan dàhǎi.
A: 我喜欢大海。 나는 바다를 좋아해.
Wǒ yě xǐhuan dàhǎi.
B: 我也喜欢大海。 나도 바다가 좋아.

3
1) 爱不爱 (ài bu ài)　2) 喜欢 (xǐhuan)

4
1) 她不叫李秀彬。 2) 我奶奶喜欢苹果。

Day 11 p.118

1
1) tóngxué 동창
2) Zhōngguórén 중국인
3) lǎoshī 선생님
4) péngyou 친구
5) gāngbǐ 만년필

2
1) X
Nǐ zuò shénme gōngzuò?
A: 你做什么工作？ 당신은 무슨 일을 해요?
Wǒ shì chúshī.
B: 我是厨师。 저는 요리사입니다.

2) O
Zhè shì shénme?
A: 这是什么？ 이건 뭐예요?
Zhè shì wǒ de diànnǎo.
B: 这是我的电脑。
이것은 저의 컴퓨터입니다.

3
1) 是 (shì)　2) 那 (Nà)

4
1) 他是我的同事。 2) 那是不是你的杯子？

Day 12 p.128

1
1) àihào 취미
2) jiějie 언니, 누나
3) shíjiān 시간
4) huìyì 회의
5) zuòyè 숙제

2
1) O
Nǐ yǒu xiōngdì jiěmèi ma?
A: 你有兄弟姐妹吗？
너는 형제자매가 있어?
Wǒ yǒu dìdi.
B: 我有弟弟。 나는 남동생이 있어.

2) X
Nǐ yǒu méiyǒu yǔsǎn?
A: 你有没有雨伞？ 너는 우산이 있어 없어?
Wǒ méiyǒu yǔsǎn.
B: 我没有雨伞。 나는 우산이 없어.

3
1) 有 (yǒu)　2) 没有 (méiyǒu)

4
1) 他没有本子。 2) 那里有什么事吗？

연습문제 정답

Day 13

p.138

1
1) néng ~할 수 있다
2) huì ~할 줄 안다
3) xiǎng ~하고 싶다
4) yào ~하려 한다
5) xiàbān 퇴근하다

2
1) X
Nǐ xiànzài néng xiàbān ma?
A: 你现在能下班吗? 너 지금 퇴근할 수 있어?
Èng. Wǒ xiànzài yào xiàbān.
B: 嗯。我现在要下班。 응. 나 지금 퇴근할 거야.

2) O
Nǐ huì kāichē ma?
A: 你会开车吗? 운전할 줄 알아요?
Dāngrán, wǒ néng kāichē.
B: 当然,我能开车。
물론이죠. 저 운전할 수 있어요.

3
1) 想 (xiǎng)　2) 能 (néng)

4
1) 我要睡懒觉。　2) 你们会不会说汉语?

Day 14

p.148

1
1) yùndòng 운동하다
2) kāichē 운전하다
3) píjiǔ 맥주
4) biànlìdiàn 편의점
5) kāfēitīng 카페

2
1) O
Nǐ bú lèi ma?
A: 你不累吗? 힘들지 않아요?
Wǒ hěn lèi.
B: 我很累。 힘들어요.

2) X
Nǐ zài gànshénme?
A: 你在干什么? 너 뭐하고 있어?
Wǒ zhèngzài yùndòng.
B: 我正在运动。 나 운동하는 중이야.

3
1) 正在 (zhèngzài)　2) 偶尔 (ǒu'ěr)

4
1) 我常常点外卖。　2) 我们坐火车去云南吧。

Day 15

p.158

1
1) shì 시도하다
2) dānxīn 걱정하다
3) ānjìng 조용하다
4) shuōhuà 말하다
5) bīng měishì 아이스 아메리카노

2
1) O
Qǐng ānjìng.
A: 请安静。 조용히 해 주세요.
Bù hǎo yìsi.
B: 不好意思。 미안해요.

2) O
Lái yì bēi bīng měishì.
A: 来一杯冰美式。
아이스 아메리카노 한 잔 주세요.
Hǎo de.
B: 好的。 알겠습니다.

3
1) 让 (ràng)　2) 别 (Bié)

4
1) 你尝一下。　2) 来一份披萨。

Day 16

p.168

1
1) xīngqīsān 수요일
2) míngtiān 내일
3) xīngqīyī 월요일
4) jīntiān 오늘
5) shēngrì 생일

2
1) O
Nǐ zhōumò zuò shénme?
A: 你周末做什么？ 너는 주말에 뭐해?
Wǒ zhōuliù hé péngyoumen dǎ lánqiú.
B: 我周六和朋友们打篮球。
나는 토요일에 친구들과 농구를 해.

2) O
Jīntiān shì bu shì xīngqīwǔ?
A: 今天是不是星期五?
오늘이 금요일이야 아니야?
Jīntiān xīngqītiān.
B: 今天星期天。 오늘은 일요일이야.

3
1) 星期二 (xīngqī'èr)
2) 星期四 (xīngqīsì)

4
1) 今天星期几？
2) 今天不是星期二。

Day 17

p.178

1
1) sān yuè 3월
2) sì diǎn 4시
3) yī hào 1일
4) bā suì 8살
5) yì mǐ 1미터

2
1) X
Xiànzài jǐ diǎn?
A: 现在几点？ 지금 몇 시야?
Xiànzài liǎng diǎn èrshí fēn.
B: 现在两点二十分。 지금은 2시 20분이야.

2) X
Nǐ duō dà?
A: 你多大？
당신은 나이가 어떻게 되세요?
Wǒ wǔshíliù suì.
B: 我五十六岁。
저는 56 살입니다.

3
1) 高 (gāo)
2) 月 (yuè)

4
1) 我一米七三。
2) 今天几月几号？

Day 18

p.188

1
1) lǐwù 선물
2) zhǐjīn 휴지
3) shuǐguǒ 과일
4) miànbāo 빵
5) piào 티켓

2
1) X
Nǐ mǎile shénme?
A: 你买了什么？ 너 뭐 샀어?
Wǒ mǎile yùndòngxié.
B: 我买了运动鞋。 나 운동화 샀어.

2) O
Nǐ yǒu méiyǒu mǎi bié de?
A: 你有没有买别的？
너 다른 거 샀어 안 샀어?
Wǒ mǎile yīfu.
B: 我买了衣服。 나 옷 샀어.

3
1) 买 (mǎi)
2) 没 (méi)

4
1) 你没买面包吗？
2) 她有没有买纪念品？

연습문제 정답

Day 19

p.198

1

1) Zhōngguócài 중국 요리
2) diǎnxin 간식
3) yínháng 은행
4) jiémù 프로그램
5) zhàopiàn 사진

2

1) O
Tā qùle yīyuàn ba?
A: 她去了医院吧? 그녀는 병원 갔지?
Shì de, tā qùle yīyuàn.
B: 是的,她去了医院。 응, 그녀는 병원 갔어.

2) X
Nǐ zuòguo dàngāo ma?
A: 你做过蛋糕吗?
너 케이크 만들어 본 적 있어?
Bù, wǒ méiyǒu zuòguo dàngāo.
B: 不,我没有做过蛋糕。
아니, 나는 케이크 만든 적 없어.

3

1) 了 (le)　2) 过 (guo)

4

1) 你们吃了午饭吗?　2) 我没有做过兼职。

Day 20

p.208

1

1) xiàyǔ 비가 내리다
2) gōngzuò 직업
3) qiūtiān 가을
4) sìshí'èr suì 42살
5) shǒujī 휴대폰

2

1) X
Wàimian xiàxuě le ma?
A: 外面下雪了吗? 밖에 눈 왔어?
Wàimian méiyǒu xiàxuě.
B: 外面没有下雪。 밖에 눈 안 왔어.

2) O
Nǐ de shēngrì shì shénme shíhou ne?
A: 你的生日是什么时候呢?
당신의 생일은 언제예요?
Wǒ de shēngrì shì ge mìmì.
B: 我的生日是个秘密。
제 생일은 비밀이에요.

3

1) 换 (huàn)　2) 春天 (Chūntiān)

4

1) 外面刮风了。　2) 我今年三十岁了。

본 교재 동영상강의·무료 학습자료 제공
china.Hackers.com

본 교재 동영상강의·무료 학습자료 제공

china.Hackers.com

해커스 중국어 첫걸음

숫자 표현 익히기

한번에 학습하기

1 기본 숫자 익히기

1부터 10까지, 그리고 0(영), 100(백), 1000(천), 10000(만)을 중국어로 말하는 법을 익혀보아요.

1, 하나	2, 둘	3, 셋	4, 넷	5, 다섯
yī 一	èr 二	sān 三	sì 四	wǔ 五

6, 여섯	7, 일곱	8, 여덟	9, 아홉	10, 열
liù 六	qī 七	bā 八	jiǔ 九	shí 十

0, 영	100, 백	1000, 천	10000, 만
líng 零	bǎi 百	qiān 千	wàn 万

2 다양한 숫자 익히기

두 자리 이상의 숫자 읽는 법을 익혀보아요. 중국어도 우리말과 같이 큰 단위부터 순서대로 끊어 읽으면 돼요. 다만, 세 자리 수 이상의 수는 우리말과 읽는 법에 차이가 있으니 꼼꼼히 학습하세요.

54781

wǔwàn sìqiān qībǎi bāshí yī
五万 四千 七百 八十 一
오만 사천 칠백 팔십 일

만 자리에는 万(wàn), 천 자리에는 千(qiān), 백 자리에는 百(bǎi),
십 자리에는 十(shí)을 붙여 읽고, 일 자리는 숫자 그대로 읽어주면 돼요.

12
shí'èr
十二
두 자리 수에서 십 단위 숫자가 1일 경우, 一(yī) 없이 바로 十(shí)로 시작해요.

20
èrshí
二十
일 자리가 0으로 끝날 경우 그 앞의 단위까지만 읽어요. 우리말과 똑같아요.

417
sìbǎi yīshí qī
四百一十七
세 자리 수 이상에서 십 단위가 1이면, 一(yī)를 생략하지 않고 꼭 읽어야 해요.

803
bābǎi líng sān
八百零三
0이 중간에 나오면 반드시 0을 뜻하는 零(líng)을 읽어줘야 해요.

5009
wǔqiān líng jiǔ
五千零九
0이 여러 개 나와도 零(líng)은 한 번만 읽어요.

11111
yíwàn yìqiān yìbǎi yīshí yī
一万一千一百一十一
만, 천, 백의 자리 숫자가 1이면, 一(yī)를 생략하지 않고 읽어줘요. 이때, 一의 성조 변화에 주의하세요.

22200
liǎngwàn liǎngqiān liǎngbǎi
两万两千两百
이만, 이천, 이백을 나타낼 때 二(èr)과 两(liǎng)을 둘 다 쓸 수 있지만, 구어에서는 两을 더 많이 써요.

3 개수를 세는 표현 익히기

1명, 2개, 3벌처럼 개수를 세는 표현을 익혀보아요. 중국어에서는 '~명', '~개', '~벌'처럼 수를 세는 단위를 양사라고 해요. 우리말도 수를 세는 단위가 사물의 종류별로 다르듯이 중국어도 같이 쓰이는 명사에 따라 양사가 달라요. 참고로, 우리말은 '컵 두 개'와 같이 말하지만, 중국어는 '두 개 컵'으로 말해요.

컵 두 개

liǎng	ge	bēizi
两	个	杯子
숫자	양사	명사
두	개	컵

사람 1명
yí ge rén
一个人
个(ge, 명/개)는 사람이나 일반 사물을 셀 때 사용해요.

사진 3장
sān zhāng zhàopiàn
三张照片
张(zhāng, 장)은 사진이나 종이를 셀 때 사용해요.

강아지 5마리
wǔ zhī gǒu
五只狗
只(zhī, 마리)은 동물을 셀 때 사용해요.

라면 6그릇
liù wǎn fāngbiànmiàn
六碗方便面
碗(wǎn, 그릇)은 그릇, 사발 등을 셀 때 사용해요.

콜라 8병
bā píng kělè
八瓶可乐
瓶(píng, 병)은 액체류를 병으로 셀 때 사용해요.

옷 12벌
shí'èr jiàn yīfu
十二件衣服
件(jiàn, 벌/건)은 옷, 일, 사건 등을 셀 때 사용해요.

4 키, 몸무게 표현 익히기

키와 몸무게를 중국어로 말하는 법을 익혀보아요.

① 키 말하는 법 익히기

중국 사람들은 키를 얘기할 때 보통 cm가 아닌 m를 사용해서, '숫자+m+숫자'의 형태로 말해요. 따라서 175cm를 중국어로 말할 때에는 1m75라고 하고 센티미터는 언급하지 않아요.

1m 75

yì mǐ qī wǔ
一米七五
일 미터 칠 오

'칠십오'라고 읽지 않고,
'칠(qī) 오(wǔ)'라고 숫자를 하나씩 읽어요.

1m60	1m04	75cm
yì mǐ liù	yì mǐ líng sì	qī shí wǔ gōngfēn
一米六	一米零四	七十五公分
마지막 숫자 0은 읽지 않고 생략해요.	숫자 가운데 있는 0은 꼭 읽어야 해요.	1m 미만은 公分(gōngfēn, cm)을 붙여요. 이때, 숫자는 자릿수를 붙여 순서대로 읽어요.

② 몸무게 말하는 법 익히기

중국 사람들은 몸무게를 얘기할 때 보통 kg가 아닌 근을 사용하는데 중국에서 1근은 500g, 즉 0.5kg이에요. 따라서 1kg은 2근, 10kg은 20근, 65kg는 130근이에요.

130 근 (65kg)

yìbǎi sānshí jīn
一百三十斤
일백 삼십 근

20근(10kg)	106근(53kg)	200근(100kg)
èrshí jīn	yìbǎi líng liù jīn	liǎngbǎi jīn
二十斤	一百零六斤	两百斤
십의 자리 숫자가 2이면, 二(èr)로 읽어요.	숫자 가운데 있는 0은 꼭 읽어야 해요.	백의 자리 숫자가 2이면, 两(liǎng) 또는 二(èr)로 읽어요. 구어에서는 两으로 더 자주 읽어요.

5 시간 표현 익히기

시간을 중국어로 말하는 법을 익혀보아요. 우리말의 '몇 시 몇 분 몇 초'와 똑같이 중국어도 点(diǎn, 시), 分(fēn, 분), 秒(miǎo, 초) 앞에 숫자를 넣어서 '숫자+点+숫자+分+숫자+秒' 형태로 말하면 돼요.

1시 28분 56초

yī diǎn èrshíbā fēn wǔshíliù miǎo

一点 二十八分 五十六秒

한시 이십팔분 오십육초

숫자 뒤에 点(diǎn, 시)을 붙여 읽어요.

숫자 뒤에 分(fēn, 분)을 붙여 읽어요.

숫자 뒤에 秒(miǎo, 초)를 붙여 읽어요.

2시 30분 40초

liǎng diǎn sānshí fēn sìshí miǎo

两点三十分四十秒

2시는 两点(liǎng diǎn)이에요. 二点(èr diǎn)으로 말하지 않도록 주의하세요.

3시 정각

sān diǎn zhěng

三点整

整(zhěng, 딱 맞는)을 맨 뒤에 사용하여 '숫자+点+整' 형태로 정각임을 강조해서 표현할 수 있어요.

4시 15분

sì diǎn yí kè

四点一刻

'15분'이라는 시간 단위를 나타내는 刻(kè)를 사용하여, 15분은 一刻(yí kè)로 표현할 수 있어요.

6시 반

liù diǎn bàn

六点半

우리말에서 6시 30분을 '6시 반'으로도 표현하는 것처럼, 30분을 半(bàn, 반)으로 표현할 수 있어요.

8시 45분

bā diǎn sān kè

八点三刻

'15분'이라는 시간 단위를 나타내는 刻(kè)를 사용하여, 45분은 三刻(sān kè)로 표현할 수 있어요.

12시 10분 전

chà shífēn shí'èr diǎn

差十分十二点

差(chà, 모자라다)를 맨 앞에 사용하여 '差+숫자+分+숫자+点' 형태로 '~분 모자란 ~시', 즉 '~시 ~분 전'으로 표현할 수 있어요.

6 날짜, 요일 표현 익히기

날짜와 요일을 중국어로 말하는 법을 익혀보아요.

① 날짜 말하는 법 익히기

중국어도 우리말과 동일하게 연, 월, 일 순으로 날짜를 말해요. 다만, 연도는 각 숫자를 하나 하나 따로 끊어서 말해야 하는 점에 주의하세요.

2023년 5월 17일

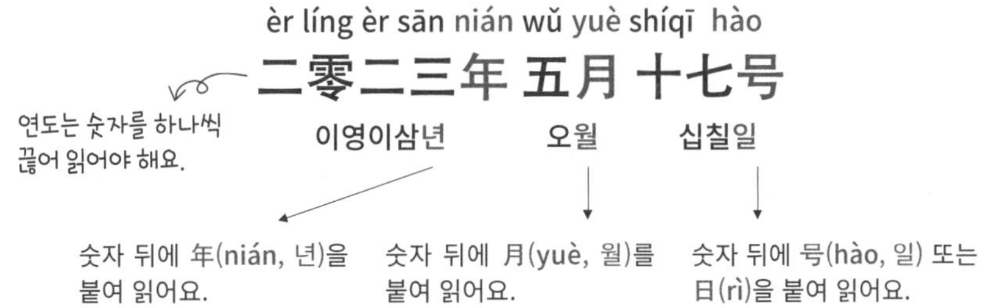

èr líng èr sān nián wǔ yuè shíqī hào
二零二三年 五月 十七号
연도는 숫자를 하나씩 끊어 읽어야 해요.
이영이삼년
오월
십칠일
숫자 뒤에 年(nián, 년)을 붙여 읽어요.
숫자 뒤에 月(yuè, 월)를 붙여 읽어요.
숫자 뒤에 号(hào, 일) 또는 日(rì)을 붙여 읽어요.

② 요일 말하는 법 익히기

월요일부터 토요일은 星期(xīngqī, 요일)나 周(zhōu, 주) 뒤에 숫자 一(yī, 1)부터 六(liù, 6)를 차례로 붙이면 돼요. 하지만 일요일은 七(qī, 7)를 붙여 말하지 않으니 주의해야 해요.

월요일	화요일	수요일	목요일
xīngqīyī	xīngqīèr	xīngqīsān	xīngqīsì
星期一	星期二	星期三	星期四
zhōuyī	zhōuèr	zhōusān	zhōusì
周一	周二	周三	周四

금요일	토요일	일요일
xīngqīwǔ	xīngqīliù	xīngqītiān / xīngqīrì
星期五	星期六	星期天 / 星期日
zhōuwǔ	zhōuliù	zhōurì
周五	周六	周日

7 다양한 번호 표현 익히기

1호선, 7번, 516호처럼 다양한 번호 표현을 익혀보아요. 중국에서는 번호를 말할 때 두 자리 수 이하는 자릿수를 붙여 읽지만, 세 자리 수 이상은 숫자를 하나씩 끊어 읽어요.

① 지하철 호선 말하는 법 익히기

지하철 호선을 말할 때에는 숫자 뒤에 号线(hàoxiàn, 호선)을 붙여서 말하면 돼요. 지하철 노선은 보통 두 자리를 넘어가지 않으므로, 자릿수를 붙여 읽으면 돼요.

1호선
yī hàoxiàn
一号线
一는 원래의 성조인 1성으로 발음해요.

2호선
èr hàoxiàn
二号线
2는 两(liǎng)으로 읽지 않아요.

13호선
shísān hàoxiàn
十三号线
1과 3을 따로 읽지 않고, 13으로 붙여 읽어요.

② 버스 번호 말하는 법 익히기

버스 번호를 말할 때에는 숫자 뒤에 路(lù, 번)를 붙여서 말하면 돼요. 다만, 버스 번호는 두 자릿수 이하일 때와 세 자리 이상일 경우 읽는 법이 다르니 주의해야 해요.

7번
qī lù
七路
숫자 7 뒤에 바로 路를 붙여 읽어요.

28번
èrshí bā lù
二十八路
두 자리 수 이하일 때는 자릿수를 붙여 읽어요.

108번
yāo líng bā lù
幺零八路
세 자리 수 이상일 경우, 숫자는 하나씩 끊어 읽어요. 이때 1은 yī가 아니라 yāo로 읽어요.

③ 방 호수 말하는 법 익히기

방 호수를 말할 때에는 숫자 뒤에 号(hào, 호)를 붙여서 말하면 돼요. 방 번호는 세 자리 수 이상이므로, 항상 숫자를 하나하나 끊어서 말해야 해요.

516호
wǔ yāo liù hào
五幺六号
세 자리 수 이상일 경우, 숫자는 하나씩 끊어 읽어요. 이때 1은 yī가 아니라 yāo로 읽어요.

1213호
yāo èr yāo sān hào
幺二幺三号
1은 yī가 아니라 yāo로 읽어요.

1407호
yāo sì líng qī hào
幺四零七号
숫자 가운데 있는 0은 꼭 읽어야 해요.

8 화폐 단위와 가격 표현 익히기

'위안' 또는 '콰이'와 같은 중국의 화폐 단위와, '254.78위안'과 같은 가격을 말하는 법을 익혀보아요.

① 화폐 단위 익히기

중국 화폐는 인민폐(人民币, rénmínbì)라고 불러요. 글로 쓸 때 사용하는 화폐 단위와 말할 때 사용하는 화폐 단위를 구분해서 알아두세요.

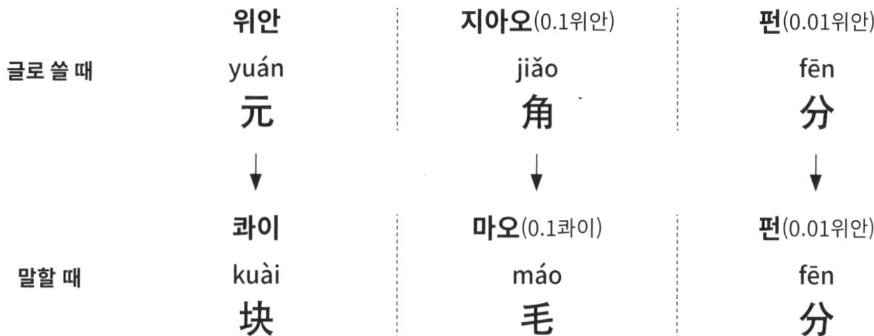

글로 쓸 때	**위안** yuán 元	**지아오**(0.1위안) jiǎo 角	**펀**(0.01위안) fēn 分
	↓	↓	↓
말할 때	**콰이** kuài 块	**마오**(0.1콰이) máo 毛	**펀**(0.01위안) fēn 分

② 가격 말하는 법 익히기

중국에서는 가격을 표현할 때, 소수점을 사용해요.

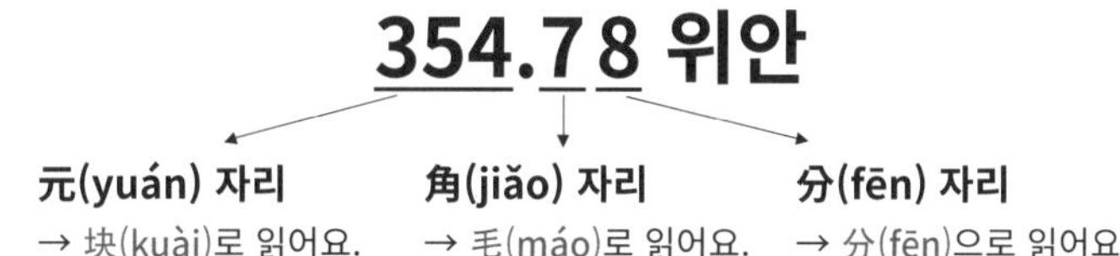
354.78 위안
元(yuán) 자리
→ 块(kuài)로 읽어요.
角(jiǎo) 자리
→ 毛(máo)로 읽어요.
分(fēn) 자리
→ 分(fēn)으로 읽어요.

sānbǎi wǔshísì kuài qī máo bā fēn
三百五十四块 七毛 八分

중국에서는 금액을 표현할 때 소수점을 사용해요. 소수점 앞은 元 단위이며 块로 읽고,
소수점 다음 첫째 자리는 角(jiǎo)이며 毛(máo)로 읽고, 두 번째 자리는 分(fēn)이에요.

158元
yìbǎi wǔshí bā kuài
一百五十八块
만, 천, 백의 자리 숫자가 1이면, 一(yī)를 생략하지 않고 읽어 줘요.

237元
liǎngbǎi sānshí qī kuài
两百三十七块
2로 시작하는 수는 两(liǎng)으로 말해요. 단, 20元의 2는 二(èr)로 말해야 해요.

6008.5元
liùqiān líng bā kuài wǔ máo
六千零八块五毛
숫자 가운데 있는 0은 꼭 읽어야 해요. 단, 0이 중간에 여러 개 있으면 한 번만 말해주면 돼요.

해커스 중국어 첫걸음

초판 5쇄 발행 2025년 2월 3일
초판 1쇄 발행 2023년 7월 19일

지은이	해커스 중국어연구소
펴낸곳	㈜해커스 어학연구소
펴낸이	해커스 어학연구소 출판팀

주소	서울특별시 서초구 강남대로61길 23 ㈜해커스 어학연구소
고객센터	02-537-5000
교재 관련 문의	publishing@hackers.com 해커스중국어 사이트(china.Hackers.com) 교재 Q&A 게시판
동영상강의	china.Hackers.com

ISBN	978-89-6542-605-9 (13720)
Serial Number	01-05-01

해커스

중국어 첫걸음

간체자 쓰기 노트

해커스 어학연구소

간체자 쓰기 노트

DAY 3 ~ DAY 20

※ 발음을 학습한 DAY 1과 DAY 2는 포함되어 있지 않습니다.

해커스 어학연구소

DAY 3

HSK 1급

我

wǒ 我 我 手 手 找 我 我

대 나

我

HSK 1급

你

nǐ 你 亻 仆 价 价 你 你

대 너, 당신

你

HSK 1급

她

tā 她 女 女 如 如 她

대 그녀

她

HSK 1급

他

tā 他 亻 仲 他 他

대 그

他

HSK 1급

不

bù 一 丆 不 不

부 아니

不

HSK 1급

好

hǎo

㇛ 女 女 好 好 好

형 잘 지내다, 좋다

好

HSK 1급

吗

ma

丨 口 口 吅 吗 吗

조 ~니?

吗

HSK 1급

很

hěn

丿 彳 彳 彳 彳 很 很 很 很

부 매우

很

HSK 1급

谢谢

xiè xie

丶 讠 讠 讠 讠 讠 讠 讠 谢 谢 谢 谢

丶 讠 讠 讠 讠 讠 讠 讠 谢 谢 谢 谢

동 고마워, 감사합니다

谢 谢

HSK 1급

再见

zài jiàn

一 厂 冂 丙 再 再

丨 冂 贝 见

동 잘가, 또 만나요

再 见

DAY 4

HSK 2급

忙

máng

忙 丶 忄 忄 忙 忙

형 바쁘다

HSK 1급

冷

lěng

冷 冫 冫 冷 冷 冷 冷

형 춥다

HSK 2급

高

gāo

高 亠 亠 亠 亠 亠 高 高 高 高

형 (키가) 크다

HSK 1급

热

rè

一 扌 扌 扌 执 执 执 执 热 热

형 덥다

HSK 3급

饿

è

饣 饣 饣 饣 饣 饣 饣 饿 饿 饿

형 배고프다

HSK 2급

累

lèi

형 피곤하다

HSK 3급

渴

kě

형 목마르다

HSK 4급

开心

kāi xīn

형 신나다

HSK 1급

高兴

gāo xìng

형 기쁘다

HSK 2급

快乐

kuài lè

형 즐겁다

DAY 5

HSK 1급

个

gè

丿 𠆢 个

양 개, 명

HSK 1급

这

zhè

丶 亠 ナ 文 㲋 这 这

대 이

HSK 1급

那

nà

𠃌 ヨ ヨ 扫 那 那

대 그, 저

HSK 2급

近

jìn

𠂆 厂 斤 斤 䜣 䜣 近

형 가깝다

HSK 2급

远

yuǎn

一 二 テ 元 㐬 㐬 远

형 멀다

HSK 2급

贵

guì

丨 ⼞ ⼞ 中 虫 冉 冉 贵 贵

형 비싸다

HSK 4급

重

zhòng

一 二 千 千 千 肯 盲 亘 重

형 무겁다

HSK 2급

好吃

hǎo chī

㇛ 女 女 女 好 好

丨 口 口 口 吃 吃

형 맛있다

HSK 2급

便宜

pián yi

丿 亻 仁 仁 佰 佰 但 便 便

丶 丶 宀 宀 宀 宜 宜 宜

형 저렴하다, 싸다

HSK 1급

漂亮

piào liang

丶 丶 氵 氵 汀 沪 沪 沪 漂 漂 漂 漂 漂 漂

丶 亠 亠 市 亩 亩 亭 亮 亮

형 예쁘다

DAY 6

HSK 1급

看

kàn

看看看看看看看看看

동 보다

看

HSK 1급

书

shū

书书书书

명 책

书

HSK 2급

吧

ba

吧吧吧吧吧吧吧

조 ~하자, ~지?

吧

HSK 2급

一起

yì qǐ

一

起起起起起起起起起起

부 같이, 함께

一 起

HSK 4급

杂志

zá zhì

杂杂杂杂杂杂

志志志志志志志

명 잡지

杂 志

HSK 1급

电视 丨 冂 曰 日 电
丶 ㇇ 礻 礻 礻 礻 初 视 视
diàn shì

명 TV, 텔레비전

HSK 1급

电影 丨 冂 曰 日 电
丨 冂 日 日 旦 早 早 昙 昙 景 景 景 景 影 影
diàn yǐng

명 영화

HSK 3급

比赛 一 ㇗ 上 比
丶 丶 宀 宀 宀 宀 宑 寉 寉 寉 寉 寉 赛 赛
bǐ sài

명 경기

HSK 4급

表演 一 二 キ 丰 丰 耒 表 表
丶 丶 氵 氵 氵 氵 氵 氵 氵 浐 演 演 演 演
biǎo yǎn

명 공연

HSK 2급

报纸 一 扌 扌 扌 扌 报 报
㇜ 纟 纟 纟 纩 纸 纸
bào zhǐ

명 신문

DAY 7

HSK 1급

吃

chī

동 먹다

饭

fàn

명 밥

HSK 1급

喝

hē

동 마시다

HSK 1급

水

shuǐ

명 물

HSK 1급

去

qù

동 가다

HSK 1급

什么
shén me

丿 亻 亻一 什
丿 么 么

대 무엇

什 么

HSK 1급

哪儿
nǎr

丨 ㄇ ㅁ 叮 吖 吗 哪 哪 哪
丿 儿

대 어디

哪 儿

HSK 1급

衣服
yī fu

丶 亠 ナ 衣 衣 衣
丿 刀 月 月 月 肌 肥 服

명 옷

衣 服

HSK 3급

超市
chāo shì

一 十 土 キ キ 走 走 起 起 超 超 超
丶 亠 亠 市 市

명 마트

超 市

HSK 3급

银行
yín háng

丿 ㅏ 乍 乍 钅 钌 钌 钌 钼 钼 银
丿 彳 彳 行 行 行

명 은행

银 行

DAY 8

学
xué
学学学学学学学学
동 배우다

HSK 1급

写
xiě
写写写写写
동 쓰다

HSK 1급

读
dú
读讠讠讠讠读读读读读
동 읽다

HSK 1급

听
tīng
听叮叮听听听听
동 듣다

信
xìn
信信信信信信信信信
명 편지

HSK 4급

日记
rì jì

丨 冂 月 日
丶 讠 讠' 订 记

명 일기

HSK 4급

小说
xiǎo shuō

亅 小 小
丶 讠 讠' 讠' 讠' 讠' 讠' 讠' 说

명 소설

HSK 3급

音乐
yīn yuè

丶 亠 亠 立 产 产 音 音 音
一 二 乐 乐 乐

명 음악

HSK 1급

汉语
Hàn yǔ

丶 冫 氵 汀 汉
丶 讠 讠 讠 语 语 语 语 语

고유 중국어

韩语
Hán yǔ

一 十 十 古 古 直 直 卓 卓 韩 韩 韩 韩
丶 讠 讠 讠 语 语 语 语 语

고유 한국어

DAY 9

HSK 1급

在

zài 一ナ才木在在

동 ~에 있다 전 ~에서

HSK 1급

家

jiā 丶丶宀宀宁宇家家家家

명 집

HSK 1급

坐

zuò ノ人ㅅ⺀人人丛丛坐坐

동 타다, 앉다

HSK 1급

做

zuò ノ亻亻什什估估估做做做

동 하다

打

dǎ 一十扌扌打

동 ~을/를 때리다, 치다

HSK 1급

菜
cài

一 十 艹 艹 芒 芓 苹 苹 莱 菜 菜

명 요리

火车
huǒ chē

丶 丷 少 火
一 㐅 车 车

명 기차

HSK 1급

飞机
fēi jī

乁 飞 飞
一 十 才 木 朳 机

명 비행기

HSK 3급

作业
zuò yè

丿 亻 亻 竹 作 作 作
丨 Ⅱ 亚 业 业

명 숙제

HSK 1급

怎么
zěn me

丿 ㇒ 乍 乍 乍 乍 怎 怎 怎
丿 么 么

대 어떻게

DAY 10

HSK 1급

叫

jiào

丨 ㄇ 口 口ㄴ 叫

동 ~라고 불리다, 부르다

HSK 1급

爱

ài

爱

동 사랑하다

HSK 1급

想

xiǎng

一 十 才 木 杣 相 相 相 相 想 想 想 想

조동 ~을/를 그리워하다, ~하고 싶다

HSK 1급

谁

shéi

丶 讠 讠 订 讨 讠 诈 诈 谁 谁

대 누구

HSK 1급

名字

míng zi

名 名 名 名 名 名

字 字 宁 字 孑 字

명 이름

大海 dà hǎi
一ナ大
丶 冫 氵 氵 汇 氵 海 海 海
명 바다

大	海						

HSK 1급

妈妈 mā ma
乚 女 女 奵 妈 妈
乚 女 女 奵 妈 妈
명 엄마

妈	妈						

HSK 1급

苹果 píng guǒ
一 艹 艹 艹 芏 芏 苹 苹
丨 冂 日 日 旦 甲 果 果
명 사과

苹	果						

HSK 1급

喜欢 xǐ huan
一 十 士 吉 吉 吉 吉 吉 壴 喜 喜 喜
フ 又 又' 又ᐟ 欢 欢
동 ~을/를 좋아하다

喜	欢						

HSK 3급

动物 dòng wù
一 二 云 云 动 动
丿 ㅗ 牛 牛 牜 牞 物 物
명 동물

动	物						

DAY 11

HSK 1급

是

shì

동 ~이다

HSK 1급

的

de

조 ~의

HSK 1급

哪

nǎ

대 어느

HSK 1급

工作

gōng zuò

명 일

HSK 2급

手机

shǒu jī

명 휴대폰

HSK 1급
同学
tóng xué
丨 冂 冂 同 同 同
⺍ ⺍ ⺍ 学 学 学 学 学
명 동창
同 学
HSK 3급
同事
tóng shì
丨 冂 冂 同 同 同
事 事 事 事 事 事 事 事
명 직장 동료
同 事
HSK 1급
老师
lǎo shī
一 十 土 耂 老 老
丨 刂 刂 师 师 师
명 선생님
老 师
HSK 1급
杯子
bēi zi
一 十 木 木 杯 杯 杯 杯
了 了 子
명 컵
杯 子
大学生
dà xué shēng
一 ナ 大
⺍ ⺍ ⺍ 学 学 学 学 学
丿 ⺧ 牛 生 生
명 대학생
大 学 生

DAY 12

HSK 1급

有
yǒu
有有有有有有

동 ~이/가 있다

有							

HSK 2급

男
nán
男男男男男男男

명 남자

男							

HSK 2급

课
kè
课课课课课课课课课课

명 수업

课							

HSK 3급

会议
huì yì
会会会会会会
议议议议议

명 회의

会	议						

HSK 1급

朋友
péng you
朋朋朋朋朋朋朋朋
友友友友

명 친구

朋	友						

HSK 2급

时间

shí jiān

명 시간

HSK 2급

弟弟

dì di

명 남동생

HSK 2급

姐姐

jiě jie

명 언니, 누나

HSK 2급

哥哥

gē ge

명 형, 오빠

HSK 3급

爱好

ài hào

명 취미

DAY 13

HSK 1급

会
huì

조동 ~할 줄 안다

会

HSK 2급

要
yào

조동 ~하려 한다, ~해야 한다

要

HSK 1급

能
néng

조동 ~할 수 있다

能

HSK 1급

说
shuō

동 말하다

说

踢
tī

동 차다

踢

下班 一丁下
xià bān 一二千王刊玎玡班班班

동 퇴근하다

开车 一二于开
kāi chē 一左左车

동 운전하다

出去 ㄴ 凵 屮 出 出
chū qu 一十土去去

동 나가다

HSK 2급

休息 ノ亻仁什休休
xiū xi ノ丨门白自自自息息息

동 쉬다

HSK 2급

游泳 丶丷氵氵汸汸游游游游游游
yóu yǒng 丶丷氵氵汀汸泳泳

동 수영하다

DAY 14

HSK 2급

找
zhǎo

找找找找找找找

동 찾다

找

HSK 2급

玩
wán

玩玩玩玩玩玩玩玩

동 놀다

玩

HSK 1급

茶
chá

茶茶茶茶茶茶茶茶茶

명 차

茶

HSK 2급

正在
zhèng zài

正正正正正
在在在在在在

부 ~하는 중이다

正 在

冰水
bīng shuǐ

冰冰冰冰冰冰
水水水水

명 얼음물

冰 水

HSK 2급

运动
yùn dòng

一 二 云 云 运 运 运
一 二 云 云 动 动

동 운동하다

运 动

常常
cháng cháng

丨 丬 丷 兴 尚 尚 学 学 常 常 常
丨 丬 丷 兴 尚 尚 学 学 常 常 常

부 자주

常 常

HSK 3급

游戏
yóu xì

丶 丶 氵 氵 氵 汸 汸 汸 游 游 游 游
フ ヌ ヌ 戈 戏 戏

명 게임

游 戏

HSK 4급

偶尔
ǒu ěr

丿 亻 亻 亻 但 但 但 但 偶 偶 偶
丿 ⺈ 尔 尔 尔

부 가끔

偶 尔

便利店
biàn lì diàn

丿 亻 亻 仁 何 何 但 便 便
一 二 千 禾 禾 利 利
丶 亠 广 广 广 店 店 店

명 편의점

便 利 店

DAY 15

HSK 2급

让

ràng

让 让 让 让 让

동 비키다

让

HSK 2급

走

zǒu

走 走 走 走 走 走 走

동 가다

走

HSK 2급

问

wèn

问 问 问 问 问 问

동 묻다

问

HSK 4급

份

fèn

份 份 份 份 份 份

양 판

份

HSK 2급

别

bié

别 别 别 别 别 别 别

부 ~하지 마세요

别

HSK 2급

进
jìn

一 二 ナ 井 '井 讲 进

동 들어가다

HSK 2급

等
děng

ノ ケ ケ ケ' ケケ 竺 竺 笙 笙 等 等

동 기다리다

HSK 1급

请
qǐng

丶 讠 讠 讠 讠 讠 请 请 请 请

동 ~해 주세요

HSK 2급

一下
yí xià

一

一 丅 下

(한번) ~해 보세요

HSK 3급

担心
dān xīn

一 扌 扌 扌 扣 担 担 担

丶 心 心 心

동 걱정하다

DAY 16

HSK 1급

几

jǐ 丿几

㊟ 몇

几

HSK 1급

今天

jīn tiān

丿人今今
一二チ天

명 오늘

今 天

星期一

xīng qī yī

丨 口 日 日 旦 早 星 星 星
一 十 廾 廾 甘 甘 其 其 期 期 期 期
一

명 월요일

星 期 一

星期二

xīng qī èr

丨 口 日 日 旦 早 星 星 星
一 十 廾 廾 甘 甘 其 其 期 期 期 期
一 二

명 화요일

星 期 二

星期三

xīng qī sān

丨 口 日 日 旦 早 星 星 星
一 十 廾 廾 甘 甘 其 其 期 期 期 期
一 二 三

명 수요일

星 期 三

星期四
xīng qī sì
丨 冂 日 日 尸 旦 星 星 星
一 十 卄 廾 甘 甘 其 其 其 期 期 期 期
丨 冂 冂 四 四
명 목요일

星期五
xīng qī wǔ
丨 冂 日 日 尸 旦 星 星 星
一 十 卄 廾 甘 甘 其 其 其 期 期 期 期
一 丆 五 五
명 금요일

星期六
xīng qī liù
丨 冂 日 日 尸 旦 星 星 星
一 十 卄 廾 甘 甘 其 其 其 期 期 期 期
丶 亠 六 六
명 토요일

星期日
xīng qī rì
丨 冂 日 日 尸 旦 星 星 星
一 十 卄 廾 甘 甘 其 其 其 期 期 期 期
丨 冂 日 日
명 일요일

星期天
xīng qī tiān
丨 冂 日 日 尸 旦 星 星 星
一 十 卄 廾 甘 甘 其 其 其 期 期 期 期
一 二 チ 天
명 일요일

DAY 17

HSK 2급

日

rì 日日日日

명 일

日

HSK 1급

月

yuè 月月月月

명 월

月

HSK 1급

号

hào 号号号号号

명 일(날짜)

号

HSK 1급

点

diǎn 点点点点点点点点点

양 시

点

HSK 3급

分

fēn 分分分分

양 분

分

HSK 3급

米

mǐ 丶丷丬半米米

양 미터

米							

HSK 2급

零

líng 一㇀⺈⺈雨雨雨雫雬零零零零

수 영(0)

零							

HSK 1급

岁

suì 丨山山屵岁岁

명 살, 세

岁							

多大

duō dà

ノクタタ多多

一ナ大

얼마나 많다

多	大						

HSK 1급

现在

xiàn zài

一二千王王刀玑现

一ナ𠂇𠂇在在

명 지금

现	在						

DAY 18

HSK 1급

买
mǎi

㊀ 사다

HSK 2급

还
hái

㊁ 아직

HSK 2급

票
piào

㊂ 티켓

口红
kǒu hóng

㊂ 립스틱

HSK 1급

水果
shuǐ guǒ

㊂ 과일

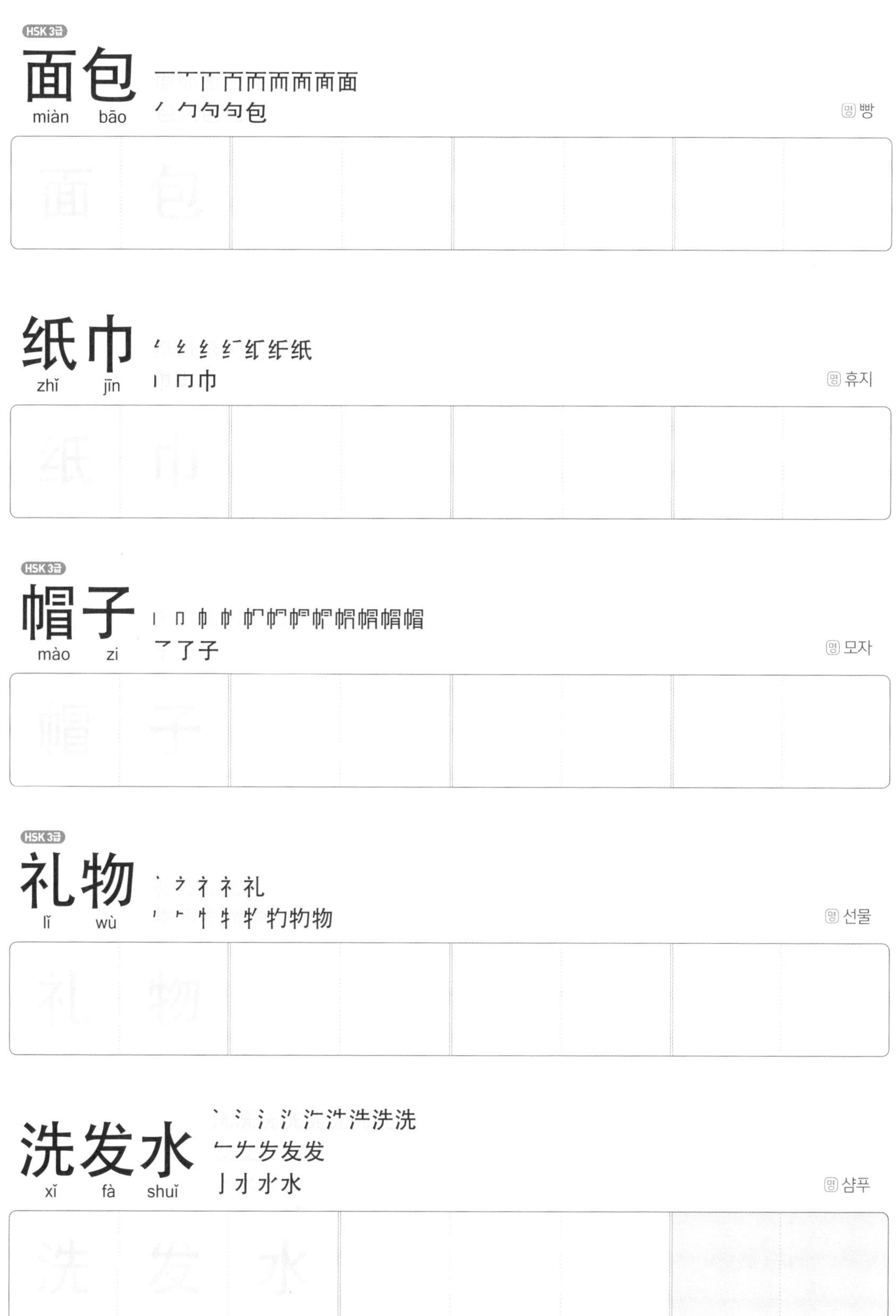
HSK 3급
面包
miàn bāo
一ア丆币而而面面面
ノ勹句句包
명 빵
纸巾
zhǐ jīn
纟纟纟纟纤纸纸
丨冂巾
명 휴지
HSK 3급
帽子
mào zi
丨冂巾巾巾巾帽帽帽帽帽帽
了了子
명 모자
HSK 3급
礼物
lǐ wù
礻礻礻礻礼
丿𠂉牛牛牜牞牞物物
명 선물
洗发水
xǐ fà shuǐ
氵氵氵汁汢洗洗洗洗
一ナ方发发
丿刁水水
명 샴푸

DAY 19

HSK 1급

了
le

了了

조 ~했다

HSK 2급

过
guo

一寸寸讨讨过

조 ~한 적 있다

早饭
zǎo fàn

丨冂日日旦早
ノ饣饣饣饤饭饭

명 아침

午饭
wǔ fàn

ノ𠂉二午
ノ饣饣饣饤饭饭

명 점심

HSK 3급

节目
jié mù

一十艹节节
丨冂月月目

명 프로그램

HSK 1급

学校 xué xiào

学: 丶 丷 ⺍ 𭕄 学 学 学 学

校: 一 十 木 木 木 杧 杧 杚 校 校

명 학교

HSK 5급

点心 diǎn xin

点: 丨 卜 占 占 占 占 点 点 点

心: 丶 心 心 心

명 간식

HSK 1급

医院 yī yuàn

医: 一 ア 三 三 手 矢 医

院: 阝 阝 阝 阝 阝 阝 院 院 院

명 병원

晚饭 wǎn fàn

晚: 丨 冂 日 日 日 日 旷 旷 晚 晚 晚

饭: 丿 饣 饣 饣 饣 饭 饭

명 저녁

HSK 3급

蛋糕 dàn gāo

蛋: 一 丆 下 疋 疋 疋 蛋 蛋 蛋 蛋 蛋

糕: 丶 丷 半 米 米 米 米 米 米 料 料 糕 糕 糕 糕 糕

명 케이크

DAY 20

HSK 1급

来
lái
来来来来来来来
동 오다

HSK 3급

换
huàn
换换换换换换换换换换
동 바꾸다

HSK 1급

下雨
xià yǔ
下下下
雨雨雨雨雨雨雨雨
동 비가 오다

下雪
xià xuě
下下下
雪雪雪雪雪雪雪雪雪雪雪
동 눈이 오다

今年
jīn nián
今今今今
年年年年年年
명 올해

外面
wài mian

丿 ク 夕 夘 外
一 丆 ア 丙 而 而 而 面 面

명 밖, 바깥

春天
chūn tiān

一 二 三 夫 夫 夫 春 春 春
一 二 于 天

명 봄

夏天
xià tiān

一 丆 ア 百 百 百 百 頁 夏 夏
一 二 于 天

명 여름

秋天
qiū tiān

丿 二 千 禾 禾 禾 禾' 秒 秋
一 二 于 天

명 가을

冬天
dōng tiān

丿 ク 夂 冬 冬
一 二 于 天

명 겨울

네모 노트

써보고 싶은 한자를 자유롭게 쓰세요.

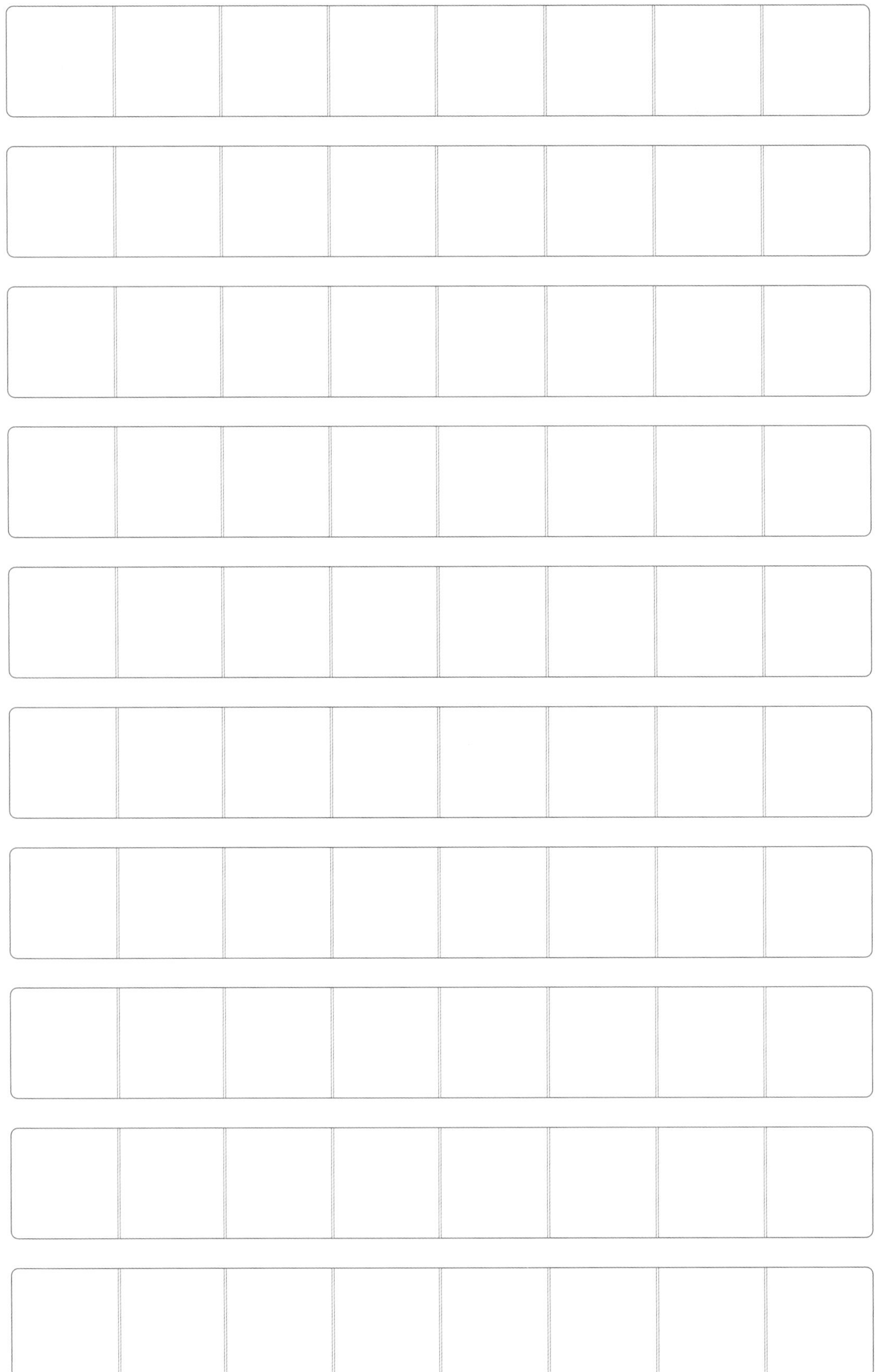

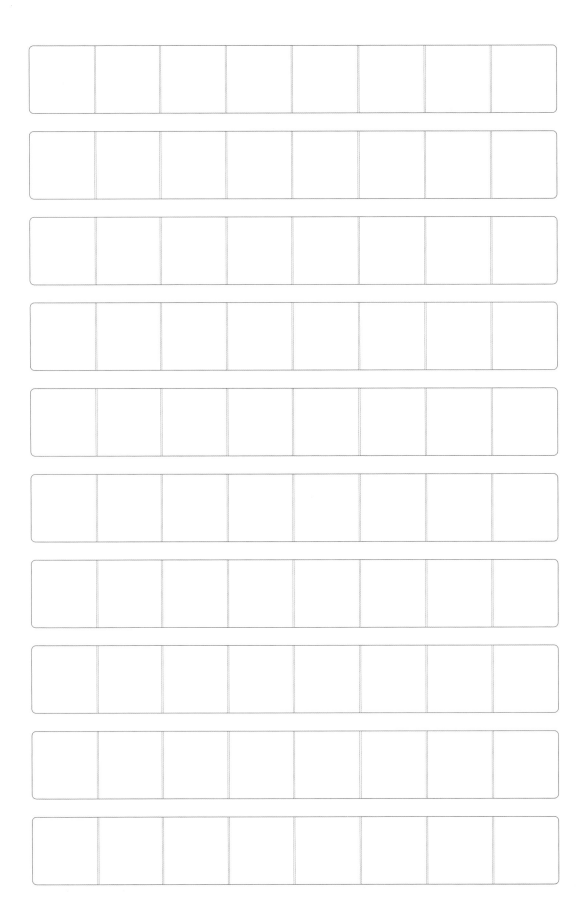

해커스중국어 china.Hackers.com

본 교재 인강 · 교재 MP3 · 패턴 트레이닝북 ·
HSK 1급 하프모의고사 · HSK 2급 하프모의고사 · 폰 안에 쏙! Day별 중국어 단어 익히기